Laurence Guillon / Heidi Knörzer (Hrsg.)

Berlin und die Juden
Geschichte einer Wahlverwandtschaft?

Jüdische Kulturgeschichte in der Moderne
hrsg. von Joachim Schlör
Band 9

Laurence Guillon / Heidi Knörzer
(Hrsg.)

Berlin und die Juden

Geschichte einer Wahlverwandtschaft?

Neofelis Verlag

Bibliografische Information der Deutschen Nationalbibliothek
Die Deutsche Nationalbibliothek verzeichnet diese Publikation in der Deutschen Nationalbibliografie; detaillierte bibliografische Daten sind im Internet über http://dnb.d-nb.de abrufbar.

www.neofelis-verlag.de

Umschlaggestaltung: Marija Skara
Druck: PRESSEL Digitaler Produktionsdruck, Remshalden
Gedruckt auf FSC-zertifiziertem Papier.
ISBN (Print):978-3-95808-009-6
ISBN (PDF):978-3-95808-052-2

Inhalt

Einleitung

Laurence Guillon / Heidi Knörzer

„Man hört nie auf, über Berlin zu schreiben“[1], so der französische Berlinologe Boris Grésillon in seinem Buch zur Kulturmetropole Berlin. Auch die jüdische Geschichte Berlins stellt ein unerschöpfliches Thema dar. Nachdem sie lange Zeit nur selten Gegenstand wissenschaftlicher Monographien war, ist sie seit einigen Jahren relativ gut dokumentiert.[2] Doch fällt in den Untersuchungen zum Thema eines auf: In der Regel geht es um „Juden in Berlin“, „jüdisches Berlin“ oder „jüdisches Leben in Berlin“.[3] Ausgespart bleibt jedoch die Verbindung „Berlin und die Juden“, als ob sie für wissenschaftliche Arbeiten nicht wirklich relevant wäre. Das Anliegen des vorliegenden Buches ist daher, dieses anscheinend unverfängliche „und“ zu hinterfragen. Was verbirgt sich hinter dieser so harmlos anmutenden Konjunktion? Gibt es eine besondere Beziehung zwischen den Juden und der Stadt Berlin und wenn ja, wie lässt sich dieses Verhältnis begrifflich fassen?

Den Herausgeberinnen dieses Sammelbandes liegt es dabei besonders am Herzen, die Stadt Berlin nicht nur als Schauplatz oder bloße Kulisse der Geschichte der Juden erscheinen zu lassen, sondern ihr die Rolle einer regelrechten Akteurin zuzuweisen, so wie Joachim

1 Boris Grésillon: *Berlin. Métropole culturelle.* Paris: Belin 2002, S. 139.

2 Siehe beispielsweise Reinhard Rürup (Hrsg.): *Jüdische Geschichte in Berlin. Bilder und Dokumente.* Berlin: Edition Hentrich 1995; Andreas Nachama / Julius H. Schoeps / Hermann Simon (Hrsg.): *Juden in Berlin.* Berlin: Henschel 2001; Bill Rebiger: *Das jüdische Berlin. Kultur, Religion und Alltag gestern und heute.* Berlin: Jaron 2007.

3 Andreas Nachama / Julius H. Schoeps / Hermann Simon: Vorwort. In: Dies. (Hrsg.): *Juden in Berlin.* Berlin: Henschel 2001, S. 7.

Schlör in seinem Buch *Das Ich der Stadt*.[4] Die Stadt Berlin scheint in der Tat eine gewisse „Eigenlogik" zu besitzen, d.h. eine für die Stadt typische Dynamik, die sie von anderen Städten unterscheidet und die sie für Juden besonders attraktiv macht.[5] Berlin hat in der Tat immer wieder Juden angezogen und zieht sie – auch nach dem radikalen Bruch durch die Shoah – heute noch an. Die Stadt hat ihr Leben maßgeblich geprägt, aber sie haben in nicht geringerem Maße auch an der Gestaltung der Stadt mitgewirkt. Die Bedeutung Berlins für die Geschichte der Juden ist demnach ebenso groß wie die Bedeutung der Juden für die Entwicklung der Stadt, so dass Reinhard Rürup zufolge geradezu von einer Wechselbewegung zwischen Berlin und den Juden gesprochen werden kann.[6]

Viele namhafte Beobachter und Beobachterinnen des Berliner Lebens haben die tiefe Verbindung hervorgehoben. Bereits 1929 berief sich der bedeutende Rabbiner Leo Baeck auf das enge Verhältnis zwischen Juden und Berlin, als er sich in seiner Rede zum 200. Geburtstag Moses Mendelssohns in leidenschaftlichem Tonfall fragte, „was Berlin ohne seine Juden geworden wäre, aber auch was die Juden ohne Berlin geworden wären."[7] Vierzig Jahre später, zum 300. Jubiläum der Jüdischen Gemeinde zu Berlin 1971, erklärte der Regierende Bürgermeister von West-Berlin Klaus Schütz erneut, „wie untrennbar das Schicksal der Jüdischen Gemeinde mit dem Berlins verbunden war und ist".[8] Genau dieser „Untrennbarkeit" soll in den folgenden Beiträgen, die alle im Rahmen eines 2012/2013 an der Universität Paris III-Sorbonne Nouvelle organisierten Seminars entstanden sind, auf den Grund gegangen werden. Wir möchten an dieser Stelle der Universität Paris III-Sorbonne Nouvelle danken, die die Finanzierung des Seminars übernommen hat. Unser Dank geht auch an das Centre d'études et de recherche sur l'espace

4 Joachim Schlör: *Das ich der Stadt. Debatten über Judentum und Urbanität, 1822–1938.* Göttingen: Vandenhoeck & Ruprecht 2005.

5 Zum Begriff der Eigenlogik, Helmuth Berking / Martina Löw (Hrsg.): *Die Eigenlogik der Städte: Neue Wege für die Stadtforschung.* Frankfurt am Main: Campus 2008.

6 Reinhard Rürup: Einleitung. In: Ders. (Hrsg.): *Jüdische Geschichte in Berlin*, S. 5–12, S. 6.

7 Maurice-Ruben Hayoun: *Léo Baeck. Conscience du judaïsme moderne.* Paris: Colin 2011, S. 50.

8 *Leistung und Schicksal. 300 Jahre Jüdische Gemeinde zu Berlin*, bearb. v. Brigitte Jacobi. Ausstellungskatalog. Berlin: Berlin Museum 1971, S. 5.

germanophone (Paris III-Sorbonne Nouvelle/Paris-Ouest Nanterre), das die Veröffentlichung beim Neofelis Verlag großzügig unterstützt hat und natürlich an Joachim Schlör, der sich bereit erklärt hat, unser Buch in seine Reihe aufzunehmen.

Ein Blick auf die Geschichte der Juden und die der Stadt Berlin scheint die enge Verbindung zwischen den Juden und der Stadt Berlin zu belegen. „Von Anfang an" waren beide Geschichten „ineinander verschränkt".[9] Die jüdische Geschichte Berlins beginnt in der Tat sozusagen zeitgleich mit der Geschichte der Stadt: der ersten überlieferten Erwähnung Berlins aus dem Jahre 1244 entspricht der erste erhaltene jüdische Grabstein des jüdischen Friedhofs in Spandau aus dem gleichen Jahr.[10] Aber obwohl die jüdische Geschichte Berlins bis ins 13. Jahrhundert zurückreicht, kann aufgrund der mehrfachen Vertreibungen, deren letzte fast 100 Jahre dauerte, erst ab 1671 von einer Kontinuität jüdischen Lebens in Berlin gesprochen werden. In diesem Jahr erließ Kurfürst Friedrich Wilhelm von Brandenburg ein Edikt zur Aufnahme von 50 aus Wien ausgewiesenen jüdischen Familien, vor allem weil er sich von ihnen wirtschaftlichen Aufschwung erhoffte. Bis 1700 kamen 117 jüdische Familien nach Berlin. Sie lebten zwar unter restriktiven Bedingungen – sie waren beispielsweise vom Handel ausgeschlossen, hatten viele Sonderabgaben zu leisten und durften nur ein Kind haben –, doch es entstand langsam jüdisches Leben in Berlin mit seinen spezifischen Institutionen. Erwähnt seien hier nur die Errichtung des Friedhofs in der Großen Hamburger Straße 1671, der Bau der Synagoge in der Heidereuther Gasse und schließlich die Einberufung des Oberrabbiners Hirschel Levi 1782. Die Einwanderungspolitik der brandenburgischen Kurfürsten und preußischen Könige war so angelegt, dass ausschließlich solche Juden immigrieren konnten, die ein Vermögen von mindestens 10.000 Talern nachweisen konnten. Es ist also nicht verwunderlich, dass die jüdische Gemeinde von Anfang an relativ wohlhabend war. Jüdische Unternehmer waren als Hof- und Heereslieferanten, als Bankiers oder Großhändler tätig und trugen wesentlich zur Entwicklung einer bürgerlichen Kultur bei.

9 Rürup: Einleitung, S. 6.

10 Reinhard Rürup: Jewish History in Berlin – Berlin in Jewish History. In: *Leo Baeck Institute Yearbook* 45 (2000), S. 37–50, hier S. 37.

Ihre Söhne und Töchter erhielten bei jungen jüdischen Gelehrten eine moderne Bildung. Einer dieser Hauslehrer war Moses Mendelssohn, der 1743 als Jugendlicher in die Stadt gekommen war und von Berlin aus als wichtige Figur im europäischen Prozess der Aufklärung mit seinen Schülern und Freunden wesentlich zur Schaffung eines modernen jüdischen Lebens beitrug.[11] 1778 wird in Berlin die erste weltliche jüdische Schule, die Freischule, von den Mendelssohnschülern David Friedländer und Isaac Daniel Itzig gegründet.[12] Nicht zufällig entstanden in Berlin auch die jüdischen Salons von Henriette Herz und Rahel Lewin Varnhagen oder die Gesellschaft der Freunde – neue Formen der Geselligkeit, die wesentlich zur Annäherung zwischen Juden und Christen beitrugen.[13] Berlin kann also zweifelsohne als Ausgangspunkt der jüdischen Aufklärung, der Haskala, und der jüdischen Emanzipation betrachtet werden.[14] Nicht zu Unrecht beschreibt der Historiker Steven M. Lowenstein die Berliner Juden als „Pioniere der Modernität", als die Gruppe, die den fast revolutionären Übergang von der Tradition in die Moderne als erste vollzog, indem sie im Zeitraum zwischen dem Siebenjährigen Krieg (1756–1763) und dem Tode Friedrichs des Großen ihren Lebensstil, ihre Sprache und ihre Berufsstruktur ändert.[15]

Eine für die damalige Zeit verhältnismäßig progressive Gesetzeslage schien diesen Prozess zu begünstigen. In Berlin wurde 1781 nicht nur zum ersten Mal in Europa durch den preußischen Beamten Christian Wilhelm von Dohm die politische Theorie der Emanzipation

11 Aus der umfangreichen Literatur zu Mendelssohn seien hier nur nachgewiesen, Dominique Bourel: *Moses Mendelssohn. Begründer des modernen Judentums. Eine Biographie.* Zürich: Ammann 2007; Shmuel Feiner: *Moses Mendelssohn. Ein jüdischer Denker in der Zeit der Aufklärung.* Göttingen: Vandenhoeck & Ruprecht 2009.

12 Britta L. Behm: *Mendelssohn und die Transformation der jüdischen Erziehung in Berlin. Eine bildungsgeschichtliche Analyse zur jüdischen Aufklärung im 18. Jahrhundert.* Münster / New York: Waxmann 2002; Simone Lässig: *Jüdische Wege ins Bürgertum. Kulturelles Kapital und sozialer Aufstieg im 19. Jahrhundert.* Göttingen: Vandenhoeck & Ruprecht 2004, S. 347.

13 Hanna Lotte Lund: *Der Berliner Jüdische Salon um 1800. Emanzipation in der Debatte.* Berlin: de Gruyter 2012; Sebastian Panwitz: *Die Gesellschaft der Freunde (1792–1935). Berliner Juden zwischen Aufklärung und Hochfinanz.* Hildesheim: Olms 2007.

14 Delphine Bechtel: La Haskalah berlinoise In: Jean Baumgarten et al. (Hrsg.): *Mille ans de cultures ashkénazes.* Paris: Levi 1994, S. 354–357; Christoph Schulte et al. (Hrsg.): *Haskala et Aufklärung: philosophes juifs des Lumières allemandes.* Paris: CNRS 2009.

15 Steven M. Lowenstein: Die Berliner Juden 1770–1830. Pioniere jüdischer Modernität. In: Rürup (Hrsg.): *Jüdische Geschichte in Berlin*, S. 25–36, hier S. 25.

formuliert, sondern die preußischen Juden wurden infolge der Einführung der Städteordnung im Jahre 1808 und der Stein-Hardenbergschen-Reformen zu Stadtbürgern.[16] Von nun an konnten sie sich an der Selbstverwaltung der Städte beteiligen und wurden wie die christliche Bevölkerung zu Kommunalabgaben herangezogen. Mit dem Emanzipationsedikt von 1812 wurden alle Juden Preußens und somit Berlins zu „Inländer[n] und preußische[n] Staatsbürger[n]“ und erhielten die „gleiche[n] bürgerliche[n] Rechte und Freiheiten“ wie die Christen,[17] wobei die gewährte Emanzipation die „Grenzen der Aufklärung“[18] und der Toleranz aufzeigt: Die Juden blieben weiterhin vom Staatsdienst ausgeschlossen und man verlangte von ihnen, nützliche Glieder der Gesellschaft zu werden und in der christlichen Umwelt aufzugehen. Außerdem wurden die neu erlangten Rechte im Zuge der Restauration erheblich eingeschränkt.

Doch bleibt das im Zentrum dieses Sammelbands stehende 19. Jahrhundert, wie es der zeitgenössische Beobachter Gustav Karpeles formulierte, „die [bis dato] folgenschwerste Epoche“[19] in der jüdischen Geschichte, insbesondere in Berlin. Denn in diesem Zeitraum baut sich der Großteil der jüdischen Bevölkerung auf nahezu exemplarische Weise eine Existenz in der Stadt auf. Sehr schnell wird Berlin „das geistige Zentrum des Judentums in Deutschland“[20], ein Zustand, der bis in die Weimarer Republik und sogar im Nationalsozialismus mit dem Jüdischen Kulturbund noch andauert.[21] Im Laufe des 19. Jahrhunderts wird Berlin nicht nur eine der wichtigsten

16 Schlör: *Das Ich der Stadt*, S. 96.

17 Edikt betreffend die bürgerlichen Verhältnisse der Juden in dem preußischen Staate, 11.3.1812, zit. n. *Quellenbuch zur jüdischen Geschichte und Literatur*, hrsg. v. Julius Höxter. Frankfurt am Main: Kauffmann 1830, S. 21–23.

18 Nach Detlef Claussen: *Grenzen der Aufklärung. Zur gesellschaftlichen Genese des modernen Antisemitismus.* Frankfurt: Fischer 2005.

19 Gustav Karpeles: *Allgemeine Zeitung des Judenthums*, 15.12.1899, S. 589–592, hier S. 589.

20 Hans-Gerd Sellenthin: *Geschichte der Juden in Berlin und des Gebäudes Fasanenstraße 79/80. Festschrift anlässlich der Einweihung des Jüdischen Gemeindehauses*, hrsg. v. Vorstand der Jüdischen Gemeinde zu Berlin. Berlin: 1959, S. 44.

21 Michael Brenner: *Jüdische Kultur in der Weimarer Republik*. München: Beck 2000; Trude Maurer: Vom Alltag zum Ausnahmezustand. Juden in der Weimarer Republik und im Nationalsozialismus 1918–1945. In: Marion Kaplan (Hrsg.): *Geschichte des jüdischen Alltags in Deutschland: Vom 17. Jahrhundert bis 1945*. München: Beck 2003; Rebecca L. Rovit: *The Jewish Kulturbund Theatre Company in Nazi Berlin.* Iowa City: University of Iowa Press 2012.

Universitätsstädte für jüdische Studenten,[22] es ist neben Hamburg, Frankfurt und Breslau auch die Stadt, in der die Grundformen religiösen jüdischen Lebens in der modernen Gesellschaft zu einem erheblichen Teil entwickelt werden.[23] 1819 wird der Verein für Cultur und Wissenschaft der Juden gegründet und 1872 öffnet die Hochschule für die Wissenschaft des Judentums ihre Pforten, die vor allem reformorientierte Rabbiner ausbildet. Ein Jahr später entsteht das orthodoxe Rabbinerseminar zu Berlin von Esriel Hildesheimer, eine der wichtigsten Lehreinrichtungen zur Ausbildung orthodoxer Rabbiner in Westeuropa.[24]

Mit der Reichsgründung 1871 und der damit verbundenen rechtlichen Gleichstellung der Juden beginnt eine neue Phase der jüdischen Geschichte in Berlin. Die Zahlen sind selbstredend. Während 1813 lediglich 2.800 Juden in Berlin lebten, sind es 1850 schon 10.000; 1871 erreicht die Gemeinde 36.000 Mitglieder, 1895 94.000. 1925 sind es 170.000. 30 % der deutschen Juden lebten also in Berlin. Es war damit die viertgrößte jüdische Gemeinde Europas und die siebtgrößte der Welt. Berlin gehörte nun zu den jüdischen Agglomerationen und wurde zum Schauplatz einer sozialen, kulturellen, aber auch religiösen Ausdifferenzierung der jüdischen Gemeinde. Es entstand ein umfangreiches und komplexes jüdisches Vereinsleben. Zugleich bildeten sich zu Beginn des 20. Jahrhunderts größere politische Gruppierungen heraus, zwischen denen es teilweise zu Konflikten kam. Neben den reformorientierten Centralverein deutscher Staatsbürger jüdischen Glaubens, der 1893 von einer Gruppe liberaler Juden um Raphael Loewenfeld gegründet worden war, traten die zahlenmäßig zunächst schwachen Zionisten, die seit 1904 das Zentralbüro der Zionistischen Vereinigung für Deutschland, seit 1911 sogar die Zentrale der Zionistischen Weltorganisation in Berlin hatten, und später

22 Monika Richarz: *Der Eintritt der Juden in die akademischen Berufe. Jüdische Studenten und Akademiker in Deutschland, 1678–1848*. Tübingen: Mohr Siebeck 1974.

23 Michael A. Meyer: *Antwort auf die Moderne. Geschichte der Reformbewegung im Judentum*. Wien: Böhlau 2000.

24 Zu dieser Entwicklung siehe Céline Trautmann-Waller: *Philologie allemande et trdaition juive. Le parcours intellectuel de Leopold Zunz*. Paris: Cerf 1998; Carsten Wilke: *„Den Talmud und den Kant": Rabbinerausbildung an der Schwelle zur Moderne*. Hildesheim: Olms / Weidmannsche Verlagsbuchhandlung 2003.

auch verschiedene Gruppierungen, die im Wesentlichen von den osteuropäischen Einwanderern getragen wurden.[25]
Berlin hat die jüdische Minderheit immer wieder angezogen und im Gegenzug haben die Juden das kulturelle und wirtschaftliche Leben in Berlin maßgeblich geprägt. Für die Entwicklung Berlins zur Weltstadt in den Jahrzehnten nach der Reichsgründung war die Existenz und Tätigkeit seiner jüdischen Bürger sehr wichtig. Jüdische Unternehmer wie Ludwig Loewe und Emil Rathenau trugen wesentlich dazu bei, Berlin zu einer Industriestadt zu machen. Die liberalen Verlagshäuser Mosse und Ullstein begründeten den Mythos der Zeitungsstadt Berlin. Die Warenhäuser Tietz und Wertheim, das von Adolf Jandorf begründete Kaufhaus des Westens prägten mit ihrer Architektur ebenso wie mit ihrem Warenangebot das Bild der Stadt. Jüdischen Gelehrten wie dem Nobelpreisträger Albert Einstein waren bahnbrechende Entdeckungen zu verdanken. Und auch im künstlerischen Bereich waren jüdische Berliner wie Max Reinhardt, Erwin Piscator, Kurt Weill, Ernst Lubitsch und Carl Mayer von oft ausschlaggebender Bedeutung für die Schöpfung und Durchsetzung neuer Formen und Inhalte. Sie alle und noch viele mehr hatten wesentlich an der Entwicklung des kulturellen und wirtschaftlichen Berliner Lebens teil und es ist sicherlich nicht übertrieben, von einem „jüdisch-berlinischen Pantheon“[26] zu sprechen.
Die jüdische Geschichte hat also in Berlin nicht nur stattgefunden, sondern die Juden haben in Berlin auch eine „Stadt gefunden[27]“, die die Entfaltung eines jüdischen Lebens erlaubte, und dies trotz der Unterdrückung und Ausgrenzung, deren Opfer sie immer wieder wurden, auch in Berlin. In Berlin entwickelt der Historiker Friedrich Christian Rühs, einer der ersten Professoren der Humboldt-Universität, ab 1815 die Theorie des christlichen Staats, in dem Juden keine Existenzberechtigung haben.[28] In seinem Pamphlet *Über die Ansprüche der Juden auf das deutsche Bürgerrecht* spricht er ihnen das Recht ab,

25 Hierzu Avraham Barkai: *Wehr Dich! Der Centralverein deutscher Staatsbürger jüdischen Glaubens 1893–1938.* München: Beck 2002; Anne-Christin Saß: *Berliner Luftmenschen. Osteuropäisch-jüdische Migranten in der Weimarer Republik.* Göttingen: Wallstein 2012.

26 Laurence Guillon: *La vie juive à Berlin. Entre Est et Ouest.* Paris: CNRS 2012, S. 360.

27 Schlör: *Das Ich der Stadt*, S. 437.

28 Zum christlichen Staat Christopher Clark: The Christian State and the Jewish Citizens in Nineteenth-Century Prussia. In: Helmut Walser Smith (Hrsg.): *Protestants, Catholics and Jews in Germany 1800–1918.* Oxford / New York: Berg 2001, S. 67–94.

deutsche Bürger zu werden, es sei denn, sie würden zum Christentum übertreten.[29] Rühs' Forderungen wurden Mitte des 19. Jahrhunderts von einem anderen Berliner Professor, dem Juristen Friedrich Julius Stahl mit der Schrift *Der christliche Staat und sein Verhältnis zum Deismus und zum Judenthum* weitergeführt.[30] Ende des 19. Jahrhunderts entwickelt sich in Berlin erneut ein antisemitischer Diskurs, der diesmal eine breite Öffentlichkeit erreicht: Der so genannte „Berliner Antisemitismusstreit" wurde durch die berüchtigte Äußerung des angesehenen Berliner Professors Heinrich von Treitschke, „die Juden sind unser Unglück" ausgelöst, die er in seinem 1879 veröffentlichten Pamphlet *Unsere Aussichten* abdruckte. Darauf folgte bekanntlich eine Kontroverse mit dem Althistoriker Theodor Mommsen, welche die Berliner Öffentlichkeit wochenlang beschäftigte.[31] Ebenfalls in Berlin erscheint genau im selben Jahr der Begriff „Antisemitismus". Wilhelm Marr gebrauchte in seinem Essay *Der Sieg des Judenthums über das Germanenthum.* Marr publizierte ihn in der Hauptstadt des Deutschen Reiches und rief dort ebenfalls die Antisemitische Liga ins Leben. Aus diesen Tendenzen speiste sich die Bewegung des Pastors Adolf Stoecker, der 1881 die Christlich-soziale Partei in Berlin gründete, die für ihre antisemitischen Positionen nicht weniger bekannt ist. Später wurde Berlin zum Machtzentrum des nationalsozialistischen Staatsapparats. Von dort gingen alle Diskriminierungsmaßnahmen gegen die jüdische Bevölkerung aus, vom Boykott jüdischer Geschäfte im April 1933 über das als „Kristallnacht" verklärte Pogrom im November 1938 bis hin zur Konzeption der „Endlösung" im Januar 1942. Die Nazis haben das jüdische Leben in Berlin fast vollkommen zerstört. Von den 160.000 Juden, die 1933 in Berlin lebten, haben nur etwa 6.500 überlebt. Die Geschichte der Juden und Berlin war also nicht nur, wie Dominique Bourel es treffend formuliert hat, „eine Liebesgeschichte", sondern auch „eine Tragödie".[32] Doch trotz allem

29 Friedrich Christian Rühs: *Über die Ansprüche der Juden auf das deutsche Bürgerrecht.* Berlin 1815.

30 Friedrich Julius Stahl: *Der christliche Staat und sein Verhältnis zum Deismus und zum Judenthum.* Berlin 1847.

31 *Der Berliner Antisemitismusstreit 1879–1881. Eine Kontroverse um die Zugehörigkeit der Juden zur deutschen Nation. Kommentierte Quellenedition*, hrsg. v. Karsten Krieger. München: Saur 2003.

32 Dominique Bourel: Berlin et les Juifs: Une histoire d'amour et une tragédie. In: Etienne François / Egon Graf Westerholt (Hrsg.): *Berlin: Capitale, mythe, enjeu.* Nancy: Presses Universitaires de Nancy 1988, S. 87–95, hier S. 87.

kann diese Geschichte nicht auf eine „Leidensgeschichte“[33] reduziert werden, denn auch nach 1945 wird trotz der nahezu gänzlichen Vernichtung des Berliner Judentums versucht – nach der zum Motto gewordenen Äußerung des Rabbiners Leo Baecks vom „ewigen Dennoch“ –, in der Stadt wieder jüdisches Leben aufzubauen.[34] Zahlreiche deutsche Juden kommen so nach Berlin zurück. Berlin bleibt nach wie vor ihre Heimat. Der Kunsthistoriker Lothar Briege beispielsweise kehrt nach dem Shanghaier Exil aus „Sehnsucht nach der Krummen Lanke“[35] in seine Heimatstadt zurück. Ilse Rewald, die den Krieg versteckt überlebte, beteuert: „Meine Heimat war und ist Berlin!“[36] Und selbst die Juden, die sich gegen eine Rückkehr entschieden, blieben der Stadt im Sinne eines „Lokalpatriotismus“[37] auf eine ganz besondere Art verbunden; zwar fühlten sich viele nicht mehr als Deutsche, aber immer noch als Berliner: „Ich bin nicht mehr ein Deutscher, aber ich werde immer ein Berliner bleiben“[38], hätte ihre Losung sein können. Alfred Kantorowicz erwähnt sogar in seinem Tagebuch die „Berliner Friedenstüchtigkeit“, den „Lebenswille[n]“ und den „Lebensmut“ der Stadt.[39] Seit den 1990er Jahren kommt es unter anderem im Zuge der Einwanderung von Juden aus der ehemaligen Sowjetunion sogar zu einer Revitalisierung des jüdischen Lebens in Berlin.[40]

33 Jacques Ehrenfreund: *Mémoire juive et nationalité allemande. Les juifs berlinois à la Belle Epoque.* Paris: Presses Universitaires de France 2000, S. 80.

34 Siehe u. a. Andreas Nachama: *„Erneuere unsere Tage“. Jüdisches aus Berlin.* Berlin / Wien: Philo 2001; Ulrich Eckhardt / Andreas Nachama (Hrsg.): *Jüdische Berliner. Leben nach der Schoa.* Berlin: Jaron 2003.

35 H. Levy: Sehnsucht nach der krummen Lanke. In: *Der Weg. Zeitschrift für Fragen des Judentums,* 20.05.1949, S. 1–2.

36 Ilse Rewald: Mein Leben vor und nach 1945. In: Henryk M. Broder / Michel R. Lang (Hrsg.): *Fremd im eigenen Land. Juden in der Bundesrepublik.* Frankfurt am Main: Fischer 1979, S. 313–324, hier S. 322.

37 Laurence Guillon: Le lien restauré entre Berlin et « ses » Juifs après 1945. In: Dies. / Heidi Knörzer (Hrsg.): *Berlin et les Juifs. XIXe-XXIe siècles.* Paris: Eclat 2014, S. 163–178, hier S. 165.

38 Dorothea Bohnekamp: Liebe zur Stadt. Jüdische Integration in der Zwischenkriegszeit in Paris und Berlin. In: Barbara Roesch et al. (Hrsg.): *Makom. Ort und Orte im Judentum.* Tübingen: Olms 2007, S. 241–246, hier S. 244.

39 Alfred Kantorowicz: *Deutsches Tagebuch*, 1. Teil. Berlin: Verlag Europäische Ideen 1978, S. 447–451.

40 Alexander Jungmann: *Jüdisches Leben in Berlin. Der aktuelle Wandel in einer metropolitanen Diasporagemeinschaft.* Bielefeld: Transcript 2007; Alina Gromova: *Generation „Koscher light“. Urbane Räume und Praxen junger russischsprachiger Juden in Berlin.* Bielefeld: Transcript 2013.

Doch wie kann die innige Beziehung zwischen Berlin und den Juden erklärt werden? Was macht die eingangs genannte „Eigenlogik" dieser Stadt aus? Neben geografischen und wirtschaftlichen Gründen – Berlin war oft der erste Anlaufpunkt für Juden aus Osteuropa und bot seit der zweiten Hälfte des 19. Jahrhunderts zahlreiche Arbeitsmöglichkeiten –[41] kann man die Anziehungskraft, die Berlin auf die jüdische Bevölkerung ausübt, sicherlich durch den seit dem 17. Jahrhundert herrschenden Toleranzgeist erklären. Berlin ist nämlich „eine Stadt […], die jüdischem Leben, jüdischer Initiative mehr Raum bot als irgendeine andere".[42] In der Tat gibt es in Berlin eine gewisse „Traditionslosigkeit", die die Großstadt von der deutschen Provinz, aber auch von Städten wie Paris oder London unterscheidet.[43] Einer der ersten Historiker Berlins, der Literaturhistoriker Ludwig Geiger, schreibt in seiner *Geschichte der Juden in Berlin*:

> Berlin ist keine mittelalterliche Stadt. Es datiert sein Bestehen allerdings bis in die ersten Jahrhunderte des zweiten Jahrtausends zurück (etwa 1225), aber es kennt nicht den Glanz und die Schmach, die die Würde und Niedrigkeit der alten deutschen Städte.[44]

Demnach sei es „neu, wir der ganze Staat".[45] Macht diese Eigenschaft die Stadt zu einem leeren, ‚wurzellosen' Raum, in dem es für die jüdische Minderheit einen gewissen Gestaltungsspielraum gibt, der dazu führt, dass sie sich dieser Stadt im Sinne der Bachelardschen Topophilie[46] wie keiner anderen verbunden fühlt und ihr Leben mitgestalten möchte?

Wenn dem so ist, wie ist dann die Beziehung zwischen den Juden und der Stadt Berlin zu fassen? Der auf Franz Rosenzweig zurückgehende Begriff der „deutsch-jüdischen Symbiose", von Gershom Scholem vehement kritisiert, scheint nicht geeignet. Nicht wenige Historiker haben die Angemessenheit dieses Begriffs im Hinblick auf das

41 Hierzu Frank Gesemann: Einleitung: Migration und Integration in Berlin. In: Ders. (Hrsg.): *Migration und Integration. Wissenschaftliche Analysen und politische Perspektiven.* Opladen: Leske + Budrich 2001, S. 11–29; Sanem Kleff / Eberhard Seidel: *Stadt der Vielfalt. Das Entstehen des neuen Berlin durch Migration.* Berlin: Berliner Senat 2009.

42 Schlör: *Das Ich der Stadt*, S. 133.

43 Ebd., S. 121.

44 Ludwig Geiger: *Geschichte der Juden in Berlin.* Berlin: Guttentag 1871, o. Pag.

45 Ebd.

46 Gaston Bachelard: *La poétique de l'espace.* Paris: PUF 1957.

Verhältnis von Deutschen und Juden hinterfragt, nicht zuletzt weil es nie wirklich einen deutsch-jüdischen Dialog gab.[47] Die Verbindung zwischen der Stadt Berlin und ihrer jüdischen Bevölkerung soll hier vielmehr mit dem Konzept der Wahlverwandtschaft gefasst werden, wie es Patrick Cabanel für die Beschreibung des engen Verhältnisses zwischen Juden und Protestanten in Frankreich anwendet.[48] Es impliziert eine besondere Affinität, jedoch keine „Symbiose". Berlin und seine Juden scheinen sich im Sinne des Goethschen Konzepts der „Wahlverwandtschaft" beide unabhängig voneinander gegenseitig ausgewählt zu haben, weil sie zueinander „passen". Die in diesem Band versammelten Beiträge versuchen, diese „Wahlverwandtschaft" zwischen Juden und Berlin näher zu beleuchten. Dabei wird deutlich, dass Berlin für die hier ansässigen oder sich niederlassenden Juden nicht nur ein Ort ist, an dem sich jüdisches Leben entfalten kann, sondern auch ein Ort, der von ihnen aufgebaut oder im Sinne des auf Diana Pinto zurückgehenden Begriffs des „Jewish Space" produziert wird.[49] Hinter dem eingangs hervorgehobenen „und" verbirgt sich also Konkreteres und Komplexeres als jene Termini wie „deutsch-jüdische Symbiose" es vielleicht auszudrücken vermögen.

In seinem einleitenden Beitrag rekonstruiert Joachim Schlör verschiedene Momente des Ankommens in Berlin. Als „Begegnung von Stadt und Mensch" sagen sie viel über das Verhältnis von Juden und Berlin aus. Für jüdische Zuwanderer war Berlin mehr als nur eine Durchgangsstation. Es bot ihnen vielmehr einen „Resonanzboden für ihre eigene Entwicklung". Moses Mendelssohn und Salomon Maimon ermöglichte die Stadt zu „lernen", für Karl Emil Franzos war es „die deutsche Theaterstadt", die seine Heimat Wien bei weitem übertraf und auch die ostjüdischen Einwanderer fanden in Berlin einen Ort, der sie überwältigte und an dem sie ein neues Leben aufbauen konnten. Das Aufeinandertreffen der veränderungswilligen, nach

47 Siehe z. B. Daniel Aberdam: *Berlin entre les deux guerres: une symbiose judéo-allemande ?* Paris: L'Harmattan 2000; Manfred Voigts: *Die deutsch-jüdische Symbiose. Zwischen deutschem Sonderweg und Idee Europa.* Tübingen: Niemeyer 2006; Yehiel Ilsar: Zum Problem der Symbiose. Prolegomena zur deutsch-jüidschen Symbiose. In: *Bulletin des Leo Baeck Instituts* 14 (1975), S. 122–165.

48 Patrick Cabanel: *Juifs et protestants en France, les affinités électives, XVIe-XXIe siècle.* Paris: Fayard 2004.

49 Zu diesem Begriff siehe den Beitrag von Eszter Gantner in diesem Band.

Neuerung strebenden Ankommenden und der veränderungsbereiten Stadt Berlin war, so Schlör, vielleicht der Auslöser für die Entstehung des vielgerühmten „berlinisch-jüdischen Geistes".

Auch Heinrich Heine, der von 1821 bis 1823 in der preußischen Hauptstadt weilte, fand in Berlin einen Ort mit persönlichem Entwicklungspotential. In Berlin beschäftigt sich Heine zum ersten Mal intensiver mit dem Judentum und seinen verschiedenen religiösen Strömungen. Wie Robert Krause zeigt, schließt sich Heine zwar keiner dieser Strömungen dauerhaft an, doch lassen den Dichter, der gleichzeitig die Rolle des distanzierten Beobachters und betroffenen Akteurs spielte, weder die Entwicklungen des Berliner Judentums noch die der Stadt gleichgültig.

Ein anderer nichtgebürtiger Berliner, für den Berlin weitreichende persönliche wie künstlerische Möglichkeiten in sich barg, ist Arnold Schönberg. Laure Gauthier bringt in ihrem Beitrag einen bisher wenig erforschten Aspekt der Biographie des Wiener Komponisten ans Licht: Schönbergs drei Aufenthalte in der deutschen Hauptstadt. Anders als in Wien, wo der Komponist auf eine „Wand des Unverständnisses" stieß, erweist sich Berlin als tolerant und offen gegenüber seiner Musik. Für Schönberg stellt die Stadt eine radikale Befreiung von den musikalischen Konventionen in Wien dar und hätte sogar „die mögliche Hauptstadt der Neuen Musik in Europa" werden können. Doch die Nationalsozialisten entschieden anders: Ihre antisemitische Politik verdrängte den Komponisten schließlich aus Berlin, wo er im Laufe seines dritten Aufenthalts sein Verhältnis zum Judentum und sein zionistisches Engagement vertieft hatte.

Aus allen Himmelsrichtungen kamen Juden nach Berlin. Um den Migranten eine praktische Orientierungshilfe zu leisten und so ihre Integration zu erleichtern, entstand zu Beginn des 20. Jahrhunderts ein neues Genre, die jüdischen Stadtführer, mit denen sich Tobias Metzler in seinem Beitrag beschäftigt. In Reiseführern, Adressbüchern und Kartenwerken wurde „das Jüdische im spezifisch urbanen Kontext Berlins" verortet. Metzler zeigt eindrucksvoll, wie sich die neuen Berliner Juden durch diese Texte ihre Stadt „erlesen" haben. Doch die Texte stellen weit mehr als nur Handreichungen für den Alltag dar. Spätestens seit den 1920er Jahren, als die Parteikämpfe der jüdischen Gemeinde immer stärker wurden, und noch mehr seit den 1930er Jahren, als die Situation für die Berliner Juden sich immer

unerträglicher gestaltete, drücken sie auch das Bedürfnis aus, die jüdische Identität und Gemeinschaft zu fördern und zu verteidigen.
Eine Bevölkerungsgruppe, die die Stadt Berlin besonders anzog, waren die jüdischen Studentinnen und Studenten. Bereits während der Zeit der Aufklärung war Berlin für sie attraktiv. Im Kaiserreich stieg das Ansehen der Berliner Universität bei den jüdischen Studenten aus Deutschland und aus Osteuropa, so dass im Jahr 1902 19 % aller Studierenden der Kaiser-Wilhelm-Universität Mitglied einer jüdischen Gemeinde waren. Mit der Zulassung von Frauen zum Studium an der Berliner Universität ab 1896 (zunächst als Gasthörerinnen) wurde Berlin zum beliebtesten Studienort für jüdische Frauen, wie Monika Richarz es in ihrem Beitrag anhand mehrerer individueller Biographien aufzeigt. Berlin besaß nicht nur die größte jüdische Gemeinde; es war auch eine Stadt, in der zahlreiche jüdische Frauenorganisationen wie zum Beispiel der Verein zur Gewährung zinsfreier Darlehen an studierende Frauen (1900) oder der Jüdische Frauenbund (1904) gegründet wurden, die den ankommenden Studentinnen, von denen nicht wenige aus dem Zarenreich kamen, eine gewisse Unterstützung bieten konnten. Als Metropole ermöglichte die Stadt den Jüdinnen außerdem, sich beruflich zu emanzipieren und politisch für Frauenrechte zu engagieren, was sie Monika Richarz zufolge zu Pionierinnen und Avantgarde der deutschen Frauen machte.
Doch nicht nur für Studierende war Berlin attraktiv, die Stadt übte auch eine starke Anziehungskraft auf jüdische Unternehmer aus. So wurde der junge Georg Wertheim in den 1860er Jahren zur kaufmännischen Lehre nach Berlin geschickt. Dort erlernt er neue Geschäftsmethoden, mit denen er und sein Bruder dem väterlichen Geschäft in Stralsund zum schnellen Aufschwung verhilft. Doch Georg Wertheim will weg aus der Provinz, er will nach Berlin, in die Metropole. 1885 wagt der junge Unternehmer schließlich den Sprung nach Berlin. Simone Ladwig-Winters zeichnet in ihrem Beitrag die Entwicklung des Unternehmens Wertheim in Berlin nach. Nachdem die Familie zunächst zwei Geschäfte betrieb, wird 1893 in Anlehnung an französische Kaufhäuser von Alfred Messel ein Gebäude am Moritzplatz in Kreuzberg gebaut, gefolgt von einem imposanten Bau am Leipziger Platz, der zum architektonischen Wahrzeichen Berlins wurde und das kulturelle wie wirtschaftliche Leben der Hauptstadt des Kaiserreichs maßgeblich bestimmte.

Und schließlich kann Berlin, wie es der Beitrag von Sonia Goldblum zeigt, zweifelsohne auch als die Stadt der jüdischen Bildung bezeichnet werden. Neben der Hochschule für die Wissenschaft des Judentums und des Seminars für die orthodoxe Rabbinerausbildung werden in der „Glanzzeit" der Weimarer Republik zwei weitere Berliner jüdische Institutionen gegründet, die Akademie für die Wissenschaft des Judentums (1919) und die Freie jüdische Volkshochschule (1920). Schnell werden diese beiden Lehreinrichtungen, an denen namhafte jüdische Intellektuelle wie Leo Baeck, Martin Buber, Gershom Scholem und Eugen Täubler lehrten, zu einem „unentbehrliche[n] Element des kulturellen und intellektuellen Lebens für die Berliner Juden". Beide füllten eine Lücke in der jüdischen Wissensvermittlung, die Akademie in der universitären Forschung, die Hochschule in der Lehre, und es ist sicherlich kein Zufall, dass die beiden Einrichtungen ausgerechnet in Berlin gegründet wurden, waren dort die jüdische Öffentlichkeit und das kulturelle Angebot doch besonders vielfältig.

Mit der Ankunft der Juden aus der ehemaligen Sowjetunion in den 1990er Jahren und neuerdings auch aus Israel kommt es zu einer Art Renaissance jüdischen Lebens in Berlin. Eszter Gantner beschäftigt sich in ihrem Artikel mit den durch die Revitalisierung des jüdischen Lebens in Berlin hervorgerufenen Veränderungen der jüdischen Räume in der Stadt. Für die Autorin sind „jüdische Räume" über die ganze Stadt verteilt und integraler Bestandteil der deutschen Erinnerungskultur geworden. Gleichzeitig beobachtet sie infolge des Zuzugs von zahlreichen Israelis eine Veränderung in der urbanen jüdischen Landschaft. Die israelischen Künstler, Musiker und Wissenschaftler, die Berlin zu ihrer Wahlheimat erklären, schaffen neue jüdische Räume, wie die Meschugge-Partys oder das Museum, das Restaurant und das Delikatessen-Geschäft in der ehemaligen jüdischen Mädchenschule, deren zentrales Anliegen weniger Geschichte und Erinnerung sind als die exotisch-ethnische Neuinszenierung der jüdischen Kultur.

Bleibt zu fragen, ob Berlin in der deutsch-jüdischen Geschichte eine Ausnahme darstellt oder im Gegenteil, wie es Jacques Ehrenfreund formuliert, „eine Synthese der Entwicklungen, welche die deutschen Juden allgemein durchgemacht haben".[50] Berlin ist sicherlich in vieler

50 Cabanel: *Juifs et protestants en France*, S. 41.

Hinsicht ein Paradebeispiel für die Geschichte der deutschen Juden, doch es scheint auch, dass die „Wahlverwandtschaft" zwischen der Stadt und den Juden eine einzigartige Qualität erreicht hatte. Darauf macht auch Céline Trautmann-Waller in ihrem Beitrag zu den außerordentlich engen Beziehungen zwischen den Gebrüdern Humboldt und einigen Berliner Juden aufmerksam. Zwar sind die Kontakte und Kooperationen zwischen den beiden von Vorurteilen nicht frei, doch kann man zweifelsohne sagen, dass jüdisches und Humboldtsches Erbe in der Berliner Kulturgeschichte stark miteinander verflochten sind. So unterstützen sich beide gegenseitig in einem Prozess des Gebens und Nehmens: Während die Berliner Juden nicht wenig zur Entwicklung der Stadt zu einer Hochburg der Wissenschaft nach Humboldtschem Ideal beitragen, helfen die Gebrüder Humboldt den Berliner Juden bei der Realisierung ihrer Emanzipation, die eng mit dem Eintritt in die Wissenschaft verbunden war.

Ankommen in Berlin
Eine Projektskizze

Joachim Schlör

Eine Geschichte des Ankommens in Berlin muss erst noch geschrieben werden. Die folgende Skizze soll dazu erste Ansätze bieten. Sie strebt keinesfalls Vollständigkeit an, sondern versucht, durch eine beispielhafte Zusammenstellung von Szenen der Ankunft – der ersten Begegnung von Mensch und Stadt[1] – die im vorliegenden Band versammelten Beiträge zur jüdischen Topographie der Stadt und zum intellektuellen und künstlerischen Leben der Berliner Juden durch eine übergreifende und bis in die Gegenwart reichende zeitliche Klammer zu verbinden.

Es gibt inzwischen zahlreiche Publikationen, die von Berlin und den Juden handeln, teils sind sie mit vorsichtigen Titeln versehen, wie etwa Reinhard Rürups *Jüdische Geschichte in Berlin*, teils erheben sie im Titel einen Anspruch, „Juden in Berlin", den sie dann doch, einer bloß chronologischen Darstellung verhaftet, schwer einlösen können.[2] Hervorzuheben ist unter diesen allgemeinen Publikationen der aus einem studentischen Projekt hervorgegangene Band *Juden in Berlin* zu „Bildern, Dokumenten und Selbstzeugnissen" von Irene Diekmann,

1 Vgl. für eine Analyse des Verhältnisses von Individuum und Großstadt den zum Jahr der Kulturstadt 1988 von Eberhard Roters und Bernhard Schulz herausgegebenen Band *Das Ich und die Stadt. Mensch und Großstadt in der deutschen Kunst des 20. Jahrhunderts*. Berlin: Nicolaische Verlagsbuchhandlung 1988.

2 Reinhard Rürup: *Jüdische Geschichte in Berlin. Bilder und Dokumente*. Berlin: Edition Hentrich 1995; Andreas Nachama / Julius H. Schoeps / Hermann Simon (Hrsg.): *Juden in Berlin*. Berlin: Henschel 2002.

eine Fundgrube und grundlegende Materialsammlung.[3] Seit Ludwig Geigers *Geschichte der Juden in Berlin*, geschrieben 1871 zur Zweihundertjahr-Feier der neuzeitlichen Gemeinde, ist kein Gesamtwurf mehr entstanden – und nach den Verwüstungen der nationalsozialistischen Herrschaft und ihren Nachwirkungen (sowie angesichts der epistemologischen Zeitenwende, in der uns klar geworden ist, dass es keine ganzen Geschichten mehr zu schreiben gibt), wird dieser Wurf wohl auch nicht mehr zu erwarten sein.[4] Nicht nur sind die Archive teils zerstört, teils weit verstreut, auch die meisten der Berliner Juden, die sich vor der NS-Herrschaft durch Auswanderung haben retten können, leben mit ihren Erinnerungen an die Stadt irgendwo auf der Welt.[5] So bleibt die Notwendigkeit, weiterhin – wie es auch in diesem Band geschieht – einzelne Facetten aus der Geschichte der Juden in Berlin herauszugreifen und der fragmentierten Geschichte mit bewusst als Fragment gestalteten Texten, und Fragen, näherzutreten. Das *Ankommen in Berlin* stellt eine solche Facette dar, anhand von Autobiographien, Biographien und anderen *personal documents* könnten jene Momente geschildert werden, die immer wieder aufs Neue den Beginn einer Geschichte markieren, die von Berlin und den Juden handelt; Momente, die eben dadurch so etwas wie ein Leitmotiv im Verhältnis zwischen der Stadt Berlin und ihren jüdischen Einwohnern bildeten, bis heute.

Eine Geschichte des Ankommens

Bevor wir zu einem kurzen Abriss der jüdischen Geschichte Berlins kommen, sollten vielleicht einige Überlegungen zum Begriff des Ankommens eingeschaltet werden. Wer ankommt, kommt zunächst einmal: woher. Häufig begegnete mir der Begriff bei Gesprächen über die Einwanderung deutscher Juden in Palästina: Die zionistische

3 Irene Diekmann (Hrsg.): *Juden in Berlin. Bilder, Dokumente, Selbstzeugnisse*. Berlin: Henschel 2009.

4 Ludwig Geiger: *Geschichte der Juden in Berlin*. Leipzig: Zentralantiquariat der DDR 1989 (Reprint der Orig.-Ausgaben v. 1871–1890).

5 Joachim Schlör: Deutsch-jüdisches Atlantis – Bilder aus dem Exil. In: Willi Jasper / Julius H. Schoeps (Hrsg.): *Deutsch-jüdische Passagen. Europäische Stadtlandschaften von Berlin bis Prag*. Köln: Hoffmann und Campe 1996, S. 369–393; ders.: In weiter Ferne: Berlin. Bilder der Stadt in den Erinnerungen deutsch-jüdischer Emigranten. In: *Menora. Jahrbuch für deutsch-jüdische Geschichte* 9 (1998), S. 276–296.

Idee musste für ihr Programm der Schaffung eines ‚neuen' Juden, eines ‚neuen' Menschen eins voraussetzen: dass alle diese Menschen ihre Herkunft durch eine – ungewisse – Zukunft ersetzen sollten. Schon bei der Ankunft wurden sie mit der Forderung konfrontiert, zu vergessen (als wäre das eine aktive Möglichkeit), woher sie gekommen waren und nur nach vorne zu schauen. Es stellte sich aber heraus, dass selbst diejenigen, die es versuchten, dies doch nur mit Augen konnten, die ihren Blick woanders gelernt hatten. Sie sahen in die Zukunft, ob skeptisch oder zuversichtlich, aber sie konnten Gegenwart und Zukunft nur mit den Maßstäben ihrer Vergangenheit messen: Ankunft enthält Herkunft. Das Ankommen – so sehr es dem Neuen gilt – ist mit der Vergangenheit, dem Ort des Vergleichs verbunden. Weiter gehört ‚Ankommen' zu den merkwürdigen Wörtern, die grammatikalisch als aktiv bezeichnet werden, aber von ihrem klanglichen Umfeld her eine passive Dimension in sich tragen. Ganz ähnlich verhält es sich mit dem gegenteiligen Begriff, der in meiner süddeutschen Heimat immer wieder verwendet wird, wenn es darum geht, das Bild der Deportation der Juden – eine einschneidende Erfahrung für die Zeugen, die zum Beispiel im schwäbischen Baisingen zusahen, als die letzten Juden des Dorfes auf einem Leiterwagen zum Bahnhof in Horb transportiert wurden – sprachlich zu verschleiern. Dann heißt es, die Juden seien „weggekommen".[6] Da scheint eine unbekannte – eben: eine nicht zu benennende – höhere Macht im Spiel, die dieses „Wegkommen" besorgt hat; wer ‚deportiert' sagt oder vielleicht ‚weggebracht', bringt sich in Gefahr, den Täter zu nennen. Und so hat auch das ‚Ankommen' im Diskurs über Einwanderung stets eine Dimension, die über die persönliche Aktivität des Abreisens dort und Eintreffens hier hinaus etwas Größeres, Allgemeineres mitschwingen lässt: eine ‚Welle', eine ‚Tendenz', eine Furcht. Der Ankommende ist – im Auge der schon Anwesenden – deshalb verdächtig, weil er etwas: seine Vergangenheit, diesen anderen, anderswo geschulten Blick – mitbringt und die Gewohnheit derer, die schon da sind, verändern wird.

Wer immer über solche Dinge nachdenkt, ist auf eine erneute Lektüre von Georg Simmels „Exkurs über den Fremden" angewiesen:

6 Vgl. zu Baisingen Franziska Becker: *Gewalt und Gedächtnis. Erinnerungen an die nationalsozialistische Verfolgung einer jüdischen Landgemeinde.* Göttingen: Schmerse 1994.

Die heute kommen und morgen bleiben, die Fremde sind und ihren Anteil Fremdheit nicht ablegen werden, ob sie es wollen oder nicht, sorgen für Unruhe.[7] Im ‚Ankommen' steckt also von vornherein ein Bild der Reibung, eine Idee der Konfrontation. Gerade dies müsste nun eigentlich mit dem Bild Berlins gut korrespondieren, der Stadt, die – so Karl Scheffler – dazu verurteilt sei, „immerfort zu werden und niemals zu sein".[8] Ludwig Geiger würde wohl zu denen gehören, die in der Begegnung der veränderungswilligen Ankommenden mit der veränderungsbereiten Stadt Berlin einen Auslöser, vielleicht sogar den entscheidenden Moment für die Entstehung jenes „berlinisch-jüdischen Geistes" sehen, von dem Heinrich Graetz sprach und den Peter Gay so überzeugend in Frage gestellt hat.[9] In seinem Überblick über die jüdischen Gemeinden in ihrem Verhältnis zum preußischen Staat schreibt Jörg H. Fehrs:

> Die Geschichte der neuzeitlichen Siedlung von Juden in Berlin und der Mark Brandenburg hatte durch die Ausschreitungen im Jahre 1571 und ihrer darauffolgenden dritten Vertreibung „auf ewige Zeiten" ein Ende gefunden. Das Interesse zur Wiederaufnahme von Juden und ihrer Ansiedlung im brandenburgisch-preußischen Territorium war ausschließlich ökonomischer Art.[10]

Im Jahre 1671 erließ der Kurfürst Friedrich Wilhelm von Brandenburg ein Edikt zur Aufnahme von fünfzig aus Wien ausgewiesenen begüterten jüdischen Familien, von denen sich zwei noch im gleichen Jahr in Berlin niederließen.[11] Zu Beginn des 18. Jahrhunderts umfasste die jüdische Bevölkerung der Stadt – von einer Gemeinde lässt sich angesichts der anhaltenden Restriktionen nicht sprechen – bereits

7 Georg Simmel: Exkurs über den Fremden. In: Ders.: *Soziologie. Untersuchungen über die Formen der Vergesellschaftung.* Berlin: Duncker & Humblot 1908, S. 409–512; vgl. dazu Almut Loycke (Hrsg.): *Der Gast, der bleibt. Dimensionen von Georg Simmels Analyse des Fremdseins.* Frankfurt am Main: Suhrkamp 1992.

8 Karl Scheffler: *Berlin – ein Stadtschicksal.* Berlin-Westend: Reiss 1910, S. 267.

9 Heinrich Graetz: *Geschichte der Juden von den ältesten Zeiten bis auf die Gegenwart*, Bd. 11: Geschichte der Juden vom Beginn der Mendelssohn'schen Zeit (1750) bis in die neueste Zeit (1848). Leipzig: Leiner 1900, S. 147; Peter Gay: Der berlinisch-jüdische Geist. Zweifel an einer Legende. In: Ders.: *Freud, Juden und andere Deutsche. Herren und Opfer in der modernen Kultur.* Hamburg: Hoffmann und Campe 1986, S. 190–211.

10 Jörg H. Fehrs: Der preußische Staat und die jüdischen Gemeinden in der ersten Hälfte des 18. Jahrhunderts – ein Überblick. In: Abraham Kustermann / Robert Jütte (Hrsg.): *Jüdische Gemeinden und Organisationsformen von der Antike bis zur Gegenwart.* Wien/ Köln / Weimar: Böhlau 1996, S. 195–219, hier S. 196.

11 Ebd.

117 Familien.[12] Man müsste mit so einem Projekt also 1671 beginnen, mit der Ansiedlung – und eben: der Ankunft – jener aus Wien vertriebenen Familien, die der Große Kurfürst in Berlin aufnahm, das entsprechende Dokument erhält den bekannten Satz, „aber dass sie keine Synagogen bauen". Man könnte, sollte dann weitergehen in der Zeit und würde, meine ich, in den Ankunftsszenen einiges gespiegelt finden von der Alltagsgeschichte jüdischen Lebens in Berlin.[13]

Moses Mendelssohn und Salomon Maimon

Wenn wir uns im Rahmen dieses Bandes (und der Reihe, in der er erscheint) auf die jüdische Kulturgeschichte in der Moderne konzentrieren, dann treffen wir auf eine fast schon legendäre gewordene Ankunftsszene. Heinz Knobloch hat sie mit seiner lebendig imaginierten Schilderung so bekannt gemacht, dass sie uns allen vertraut erscheint:

> Moses traf als Moses Mendel in Berlin ein. […] Was erlebt ein Vierzehnjähriger, der zu Fuß von Dessau nach Berlin geht? Etwa fünf Tage ist er unterwegs. Wovon ernährt er sich? Wen trifft er? Hat er Geld, um sich Essen zu kaufen? Nimmt ihn zuweilen ein Wagen mit, oder ist der hässliche Judenjunge nur den Flüchen der Fuhrleute ausgesetzt? – Wir wissen nicht einmal, ob Moses aus Dessau im September 1743 in Berlin eintraf oder im Oktober. Die Angaben differieren.[14]

12 Ebd.; vgl. Edict wegen der aufgenommenen 50 Familien Schutz-Juden, jedoch dass sie keine Synagogen halten, 21. Mai 1671. In: *Corpus Constitutionum Marchicarum, Oder Königl. Preußis. und Churfürstl. Brandenburgische in der Chur- und Marck Brandenburg, auch incorporirten Landen publicirte und ergangene Ordnungen, Edicta, Mandata, Rescripta [et] c.: Von Zeiten Friedrichs I. Churfürstens zu Brandenburg, [et]c. biß ietzo unter der Regierung Friderich Wilhelms, Königs in Preußen [et]c. ad annum 1736. inclusivè / … colligiret und ans Licht gegeben von Christian Otto Mylius. Berlin und Halle, Zu finden im Buchladen des Waysenhauses, [1737]–1755*, v. Th., v. Abt., 111. Kap., S. 12ff. http://web-archiv.staatsbibliothek-berlin.de/altedrucke.staatsbibliothek-berlin.de/Rechtsquellen/quellen.html (Zugriff am 11.05.2015).

13 Zu den Edikten der Jahre 1730 und 1750 und den darin enthaltenen Aufenthaltsbeschränkungen (1750: Die Zahl der Juden, die sich in Berlin ständig aufhalten dürfen, ist auf 120 Familien, 250 Bediente und 26 Schulmeister beschränkt; fremde Juden dürfen sich nicht länger als 24 Stunden, während Messen für vier Tage in der Stadt aufhalten) vgl. Helmut Zschocke: *Die Berliner Akzisemauer: die vorletzte Mauer der Stadt.* Berlin: Berlin Story 2007, S. 62.

14 Heinz Knobloch: *Herr Moses in Berlin. Ein Menschenfreund in Preußen. Das Leben des Moses Mendelssohn.* Berlin: Das Arsenal 1982, S. 1; vgl. auch Katja Behrens: *Der kleine Mausche aus Dessau. Moses Mendelssohns Reise nach Berlin im Jahre 1743.* München: Hanser 2009.

Im Anschluss daran zeichnet Knobloch jenen berühmten – aber womöglich erfundenen[15] – Weg nach, den der junge Mosche mi-Dessau oder Moses ben Mendel bei seiner Ankunft in Berlin zu nehmen hatte, während der Feiern zum 750. Jahrestag der Stadt (damals: der beiden Stadthälften) wurde ein „Moses Mendelssohn Pfad" als Berliner Geschichtsweg konstruiert.[16] Heinz Knobloch beschreibt dann die Gegend um das Rosenthaler Tor, anfangs der achtziger Jahre des letzten Jahrhunderts. Noch befinden wir uns in der Hauptstadt der DDR, und es ist tatsächlich faszinierend zu sehen, wie er die vergangene Geschichte in die damalige Gegenwart der Stadt hineinliest, wie er die Stadt eben dadurch kenntlich macht, dass er ihr eine längst vergessene Geschichte wieder zurückgibt – auch wenn sie zu großen Teilen imaginiert ist:

> Warum ist er erst um halb Berlin gelaufen? Warum hat er nicht den kürzeren Weg genommen, den geraden, den logischen, den normalen, den natürlichen, den von Menschen vor ihm für Menschen angelegten Weg? Weil fremde Juden nur durch das Rosenthaler Tor nach Berlin einreisen durften.[17]

Solche Sätze wurden an eine Leserschaft gerichtet, die wusste, dass es für sie schier unmöglich war, aus dieser gleichen Stadt – so natürlich und logisch, wie man es sich wünschen würde – auszureisen. Auch deshalb erzählt Knobloch ausführlich von der Funktion des „Torstehers" und von der erzwungenen Mitwirkung der – kleinen – jüdischen Gemeinde bei der Kontrolle von Einwanderern. Der „ermüdete Junge", so geht die Legende, antwortet auf die Frage, was er hier wolle, mit einem Wort: „Lernen". So beginnt, dramatisch inszeniert und, wie gesagt, etwas frei interpretiert, die Geschichte der jüdischen Aufklärung in Berlin, die Geschichte der langsamen, behutsamen, bald aber in großen Schritten fortschreitenden Modernisierung dieser immer rascher anwachsenden Gemeinde. Es ist eine Geschichte, die ohne die immer weiter zunehmende Einwanderung – aus allen Himmelsrichtungen, vor allem aber von Osten her, nicht denkbar wäre.

15 Die Stadtführerin Iris Weiss hat Knoblochs Darstellung in Frage gestellt, allerdings keine nachvollziehbare Alternative präsentiert. Zschocke weist in *Die Berliner Akzisemauer*, S. 62, darauf hin, dass neben dem Rosenthaler auch das Prenzlauer und das Hallesche Tor Eingang gewährten.

16 Ulrick Eckhardt / Elke Nord: *Der Moses Mendelssohn Pfad. Eine Berliner Zeitreise oder Wanderwege in eine versunkene Stadt.* Berlin: Verlag der Berliner Festspiele 1987.

17 Knobloch: *Herr Moses*, S. 1.

Diese Zuwanderer sahen die Entwicklung Berlins als Resonanzboden ihrer eigenen Entwicklung. Skeptische Besucher äußerten Kritik an diesem Verhältnis, das sich zwischen der Stadt und ihrer jüdischen Gemeinschaft entwickelte. Heinrich Graetz beruft sich auf sie, wenn er schreibt:

> So hatte sich in der Berliner Gemeinde ein Urstock für die Veredlung des jüdischen Stammes gebildet, dessen Bestrebungen, wenn auch nicht vom Staate, so doch von der öffentlichen Meinung begünstigt wurde. Durch zwei Organe wirkte dieser Keimansatz auf weitere Kreise durch die Freischule (Chinnuch Nearim) und die damit verbundene Druckerei. Die Freischule, von David Friedländer und seinem Schwager Daniel Itzig geleitet, war gerade nicht nach Wessely's Ideal und Lehrplan angelegt. Die Gegenstände von allgemeinen Wissensfächern nahmen den Hauptplatz ein und verdrängten nach und nach das sogenannte Jüdische (Hebräisch, Bibel, Talmud) aus dem Lehrplan. In zehn Jahren (1781–1791) wurden in dieser Schule über 500 gutunterrichtete Zöglinge ausgebildet, welche Sendboten des jüdisch-berlinischen Geistes wurden und ihn überallhin verbreiteten. Sie wurde eine Musterschule für deutsche und außerdeutsche Gemeinden.[18]

Das heißt: „Berlinertum", das war attraktiv und zog viele in die Stadt, das war einschüchternd und schreckte andere ab. Den Streit zwischen den beiden Gruppen beschreibt Graetz in starken Worten:

> Durch die Reibungen zwischen den Aufgeklärten und den Altfrommen, die beide das Maß überschritten, entstand in der Berliner Gemeinde eine aufregende Spannung. Die Jugend: Hauslehrer, Handlungsdiener, die Söhne der Reichen, die Modenarren, trug eine leichtsinnige Philosophie zur Schau, setzte ihren Stolz darein, ihre greise Mutter zu verhöhnen, und betrachtete Alles, was ihren Lüsten im Wege stand, als Aberglaube, Vorurtheil, rabbinischen Aberwitz. Die Anhänger des Alten waren dadurch um so zäher und klammerten sich an Alles, was einen religiösen Anstrich hatte.[19]

In dieses zerstrittene Berlin kamen wieder Einwanderer. „Etwa fünfunddreißig Jahre nach Moses", um letztmals Knobloch zu zitieren, „kommt ein Mann, Mitte zwanzig, der sich aus Verehrung für Maimonides Salomon Maimon nennt, bildungshungrig nach Berlin."[20] Salomon Maimons Lebensgeschichte, die Karl Philip Moritz mit den schönen Worten empfahl, sie „bedarf keiner Anpreisung, um gelesen zu werden", erschien in zwei Bänden 1791 und 1792.[21] „Zwischen

18 Graetz: *Geschichte der Juden*, Bd. 11, S. 147.

19 Ebd., S. 153.

20 Knobloch: *Herr Moses*, S. 126.

21 Salomon Maimon: *Salomon Maimons Lebensgeschichte, von ihm selbst geschrieben und herausgegeben von Karl Philip Moritz* [Berlin 1793, bei Friedrich Vieweg dem Älteren],

Polen und Berlin", so Christoph Schulte, wird dieses Lebensschicksal als ein „Modellfall von Aufklärung" gelesen[22] – einer Entwicklung, die vor Berlin beginnt, aber den Ziel- und Fluchtpunkt (Fluchtpunkt allerdings in mehrerlei Hinsicht) Berlin braucht. Einmalig ist diese Lebensgeschichte, weil die in ihr enthaltene Schilderung des osteuropäischen Judentums unter den Juden und ebenso, wenn nicht eindrücklicher, unter den Christen in Deutschland das Bild des *Shtetl* für Jahrzehnte prägen konnte. Dem Herausgeber Karl Philip Moritz erschien sie gar als „eine unparteiische und vorurteilsfreie Darstellung des Judentums",[23] als authentisch – während der zweite Teil wiederum ein interessantes Bild Berlins zeichnet, ein Bild der jüdischen Salons vor allem. Der Wechsel von der ‚exotischen' Welt im Osten in die der Berliner Aufklärung vollzieht sich als gewünschte, ersehnte und endlich verwirklichte Wanderschaft. „[I]n einer Spanne von nur wenigen Lebensjahren" hat Maimon, so Schulte, „hundert Jahre Aufklärung eingeholt und überholt",[24] und der entscheidende Schritt ist mit der Loslösung von der Heimat und der Ankunft in Berlin getan – oder so will es scheinen:

> Da, wie bekannt ist, in dieser Residenzstadt kein Betteljude gelitten wird, so hat die jüdische Gemeinde zur Versorgung ihrer Armen ein Haus am Rosenthaler Tore bauen lassen, worin die Armen aufgenommen, von den jüdischen Ältesten über ihr Gesuch in Berlin befragt und nach Befinden entweder, wenn sie krank sind oder einen Dienst suchen, in die Stadt aufgenommen oder weiter verschickt werden. Auch ich wurde also in dieses Haus gebracht, das teils mit Kranken, teils aber mit liederlichem Gesindel angefüllt war. Lange Zeit sah ich mich vergebens nach einem Menschen um, mit dem ich mich über meine Angelegenheiten hätte besprechen können. [...] Endlich gegen Abend kamen die jüdischen Ältesten. Es wurde ein jeder der Anwesenden vorgerufen und über sein Gesuch befragt. Die Reihe kam auch an mich, und ich sagte ganz offenherzig, ich wünsche in Berlin zu bleiben, um daselbst Medizin zu studieren.[25]

neu hrsg. v. Zwi Batscha. Frankfurt am Main: Insel 1984, S. 7; vgl. auch Renate Heuer: Salomon Maimons Lebensgeschichte und ihre Rezeption von 1792 bis 1988. In: *Trans. Internet-Zeitschrift für Kulturwissenschaften* 15 (2004). http://www.inst.at/trans/15Nr/03_5/heuer15.htm (Zugriff am 22.12.2014).

22 Christoph Schulte: Kabbala in Salomon Maimons Lebensgeschichte. In: Ders. / Eveline Goodman-Thau / Gert Mattenklott (Hrsg.): *Kabbala und die Literatur der Romantik. Zwischen Magie und Trope*. Tübingen: Niemeyer 1993, S. 33–66, hier S. 33.

23 Vorbericht des Herausgebers. In: Maimon: *Salomon Maimons Lebensgeschichte*, S. 7.

24 Schulte: Kabbala in Salomon Maimons Lebensgeschichte, S. 39.

25 Maimon: *Lebensgeschichte*, S. 127–128.

Maimons Gesuch wird abgelehnt, ein Rabbiner, mit dem er zuvor ins Gespräch gekommen war, denunziert ihn als Anhänger einer ketzerischen Denkungsart, als Bettler wird er fortgeschickt und darf erst zwei Jahre später in Berlin einwandern.

Ankommen und „Carriere machen“: Karl Emil Franzos in Berlin[26]

Im Jahr 1887, als Karl Emil Franzos in Berlin ankam, hatte sich die Stadt Berlin beträchtlich entwickelt. Im Jahr davor hatte die Berliner jüdische Gemeinde ihre große Neue Synagoge in der Oranienburger Straße feierlich eingeweiht. Mit der Reichsgründung und der rechtlichen Gleichstellung der Juden beginnt eine neue Phase der jüdischen Geschichte in Berlin.[27] Um diese Zeit lebten ca. 40.000 Juden in Berlin, etwa sieben Prozent der Gesamtzahl der Juden im Reich; dieser Bevölkerungsanteil wuchs um 300 % bis 1910, behielt aber seinen Anteil von ca. 4 % der Gesamtbevölkerung Berlins konstant bei. Bis zum Ende des 19. Jahrhunderts wuchsen die jüdische Bevölkerung und die Gesamtbevölkerung im gleichen Rhythmus; nur zwischen 1910 und 1925 nahm die Gesamtbevölkerung Berlins nur um 8 %, die der Juden hingegen um 20 % zu. In diesem Jahr 1925 erreichte die Zahl der Juden in Berlin mit offiziell 172.672 Einwohnern ihren Höhepunkt, Zeitgenossen auch „innerhalb der jüdischen Gesellschaft Berlins“ schätzten die Zahl höher, bis 200.000 oder 250.000 (wie Eugen Caspary in seinem Vorwort zum *Jüdischen Wegweiser*).[28] Die offizielle Zahl stand für ca. 30 % der deutschen, ca. 47 % der preußischen Juden – oder auch für die achtgrößte jüdische Stadtbevölkerung der Welt, oder auch bloß für die viertgrößte religiöse Gruppe in Berlin. Statistik ist Anschauungssache; das gilt auch für den Anteil der ‚Ostjuden‘ an der Berliner jüdischen Bevölkerung: 1910 kamen weniger

26 Teile der folgenden Abschnitte wurden bereits in meinem Buch *Das Ich der Stadt. Debatten über Judentum und Urbanität, 1822–1938* (Göttingen: Vandenhoeck & Ruprecht 2005) verwendet.

27 Zur Bevölkerungsentwicklung in diesen Jahren vgl. Gabriel Alexander: Die Entwicklung der jüdischen Bevölkerung in Berlin zwischen 1871 und 1945. In: *Tel-Aviver Jahrbuch für deutsche Geschichte* 20 (1991): Sozialgeschichte der Juden in Deutschland, S. 287–314.

28 Eugen Caspary: Zum Geleit. In: *Jüdisches Jahrbuch für Groß-Berlin auf das Jahr 1926. Ein Wegweiser durch die jüdischen Einrichtungen und Organisationen Berlins.* Berlin-Grunewald: Scherbel 1926, S. 1–3.

als 16% der jüdischen Gesamtbevölkerung aus Gebieten außerhalb der Reichsgrenzen, darunter wiederum 60% aus Russland, Galizien und Rumänien, also 9,5% aller Berliner Juden. Rechnet man den ‚Osten' großzügiger, unter Einschluss Schlesiens, Pommerns, Posens und Ostpreußens, kommt man 1919 auf 30% von dorther stammender Bevölkerung (also etwa 40% ‚aus dem Osten'); 1933 waren 38% der Juden Berlins in Berlin geboren, 41,7% in den am Vorabend des Weltkrieges noch zum Reich gehörenden Gebieten, 16,84% in Gebieten außerhalb des Reichs in seinen Grenzen von 1871 – Zahlen, die auf eine Wanderungsgeschichte verweisen, in der Berlin oftmals nur Station ist.
In den Jahren zwischen der Reichsgründung und dem Ersten Weltkrieg ist Berlin der Schauplatz, die Arena für eine Debatte um die Konsequenzen der Modernisierung: „Forming less than one percent of the Reich's population in 1910, German Jewry was one of the most conspicuous vanguards in the modernization of Jews and Judaism."[29] Es erscheint fast sinnlos, den Begriff der Modernisierung in ein allzu enges Zeitbett zu verweisen; an welcher Thematik Forschung auch ansetzt, welche Epoche sie sich auch vornimmt: was herauskommt, soll Modernisierung heißen. Vielleicht hilft es, das strenge Gerüst der historischen Epochen einmal beiseite zu schieben und Modernisierung als einen Prozess zu betrachten, den jeder einzelne Neuankömmling in Berlin persönlich zu erfahren und zu bewältigen hatte. Noch einmal zum Begriff des Ankommens: Man kann natürlich in Berlin ankommen, auch wenn man schon vorher da war – nur vielleicht noch nicht bereit für die Begegnung. Theodor Fontane hat die Ambivalenz dieses Zusammentreffens an zwei Stellen herausgearbeitet: Einerseits, so schreibt er an Hermann Wichmann 1881, hat sich Berlin „ganz außerordentlich verändert und ist jetzt eine schöne und vornehme Stadt. Wir verdanken das allem Möglichen, aber doch weitaus am meisten dem Asphalt und den Pferdebahnen."[30] Andererseits spürt man die Skepsis wohl heraus, wenn er an Friedländer den vielzitierten Satz schreibt: „Was heißt Carrière machen anders

29 Anthony J. la Vopa: Jews and Germans. Old Quarrels, New Departures. In: *Journal of the History of Ideas* 54 (1993), S. 675–695, hier S. 675.

30 Theodor Fontane an Hermann Wichmann, 2. Juli 1881. In: Theodor Fontane: *Briefe*, Bd. 3, hrsg. v. Walter Keitel / Helmuth Nürnberger. München: Hanser 1980, S. 136.

als in Berlin leben, und was heißt in Berlin leben anders als Carrière machen."[31]

In diese Fontanopolis hinein kommt, besuchsweise erst einmal 1883 und dann, richtig, 1887, Karl Emil Franzos; und so soll das erste Zitat, das ihn betrifft, Theodor Fontane gehören. Er schreibt 1883 in der *Vossischen Zeitung*: „Von Karl Emil Franzos, den wir einem ondit nach Aussicht haben, über kurz oder lang den Unseren nennen zu dürfen, liegen uns ‚Stille Geschichten' vor."[32] Fontane (bei dem er später wohl öfter zu Gast war) scheint gewusst oder gehört zu haben, dass der Autor sich schon lange nach Preußen, nach Berlin sehnte. Finanzielle Probleme hielten ihn zunächst noch davon ab. Schon im September 1886 erschien hier die erste Nummer der Zeitschrift *Deutsche Dichtung*. 1883 bezog man dann endlich eine Wohnung in der Kaiserin-Augusta-Straße 71 (heutiger Standort Köbisstraße 41, das Haus wurde nach Kriegszerstörungen Anfang der 50er Jahre abgerissen). Hier gründete Franzos 1895 seinen Verlag Concordia. Hier in Berlin formulierte er in seinem Austrittschreiben an die Berthold-Auerbach-Loge 1891 den berühmten Satz: „Was wir brauchen, ist ein Bund, der einerseits auf dem Boden des Judentums steht und sich andererseits rastlos intellektuell, wie moralisch weiter bildet. Nur so kann dem deutschen Judentum genutzt sein, nur so können wir Juden bleiben und Deutsche werden."[33]

In der Zeit des Umzugs entstehen zwei Feuilletons für die *Neue Freie Presse* in Wien, beide als „Berliner Brief" betitelt. Ein neuer Berliner schildert seine neue Stadt: „Den ‚goldenen Sonntag' nennt man hier den letzten vor Weihnachten, weil sich alles Gewerbe in emsiger, gewinnreicher Arbeit regt und alle Läden vom Morgengrauen bis Mitternacht von Käufern voll sind"[34] – das entscheidende Wörtchen heißt: „Hier" – noch im Gegensatz zu ‚daheim in Österreich'. Ein Anlass zum Städtevergleich: Die Straßen sind belebt wie in Paris –

31 Theodor Fontane an Georg Friedländer, 21. Dezember 1884, zit. n. Michael James White: *Space in Theodor Fontane's Works: Theme and Poetic Function*. London: The Modern Humanities Research Association 2012, S. 139.

32 Danke für die Information an Oskar Ansull.

33 Zit. n. Margarita Pazi: Karl Emil Franzos' Assimilationsvorstellung und Assimilationserfahrung. In: Hans Otto Horch / Horst Denkler (Hrsg.): *Conditio Judaica*, Teil 2: Judentum, Antisemitismus und deutschsprachige Literatur vom 18. Jahrhundert bis zum ersten Weltkrieg. Tübingen: Niemeyer 1989, S. 218–233, hier S. 232.

34 Karl Emil Franzos: Berliner Brief. In: *Neue Freie Presse* (Wien), 27.12.1887.

> zu einer Parallele mit Wien liegt kein Anlaß vor. Leider! – lieben muß man die schöne Stadt ja doch, aber Achtung für Berlin, diese fleißigste und sicherlich einst auch größte Stadt des europäischen Continents. Wie diese Empfindung die erste ist, welche den Besucher überkommt, so bleibt sie die stärkste in Jedem, der sich hier heimisch macht. Welches Wachsthum, welches Gedeihen und Gelingen jeglichen begonnenen Werkes![35]

Ein Lob gilt der „Centralisation" des Staates, von der die neue Hauptstadt profitiert, aber das ist es nicht allein: „Berlin ist viel, aber mehr wird es sein, und nicht etwa die Phantasie, sondern der Verstand erblickt auf diesem Boden dereinst die nach London volkreichste Stadt dieses Welttheils."[36] Franzos profiliert sich hier als einer, der die Stadt gut kennt und ihre Entwicklung begleitet hat, „als ich vor nun zwanzig Jahren zum erstenmale hier verweilte", war der „Thiergarten" noch ein dem „Weichbilde benachbarter Park", heute liegt er *in* Berlin. An der Stelle, „wo ich diese Zeilen schreibe" – ein Ich in Berlin! – befand sich früher ein Ausflugslokal „mitten im Grünen", heute ist die Stadt darum herum gewachsen. Neue Straßen und Stadtteile sprießen hervor, breiten die Stadt aus, vor der Hasenheide oder in Richtung des Dorfes Schöneberg, Fabrikviertel entstehen im Norden der Stadt, wo gerade noch Schilder stehen, „Baustelle zu verkaufen", erscheint schon morgen ein Heer von Arbeitern, bald entstehen Häuser, bilden eine Straße, und die Straße erhält „ihre Briefkästen, Läden, Gaslaternen, ihren Droschkenstand oder Pferdebahnanschluß und zu allerletzt auch einen Namen". Ein gelungenes Bild für das fortschreitende Wachstum Berlins, das vor allem eins weckt: „Zuversicht in die Zukunft. Wer „längere Zeit hier verweilt", spürt „das freudige, unerschütterliche Vertrauen in das Gediegene der Arbeit." Was für ein Glück für eine Stadt, „Bewohner zu haben, die insgesamt überzeugt sind, dass sie alle Rivalinnen überholen müsse; aber es ist auch ein Glück für den Einzelnen, in solcher Atmosphäre heranzuwachsen." Die Zukunft erscheint fast leichter zu beschreiben als die Gegenwart, das Heute und das Gestern mögen sich noch bekriegen, aber das Morgen wird sie überwinden. „Wie vieles in dem Leben dieser Stadt ist unfertig und unausgeglichen, wie Vieles muß seltsam berühren oder gar glattweg zunächst wie ein Räthsel erscheinen!" Wieder dient Wien als Gegenbild – bei aller Veränderung, die

35 Franzos: Berliner Brief.

36 Ebd.

auch diese Stadt erfahren hat, ist sie sich doch – und sind sich die Wiener – treu geblieben. „Wie anders würde sich der vormärzliche Berliner in seiner Stadt fühlen! Zwei Drittheile wären ihm eine absolut neue, wie durch Zauberhand aufgebaute Stadt, mitten in die sandige Haide, das Sumpfland, die Lustwäldchen hineingestellt" – und nicht nur die Stadt hätte sich verändert; während Wien seine Kaffeehäuser und Wirtshausgärten noch immer hat, sind die Berliner Conditoreien und Weißbierstuben verschwunden. „Neue Berliner Typen gibt es noch nicht, aber die alten sind todt," der Eckensteher Nante ist nicht mehr da, selbst der „Straßenwitz" sei verstummt. Noch gibt es, sagt Franzos, den Berliner Dialekt, „aber man muß hier lange leben, ein scharfes Aug' und ein gutes Ohr haben", sagt Franzos, der gerade einmal einige Monate hier wohnt. In der „Arbeitsstadt" herrscht „der nüchtern praktische, demokratische Zug der gesammten Lebensführung"[37] – Genuss, wie in Wien, kennt die Stadt noch nicht. Die Droschken sind „Marterkarren", die Druckereien arbeiten billig, aber nicht gut (wie in Leipzig), auch ist die Berlinerin „kein Muster der Eleganz". In diesen Weihnachtstagen 1887 schließlich sind alle von der Krankheit des Kronprinzen erschüttert – so nimmt Franzos schon Anteil an seiner neuen Stadt.

1896, zum zehnjährigen Bestehen der *Deutschen Dichtung*, richtet Franzos eine neue Rubrik ein: „Berliner Theater". Er nimmt hier die Gedanken eines zweiten „Berliner Briefs" aus der *Neuen Freien Presse* (vom 17. Februar 1888) zur Berliner Quantität versus der Wiener Qualität auf und schreibt selbst den ersten Text:

> Als ich vor acht Jahren von Wien nach Berlin übersiedelte, war eben in beiden Städten eine Phrase im Schwange, der man ebensowenig entgehen konnte, wie einst dem Cri-Cri verruchten Angedenkens. An der Donau seufzte man nämlich in klagendem Moll: „Wien ist keine Theaterstadt mehr!" und in Berlin klang es in fröhlichem Dur: „Berlin ist nun die deutsche Theaterstadt!" Klage und Jubel gründeten sich nur auf einen Umstand, der freilich von höchster Wichtigkeit ist: den Besuch der Theater.[38]

Der war in Berlin bedeutend besser als in Wien, dort hätte man „für eine Mondbahn leichter das Kapital gefunden" als für ein neues Theater, während man in Berlin „fast alle Jahre ein neues Theater"

37 Ebd.

38 Karl Emil Franzos: Berliner Theater. In: *Deutsche Dichtung* 19 (Okt. 1895–März 1896), S. 123–128, hier S. 127–128.

begründete. Dabei, so Franzos, gab es in Berlin „doch eigentlich nicht gar so viel gute Bühnen“ und die Stadt lebt, was ihre Stücke betrifft, recht planlos „von der Hand in den Mund“. Und recht krass geht Franzos mit dem Berliner Publikum ins Gericht – nicht, weil es, wie behauptet, „lieber ablehne als anerkenne und die Ablehnung in Formen kleide, die den guten Geschmack verletzen“, sondern weil neben dem „litterarischen Berlin“ und den ernsthaft an Kultur Interessierten die Hälfte des Publikums aus Leuten bestehe, „die überall dabei sind, wo das Billet teuer ist, oder wo es einen Nerven-Kitzel giebt, die jeder Sensation nachjagen und sich nur deshalb zu jeder Premiere drängen, weil auch ihr etwas Sensationelles anhaftet“. Da gelingt ihm doch ein ambivalentes Berlin-Bild, das ausführlicher zitiert zu werden verdient:

> Es giebt hier, in dieser Stadt des ungeheuren Wachstums, der fieberhaften Arbeit, der unersättlichen Genußsucht, der rapid erworbenen Vermögen, mehr solcher Elemente als in anderen deutschen Städten mit ruhigerer Entwickelung; das ist naturgemäß und kein Unglück; es geht Niemand was an, wie und wo sich die Herrschaften amüsieren wollen, aber über das Schicksal der dramatischen Produktion in Deutschland sollten sie nicht mit entscheiden wollen.

Immerhin sei „etwas Urgesundes in der gesamten Entwickelung dieser Stadt; es geht alles vernünftig vorwärts; wie wir gesehen haben, auch das Theater in vielen Beziehungen, und darum wird auch dies Gute schließlich kommen.“[39] Ein zweiter Beitrag gilt den Novitäten der Saison und geht auf die Stadt nicht mehr ein. In Berlin formulierte er es 1902 als seine Aufgabe, „den Gegensatz zwischen dem Judentum des Ostens und dem des Westens ausgleichen zu helfen“.[40] Hier war er im 1891 gegründeten Deutschen Zentralkomitee für russische Juden und hier war er, wie es bei Karin Lindemann heißt, „längst Zeuge des aufflammenden deutschen Antisemitismus geworden. Der Weg nach Westen, ins einstige Zentrum der Aufklärung, mündet auch für Franzos in Ernüchterung und Enttäuschung.“[41] Karl Emil Franzos stirbt am 28. Januar 1904 in Berlin, er wird in einem Ehrengrab auf dem jüdischen Friedhof in Weißensee beigesetzt.

39 Franzos: Berliner Theater.

40 Karl Emil Franzos: Kleinigkeiten. In: *Allgemeine Zeitung des Judentums*, 04.04.1902, S. 165–166; und folgende Ausgaben.

41 Karin Lindemann: Karl Emil Franzos. Die zweifache Wurzel. In: *Jüdischer Almanach des Leo Baeck Instituts* (1995), S. 91–103, hier S. 95.

Berlin zur Heimat bauen

Neue Berliner hatten, wenn man so will, ihre Erfahrung mit Passagen. Zu den schönsten und treffendsten Schilderungen der Aufstiegsgeschichte in Berlin und ihres topographischen Niederschlags gehört der Anfang des XXV. Abschnitts der Erinnerungen von Sammy Gronemann (1946/47 geschrieben, im Rückblick auf die Jahrhundertwende):

> Zwischen dem proletarischen Osten Berlins (Berlin O) und dem aristokratischen Westen (Berlin W) liegt das Bellevue-Viertel (Berlin NW, im Volksmunde Nebbich-Westen genannt). Berlin O war die Domäne der Ostjuden, die seltsamerweise alle militärisch benannten Straßen besiedelten wie Artilleriestraße, Grenadierstraße, Dragonerstraße, während im Westen (Charlottenburg, Wilmersdorf oder dem besonders vornehmen Grunewaldviertel) die Arrivierten wohnten. Ostjude und Westjude waren in Berlin nicht sowohl geographische wie zeitliche Begriffe. Gar oft kam es vor, dass aus dem Osten eingewanderte Juden zunächst in den obengenannten Straßen ihr Quartier nahmen, dann allmählich zum Wohlstand gelangten, in das vornehmere Bellevue-Viertel zogen, der Heimat des besseren Mittelstandes, und dann auf der sozialen Leiter aufsteigend ihren Wohnsitz nach Charlottenburg verlegten und Westjuden wurden, die dann oft mit ungeheurer Verachtung auf die eingewanderten Elemente jenes östlichen Viertels herabsahen.[42]

In einer Sitzung der Repräsentanten der Jüdischen Gemeinde, so erzählt Gronemann weiter, habe sich sein Anwaltskollege Alfred Klee, als wieder einmal von liberaler Seite gegen die ‚Ostjuden' polemisiert wurde, an die Herren der Linken gewandt und sie gefragt, wer von ihnen selbst auf dem Schlesischen und wer auf dem Anhalter Bahnhof angekommen sei – „ohne Ausnahme waren diese sämtlich entweder selbst aus Posen, Breslau oder Polen eingewandert oder es waren wenigstens ihre Vorfahren unzweifelhaft östlicher Herkunft."[43] Viel zu selten wurde meines Erachtens diese Dynamik in der jüdischen Geschichte Berlins wirklich zum Thema gemacht; meist bleibt es bei der üblichen Gegenüberstellung der modernisierten Gemeindemehrheit im Westen der Stadt – und dem sogenannten Scheunenviertel. Durch die anhaltende Zuwanderung aus Osteuropa und die Bildung eines Wohnquartiers ostjüdischer Zuwanderer in den Straßen hinter dem Alexanderplatz, rund um das ehemalige ‚Scheunenviertel', ist das Thema der Dialektik von Grenze und Öffnung, aus der Provinz

42 Sammy Gronemann: *Erinnerungen an meine Jahre in Berlin*, aus d. Nachlass hrsg. v. Joachim Schlör. Berlin: Philo 2002, S. 273.

43 Ebd.

nach Berlin selbst gekommen. Kaum eine andere städtische Region ist von so vielen Bildern umstellt wie dieses ‚Scheunenviertel' – es ist eben auch das Gebiet von Armut und sozialem Abstieg, von Prostitution, Zuhälterei und Kleinkriminalität: eine höchst geeignete und vielfach genutzte Angriffsfläche für die Berlinkritik und die Stadtkritik im Allgemeinen.[44] Aus jenem Scheunenviertel stammen immerhin zwei der schönsten Ankunfts-Schilderungen, die die Berlin-Literatur kennt. Alexander Granach, aus dem ukrainischen Werbiwizi über Horodenka und Lemberg nach Berlin gekommen, schreibt:

> Hier kam ich nicht in eine Stadt. Hier kam eine Stadt über mich. Hier fühlte ich mich überfallen, attackiert, nach allen Seiten gerissen von einem neuen Rhythmus, neuen Menschen, einer neuen Sprache, neuen Sitten und Gebräuchen. Ich mußte an mich halten, Augen aufreißen, Muskeln anspannen, um nicht überrannt, nicht zermalmt, nicht zerquetscht zu werden. [...] Wir bestiegen eine Elektrische und fuhren zwei Stunden durch ein Häusermeer zu irgendeiner Endstation und zurück, ohne auszusteigen, immer vorne beim Fahrer, und bekamen einen vagen Begriff von etwas sehr Großem und Fürchterlichem, das einen doch freundlich aufzunehmen schien.[45]

Und bei Max Fürst heißt es:

> Was war auch Königsberg für ein Dorf gegen Berlin. [...] Es ist das beste, sich der Stadt ganz auszuliefern, ohne Führer, ohne Freunde, ohne Behausung. Neue Augen hat man, geht auf Luft, sieht jeden Winkel, sieht das Leben in den Menschenspeichern, riecht den fremden Geruch der Menschen, den fauligen Gestank der Obst- und Fleischabfälle auf den Märkten, den frischen Wind, bevor sich die Stadt wieder zu einem neuen Kreislauf erhebt.[46]

Berlin war der Ort, an dem alle das deutsche Judentum betreffenden Entwicklungen sich konzentrierten; auch die inneren Gegensätze,

44 Anne-Christin Saß: *Berliner Luftmenschen. Osteuropäisch-jüdische Migranten in der Weimarer Republik*. Göttingen: Wallstein 2012; dies.: Das Scheunenviertel. Zur Urbanität eines Stadtquartiers. In: *Berlin Transit, Jüdische Migranten aus Osteuropa in den 1920er Jahren*, hrsg. v. der Stiftung des Jüdischen Museums Berlin in Kooperation mit dem Forschungsprojekt „Charlottengrad und Scheunenviertel". Göttingen: Wallstein 2012, S. 62–64; dies.: Transnational and Transcultural Spaces in the Diaspora. The Case of Berlin 1900–1933. In: Alina Gromova / Felix Heinert / Sebastian Voigt (Hrsg.): *Jewish and non-Jewish Spaces in Urban Context*. Berlin: Neofelis, S. 119–131.

45 Alexander Granach: *Da geht ein Mensch. Roman eines Lebens*. München / Berlin: Herbig [1960], zit n. „Aber in der Stadt war alles anders". In: Joachim Schlör (Hrsg.): *Wenn ich dein vergesse, Jerusalem. Bilder jüdischen Stadtlebens*. Leipzig: Reclam 1995, S. 200–216, hier S. 213–214.

46 Max Fürst: *Gefilte Fisch*. München: dtv 1976, S. 265–266, zit. n. Dieses Meer von einer Stadt. In: Schlör (Hrsg.): *Wenn ich dein vergesse, Jerusalem*, S. 217–218, hier S. 217.

wie sie in der Entstehung der zionistischen Bewegung zum Ausdruck kamen,[47] die genau diese Anpassungsbereitschaft kritisierte und sich als Bewegung einer Rückkehr zum selbstbewussten Judentum (weit eher als zu einer Rückkehr nach Palästina) vorstellte. Für Alexander Granach oder Max Fürst war Berlin nicht (bloß) im Sinne Joseph Roths, eine „Durchgangsstation".[48] Berlin als Heimatort wird auch bei Christian Jäger und Erhard Schütz vor allem aus solchen Texten belegt, die von Emigranten stammen, die ihre Heimatstadt verlassen mussten und den Verlust beschreiben.[49]

Abschied und neues Ankommen

Man müsste auch eine Geschichte der Abschiede von Berlin schreiben. In einer – vorsichtig ausgedrückt – Nachempfindung von Hugo Bettauers Erfolgsroman *Stadt ohne Juden* (1922), der negativen Utopie einer Vertreibung der Juden aus Wien (und ihrer eventuellen Rückkehr), schrieb der Berliner Erfolgsautor Artur Landsberger seinen Roman: *Berlin ohne Juden.* Auch hier wird, in einer noch abenteuerlicher konstruierten Geschichte, die tatsächliche Vertreibung der Juden aus ihrer Stadt vorweggenommen. Artur Landsberger kommt in den einschlägigen Lexika nicht arg gut weg. Geboren 1876 in Berlin, war er wohl kurzzeitig als Verleger tätig, Mitbegründer (neben Hugo von Hofmannsthal und einigen anderen) der Kulturzeitschrift *Der Morgen* und trat dann mit einigen Großstadtromanen hervor: *Moral* (1911), *Lu, die Kokotte* (1914) oder *Raffke* (1924). Er gab immerhin auch die ernster zu nehmenden Sammelbände *Ghettobuch* (1912) und *Das Volk des Ghetto* (1926) heraus, das half ihm bei der Kritik nicht sehr. Und er erfindet dann, im Nachklang zu Bettauer, so eine Phantasie: „a) Wie wäre es möglich, Deutschland zu entjuden? b) Wie sähe Deutschland ohne Juden aus?"[50] Die Geschichte selbst, die er aus der Idee entwickelt, geht so: David Pinski tritt als angeblicher Abgesandter

47 Vgl. dazu Frank Schlöffel: *Heinrich Loewe (1869–1951). Zionistische Netzwerke und Räume.* Berlin: Neofelis 2015 (im Erscheinen).

48 Joseph Roth: *Juden auf Wanderschaft.* Köln: Kiepenheuer & Witsch 1995, S. 1.

49 Christian Jäger / Erhard Schütz: *Städtebilder zwischen Literatur und Journalismus. Wien, Berlin und das Feuilleton der Weimarer Republik.* Wiesbaden: DUV 1999, S. 76.

50 Artur Landsberger: *Berlin ohne Juden*, hrsg. u. mit einem Nachw. v. Werner Fuld. Bonn: Weidle 1998, S. 1. Die Originalausgabe erschien 1925 im Verlag Paul Steegemann, Hannover.

eines Hilfskomitees für die russischen Juden auf, besorgt aber heimlich das Geschäft der Bolschewisten. Er übt Kritik, als Jude, an den Juden, und erreicht sein Ziel: Eine Volksbewegung entsteht, die eine Regierung an die Macht bringt, deren erstes Gesetz heißt: „Die deutschen Juden stehen außerhalb der Verfassung und gelten als Fremde. Da die Mehrheit des deutschen Volkes eine Volksgemeinschaft mit den Juden ablehnt, so sind sie als lästige Ausländer des Landes zu verweisen."[51] Und das geschieht. Die Juden gehen, suchen Aufnahme andernorts – wo überall als Reaktion auf diese Ungeheuerlichkeit, „ein Deutschenhaß"[52] ungekannten Ausmaßes entsteht, der letztlich die Rücknahme des absurden Erlasses erzwingt. Kolportage, freilich, aber auf einmal wünscht man sich, Landsbergers Roman wäre in diesen Ländern, wo verfolgte Juden aus Deutschland nach 1933 wirklich Zuflucht gesucht haben, ernst genommen worden.[53]

„Das Heimweh nach der großen Stadt ist stärker vielleicht als jedes andere", heißt es in einer unerwarteten Quelle.[54] In seinem Buch *Erfahrungen* beschreibt Hans Habe die Situation des Emigranten, der, einmal fremd gemacht, zum Fremden gemacht, nirgendwo mehr heimisch werden kann; Habe stellt aber der Trauer, die solche Darstellungen immer umschließt, eine überraschend positive Einschätzung zur Seite: „Weil die Emigranten von gestern nirgends zu Hause sind [...], sind sie überall zu Hause, wer keine Heimat hat, dessen Heimat ist die Welt, neben dem Kainsmal gibt es auch ein Abelsmal."[55] Heimatlosigkeit wird, zwangsläufig und freilich gegen den Willen dessen, der seine Heimat verliert, dem sie genommen wird, zum Aufenthalt, zur Wohnung, die etwas enthält und bereithält, womit nicht gleich zu rechnen war, ein Mehr an Erfahrung und Erlebnis. Das ist denen verwehrt, die zurückbleiben:

> Die Daheimgebliebenen sind immer noch fremd in London und Rom und New York, Gott hat sie mit Provinzialismus geschlagen, und der Emigrant von gestern ist nicht einmal fremd in der Wüste oder im Dschungel, er ißt mit Stäbchen und

51 Landsberger: *Berlin ohne Juden*, S. 11.

52 Ebd.

53 Vgl. Jerzy Tomaszewski: Die Asyl-Konferenz von Evian-les-Bains: Das „jüdische Problem" auf internationaler Ebene. http://www.schoah.org/pogrom/evian.htm (Zugriff am 23.12.2014).

54 Oswald Spengler: *Der Untergang des Abendlands. Umrisse einer Morphologie der Weltgeschichte* [1918/1923]. München: Beck 1983, S. 673.

55 Hans Habe: *Erfahrungen*. Zürich: Olten 1973, S. 233.

> wirft Speere und trägt ein Leopardenfell und tanzt fremde Tänze und betet in fremden Kirchen und weint bei fremden Beerdigungen. Weil er mehr erfahren hat, weiß er mehr, und weil er mehr weiß, ist er mehr. Weil er nirgends zu Hause ist, kann er nirgends mehr vertrieben werden. Er hat kein Heimweh.[56]

Hier soll keine Beschönigung stattfinden, keine nachträgliche Idyllisierung des Lebens unter fremden Umständen, wie es Thomas Mann beschrieben hat, „das Herzasthma des Exils, die Entwurzelung, die nervösen Schrecken der Heimatlosigkeit".[57] Dennoch soll festgehalten werden, dass die Beklemmung eine andere Seite, ihr zugehörig, kannte, einen Aspekt der Befreiung. Die Gelegenheit, das eigene Leben, nachdem es seiner gewohnten Basis beraubt wurde, auf etwas Neues einzurichten, boten vor allem die großen Städte: New York, Los Angeles, Buenos Aires, Tel Aviv, auch Cape Town und Sydney. Ihre Urbanität bot Anknüpfung für diejenigen Emigranten, die aus der großen Stadt Berlin kamen. Die Berlinerinnen und Berliner in der Emigration suchten, wenn ich ihre Texte richtig lese und die zahlreichen Gespräche mit ihnen richtig interpretiere,[58] nicht abstrakt ‚Heimat'; sie suchten *Stadt als Heimat*, eine ganz besondere Heimat, die mit dem Städtischen zu tun hatte, das in Berlin, in einem ‚gewissen' Berlin der zwanziger Jahre seinen stärksten Ausdruck gefunden hatte, sie suchten es in den Kaffeehäusern und Zeitungsredaktionen all dieser fremden Städte, die ihnen umso eher zur Heimat werden konnten, je fremder sie der jeweiligen Landeskultur waren. Die fremdeste (und vertrauteste) aller Städte war New York.[59] Das Ankommen in New York oder in Tel Aviv erscheint denn auch in vielen Texten wie ein fernes Echo jener Geschichten vom Ankommen in Berlin, die wir eingangs zitiert haben. Der Versuch immerhin dieser Berliner,

56 Ebd.

57 Thomas Mann: Offener Brief. In: *Aufbau* (New York), 28.09.1945, danach im *Augsburger Anzeiger*, 12.10.1945. In: Ders.: *Gesammelte Werke*, Bd.12: Reden und Aufsätze 4. Frankfurt am Main: Fischer 1974, S.953–962, hier S.953 unter dem Titel: „Warum ich nicht nach Deutschland zurückgehe".

58 Im Rahmen der Vorbereitungen für ein (nie verwirklichtes) Ausstellungsprojekt mit dem Arbeitstitel *Berlin – Tel-Aviv* konnte ich zahlreiche Interviews in Tel Aviv und in Berlin führen. Für die Vermittlung von Gesprächspartnern danke ich besonders dem Referat „Emigranten" bei der Berliner Senatskanzlei und seinen Mitarbeiterinnen Eva Schulze-Göbel und Brigitte Röper.

59 Für New York vgl. Atina Grossmann: Versions of Home: German Jewish Refugee Papers out of the Closet and into the Archives. In: *New German Critique* 90 (2003), S.95–122.

ihre Stadt bewohnen zu lernen, galt vielen als Anlass, „zwischen Berliner Art und jüdischer Art eine Analogie zu ziehen",[60] wir werden deshalb über beide – die Berliner Juden und die Stadt Berlin – einiges lernen, wenn wir ihnen an diesen beiden Reibungsflächen von Ankunft und Abschied begegnen. Nach Weltkrieg und Shoah kamen manche der Vertriebenen für kurze Besuche oder sogar für immer in die ihnen entrissene, von innen und von außen zerstörte Stadt zurück. Der Komponist Werner Richard Heymann schreibt in einem Rundbrief an Freunde vom 4. August 1951:

> Kurz nachdem ich Euch schrieb, fuhren wir als Gäste des Senats der Stadt Berlin zu den Internationalen Filmfestspielen, die dort stattfanden. Ich habe es nicht für möglich gehalten, dass man in einer Stadt, in der man schliesslich, mit Unterbrechungen, über zwanzig Jahre lang gelebt hat, auf einer Hauptstrasse stehen kann und überhaupt nicht weiss, wo man sich befindet. Die Häuser, die ich kannte, standen nicht mehr. Ich war am ersten Abend am Kurfürstendamm und glaubte mich in einer fremden und völlig gespenstischen Stadt und wusste nicht einen Menschen den ich anrufen konnte.[61]

Die Geschichte des jüdischen Berlin hat in der Nachkriegszeit eine ganz neue Wendung genommen. Alleine von Berlin – dem physischen Stadtkörper – aus ist sie nicht zu verstehen, sondern nur in der Wechselwirkung mit den Aufenthaltsorten der Berliner in der Emigration. In einer Rezension von Yoram Kaniuks Roman *Das Glück im Exil* habe ich schon einmal versucht, diesen Gedanken auszudrücken:

> Es wird vielleicht noch für lange Zeit so sein, daß die Berlin-Romane nach denen wir uns sehnen, außerhalb dieser Stadt geschrieben werden. Wir leben hier auf den Trümmern der Geschichte, im aufgewühlten Körper der Stadt, aber ihre Seele ist noch immer im Exil. Dort, wo einer die Straßen Berlins, die ihm fremd sind, doch kennt, weil er *Emil und die Detektive* gelesen hat.[62]

60 Thomas Koebner: Das jüdische Bürgertum und das literarische Berlin. Ein Versuch. In: Ders.: *Unbehauste. Zur deutschen Literatur in der Weimarer Republik, im Exil und in der Nachkriegszeit.* München: text + kritik 1991, S. 135–152, hier S. 148.

61 Ich bedanke mich bei Elisabeth Heymann-Trautwein, die mir den Brief zur Verfügung gestellt hat. Das Original befindet sich im Werner-Richard-Heymann-Archiv, 3.3 Familienkorrespondenz, lfd. Nr. 200: WRH mit Kurt Heymann (Bruder), 1934–1941. http://www.adk.de/de/archiv/archivbestand/musik/index.htm?hg=musik&we_objectID=129 (Zugriff am 20.10.2013).

62 Joachim Schlör: Fremder Spiegel. Yoram Kaniuks israelisches Panorama. In: *Der Tagesspiegel*, 08.11.1996. Yoram Kaniuk: *Das Glück im Exil*, aus d. Hebr. v. Beate Esther von Schwarze. München: List 1996.

Eine hervorragende Quelle für ein Verständnis dieser Wechselbeziehung bieten Briefe, die Berliner jüdische Emigrantinnen und Emigranten seit den 1960er Jahren an die Senatskanzlei Berlin und die dort herausgegebene Zeitschrift *Aktuell* richteten.[63] Sie berichten von ersten, zögerlichen Kontakten zu Behörden und zu Nachbarn in der ehemaligen Heimatstadt, von einzelnen, individuellen Besuchen, von der Suche nach Angehörigen und von Erkundungen nach dem Zustand der Familiengräber. 1969 begann die Stadt damit, systematisch nach Berlinerinnen und Berlinern in der Emigration zu suchen, sie zu einwöchigen Besuchen in der Stadt einzuladen. Nach und nach konnte die Senatskanzlei auch zur Herstellung von Kontakten zwischen Freunden und sogar Familienmitgliedern, die sich verloren hatten, beitragen. Eine Auswertung dieser Unterlagen steht noch aus.

Aber auch damit ist die Geschichte nicht zu Ende. Ankunftserzählungen ganz neuer Art finden sich, seit „Israelis in Berlin" nicht nur angekommen, sondern auch zum Gegenstand sowohl der populären Berichterstattung wie der wissenschaftlichen Auseinandersetzung geworden sind. Die Pionierarbeit leistete Fania Oz-Salzberger, deren 2001 erschienenes Buch *Israelis in Berlin* unlängst, mit einem neuen Vorwort der Autorin, wieder aufgelegt wurde.[64] Nach wie vor ist die Erinnerung an den Holocaust und an die Zerstörung prägend in der Topographie wie in der Mentalität des ‚jüdischen Berlins', von den individuellen Stolpersteinen bis zum großen Denkmal für die ermordeten Juden Europas. Aber die israelischen Studierenden, Geschäftsleute und Künstler, die sich – zeitweise oder auch für länger – in der Stadt niedergelassen haben, bilden mit ihrer Präsenz und mit ihren Interventionen täglich neue Momente des Zusammentreffens.[65] Auch

63 Das ist eine außerordentliche Fundgrube, die ich im Sommer 2013 zusammen mit Gal Engelhard und dank der freundlichen Hilfe von Heike Kröger einsehen durfte.

64 Fania Oz-Salzberger: *Israelis in Berlin*, aus d. Hebr. v. Ruth Achlama. Frankfurt am Main: Jüdischer Verlag 2001.

65 Sophie Zimmer: Berlin in der zeitgenössischen israelischen Literatur des 21. Jahrhunderts: zwischen Erinnerung und Wiedervereinigung. In: Katja Schubert / Laurence Guillon (Hrsg.): *Deutschland und Israel/Palästina von 1945 bis heute.* Würzburg: Königshausen & Neumann 2014, S. 161–181; dies.: Les "derniers Berlinois": les Israéliens dans la capitale allemande au XXIe siècle. In: Heidi Knörzer / Laurence Guillon (Hrsg.): *Berlin et les Juifs. XIXe-XXIe siècles.* Paris: Éditions de l'Éclat 2014, S. 191–202.

wenn diese Momente vor allem im Zusammenhang mit der aktuellen Situation in Israel (und mit der derzeitigen Attraktivität Berlins) stehen, so sind sie doch auch im Kontext mit den Ankunftsszenen zu lesen, von Mendelssohn und Maimon über Franzos und Gronemann bis zu Granach und Fürst, die für die berlinisch-jüdische Beziehung eine Kontinuität erschaffen haben, ohne die diese Stadt nicht zu verstehen ist.

Großstadt-Topographien

Führer durch den Text der Stadt

Jüdische Verortungsversuche im Berlin des frühen 20. Jahrhunderts

Tobias Metzler

Angesichts der nicht abebbenden Stroms jüdischer Flüchtlinge und Migranten aus Mittel-, Ost- und Südosteuropa in die urbanen Zentren Zentral- und Westeuropas im ausgehenden 19. Jahrhundert entspann sich innerhalb der lokalen jüdischen Gemeinden eine veritable Integrationsdebatte. Unter den zahlreichen Vorschlägen, wie dem Phänomen der Masseneinwanderung zu begegnen sei und die Migrantinnen und Migranten in das bestehende soziale Gefüge der bestehenden jüdischen Gemeinschaften integriert werden könnten, hat ein Aspekt in der Forschung bis dato kaum Beachtung gefunden. Neben transnational koordinierten Trans- und Re-Migrationsinitiativen auf der einen und lokalen Assimilationsprojekten auf der anderen Seite entstanden an verschiedenen Orten Initiativen, den Neuankömmlingen praktische Orientierungs- und Starthilfe in Form jüdischer Stadtführer zu leisten.[1] So wurde etwa um das Jahr 1904

1 Insbesondere die etablierten Gemeinden Londons setzten darauf, jüdische Migration mit einer Kombination organisierter Repartierung, Abschreckungspropaganda in den Herkunftsländern und dezidierten Anglisierungskampanien zu begegnen. Letztere umfassten sowohl großangelegte Infrastrukturprojekte in den Migrantenvierteln als auch gezielte philanthropische Aktivitäten, die kulturelle Integration als Gegenleistung für soziale Unterstützung einforderten. Darüber hinaus wurden Organisationen wie der Jewish Lads' Brigade in Leben gerufen, die das Ziel verfolgten, Migrantenkinder frühzeitig in „englischer Weise" zu erziehen. Einen detaillierten Überblick bieten Eugene C. Black: *The Social Politics of Anglo-Jewry 1880–1920*. Oxford: Blackwell 1988, und Lloyd P. Gartner: *The Jewish Immigrant in England, 1870–1914*. London: Vallentine Mitchell 2001.

in London ein jiddisch-sprachiger Fremdenführer aufgelegt, der den Migrantinnen und Migranten in ihrer Muttersprache einen Überblick über die bestehende jüdische Infrastruktur der britischen Metropole bot.[2] Einige Jahre später brachte Wolf Speiser, der zuvor selbst als Migrant nach Paris gekommen war, ein ähnliches Werk unter dem Titel *Jiddisch-Französischer Kalender* heraus, um seinen Landsleuten sowohl eine detaillierte stadttopographische Übersicht des jüdischen Lebens in der französischen Hauptstadt als auch praktische Ratschläge für den Alltag im Labyrinth der unbekannten Stadt zu liefern.[3]

Diese frühen Beispiele markieren den Beginn eines neuen Genres, das des jüdischen Stadttexts, welches sich im Verlauf des 20. Jahrhunderts stetig ausdifferenzierte. Bereits in ihrer frühen Erscheinungsform deuten diese Zeugnisse auf die enge Korrelation von Stadt und Text hin und vermitteln eine Idee davon, welche zentrale Funktion Texte in der Perzeption und Repräsentation des urbanen Kontextes zukommt. Darüber hinaus lässt sich an diesen frühen Beispielen bereits ein Aspekt festmachen, der in der Folgezeit für das gesamte Genre bestimmend bleiben sollte, dass nämlich Texte den städtischen Kontext nicht allein abbilden, sondern ihn darüber hinaus kommentieren, strukturieren und dabei umformen, ihn zugänglich, überschaubar und handhabbar machen.

Das Berlin des frühen 20. Jahrhunderts nimmt im Zusammenhang mit der wachsenden Produktion und der formalen wie inhaltlichen Ausdifferenzierung moderner jüdischer Stadttexte eine exponierte Stellung ein. Ziel des folgenden Beitrags ist es, den Wandlungsprozess jüdischer Stadttexte im Kontext Berlins in den Jahrzehnten zwischen der Jahrhundertwende und der Zeit des Nationalsozialismus zu rekonstruieren. Dabei steht die Frage nach Bedeutung und Funktion von Stadttexten für urbane jüdische Gemeinschaften im Zentrum der Betrachtung. Die im Folgenden diskutierten jüdischen Stadttexte, so die zentrale These, beschränkten sich nicht allein darauf, Orientierungshilfe im immer komplexeren und unüberschaubaren Raum der modernen Großstadt zu bieten. Vielmehr stellen sie Versuche dar,

2 [Yiddish Guide to London], (ca. 1904). Jewish Museum, London, Ref.: 1988.295.

3 Wolf Speiser (Hrsg.): *Yidish-Frantzoyzisher 'Kalendar' – Calendrier-annuaire Israélite pour l'année 5671*. Paris: [Librairie W. Speiser] 1910. Für weitere Details siehe Aline Benain: Le Guide des égarés de Wolf Speiser. In: *Archives Juives* 30,1 (1997), S. 13–17.

das Jüdische im Städtischen allgemein und im spezifischen urbanen Kontext Berlins zu verorten. Dieser Verortungsprozess wiederum ist gleichsam Ausdruck und Teil des größeren Prozesses der Konstituierung und Transformation moderner jüdisch-urbaner Kultur. Dabei steht dem Aufbau und der Aufrechterhaltung jüdischer Gemeinschaft eine zentrale Rolle zu. Stadttexte, so versucht der folgende Beitrag zu zeigen, begleiteten diese Versuche, jüdische Gemeinschaftlichkeit im urbanen Rahmen zu etablieren, und prägten deren Weiterentwicklung nachhaltig mit. Indem sie die fragmentierte jüdische Infrastruktur und Präsenz im städtischen Raum lokalisieren, systematisieren und in Beziehung zueinander setzen, fügen sie diesen eine neue strukturelle Dimension hinzu, die sie als Teil raumumspannender Gemeinschaftlichkeit erscheinen lassen.

Von Stadttexten und Textstädten

Die moderne Großstadt stellt eine beispiellose Herausforderung für die Sinnbildung dar. Sie entzieht sich traditionellen Ordnungsprinzipien. Die Beschleunigung des urbanen Lebens, die sich kontinuierlich wandelnde städtische Landschaft, all dies verlangt nach neuen Formen der Darstellung. Vor diesem Hintergrund entstand eine neue Gattung städtischer Texte – Reiseführer, Adressbücher, Kartenwerke. Jenen figurativ-textuellen Repräsentationen ist gemein, dass sie den Text der Stadt zu lesen und in neue Narrative zu übertragen suchen. Sie konstituieren somit, was Peter Fritzsche eine „Metropole zweiten Grades" genannt hat.[4] Indem sie der physischen Realität der Großstadt eine textuelle zur Seite stellen, machen sie erstere nicht nur erzählbar, sondern choreografieren die sich im städtischen Raum abspielenden Handlungen und Begegnungen.

Städtische Texte, ob in Form des Stadtführers, in Gestalt von Hinweisschildern oder Orts- und Straßenbezeichnungen, bieten Besuchern und Bewohnern Orientierungshilfe im unübersichtlichen urbanen Raum. Mehr noch, sie demarkieren und formen diesen Raum, indem sie ihn Kategorisierungen und Gliederungsschemata unterwerfen. Sie legen die Trennung von Bezirken und Stadtvierteln fest, weisen auf zentrale topographische Wahrzeichen hin und lassen anderes unerwähnt und unbeschrieben. Das Gewirr städtischer Texte

4 Peter Fritzsche: *Reading Berlin 1900*. Cambridge: Harvard UP 1996, S. 1.

kann jedoch auch den entgegengesetzten Effekt haben und Desorientierung und Chaos stiften. Doch ganz gleich, ob sie ordnend oder verwirrend fungieren, Stadttexte verändern die Bedeutung des urbanen Raums und schaffen Bedeutungsräume innerhalb der Stadt.
Text und Stadt sind also auf das Engste miteinander verwoben. Städte haben immer wieder die Produktion von Texten angeregt; schlaglichtartig sei an dieser Stelle auf einige emblematische Großstadtromane des 20. Jahrhunderts wie James Joyces *Ulysses*, Alfred Döblins *Berlin Alexanderplatz* oder John Dos Passos *Manhattan Transfer* verwiesen. Doch die Stadt ist nicht allein literarisches Sujet. Sie ist, wie Michel Butor es metaphorisch formuliert hat, selbst eine literarische Gattung, die durch städtische Institutionen ihre Vermittlung erfährt.[5] Darüber hinaus führt die Wechselwirkung zwischen städtischer Textproduktion und -vermittlung dazu, dass die Stadt zum „Speicher von Texten" wird.[6] Stadt und Text bedingen und formen also einander. Andreas Mahler geht gar so weit vorzuschlagen, dass die Stadt erst durch den Text hervorgebracht, hergestellt und produziert wird. Dieser semiotischen Lesart zufolge konstituieren die diversen Stadttexte eine Kette von Zeichen (Signifikanten) die ihre Bedeutungszuschreibung in der Textstadt, dem Orte diskursiver Stadtkonstitution, erfahren.[7] Die Stadt erhält also erst durch ihre Texte eine Bedeutung und kann als solche erfahren und analysiert werden.
Dass der Prozess der Herausbildung von Textstädten nicht allein eine Frage sprachwissenschaftlicher Theoriebildung ist, sondern seinen materiellen Niederschlag im städtischen Raum finden, haben Peter Fritzsche und David M. Henkin in ihren historischen Rekonstruktionen an den Beispielen Berlins und New Yorks exemplarisch gezeigt. Der Fokus beider Arbeiten liegt auf der Produktion, Verbreitung und dem Konsum von Texten im städtischen Raum. Durch die Lektüre auflagenstarker Tageszeitungen, so Fritzsches zentrale These in *Reading Berlin 1900*, erlasen sich Berlinerinnen und Berliner um die Jahrhundertwende ihre Stadt. Zeitungen fungierten dabei als Führer durch die Komplexität und Fragmentierung der Stadt und

5 Michel Butor: *Die Stadt als Text.* Graz: Droschl 1992, S. 14. Ich danke Wilma Schütze dafür, mir ein Exemplar dieses Essays zugänglich gemacht zu haben.

6 Ebd., S. 13.

7 Andreas Mahler: Stadttexte – Textstädte. Formen und Funktionen diskursiver Stadtkonstruktion. In: Ders. (Hrsg.): *Stadt-Bilder. Allegorie, Mimesis, Imagination.* Heidelberg: Winter 1999, S. 11–36, hier S. 12.

sie erlaubten es den Lesern, die Stadt und ihre kulturellen Produkte zu konsumieren. Auch in Henkins Studie kommt Zeitungen eine wichtige Rolle zu. Zusammen mit anderen ubiquitären Stadttexten – Straßenschildern, Flyern und Handzetteln, Stadtführern oder dem Papiergeld – veränderten sie nicht nur das urbane Erscheinungsbild, sondern auch dessen Wahrnehmung und die Herausbildung einer vielschichtigen städtischen Leserschaft.[8]

Neben der Stadt und ihren Texten ist die Stadt selbst von verschiedener Seite als komplexer Text aufgefasst worden.[9] Roland Barthes erklärt sie zu einem „Diskurs", zu einer Sprache, die zu ihren Bewohnern spreche und von diesen durch Bewohnen, Durchlaufen und Ansehen gesprochen werde.[10] William Sharpe und Leonard Wallock fassen sie als „Palimpsest" aus den verschiedenen gebauten und geschriebenen Schichten der Stadt auf, in der alte kulturelle Kodierungen kontinuierlich von neuen überlagert werden.[11] Diesen Text der Stadt zu lesen, zum ‚Sprechen' zu bringen bzw. in andere textuelle und non-textuelle Formen zu übersetzen, ist nicht allein eine Herausforderung für Künstler, Schriftsteller, Stadtplaner oder Soziologen, sondern für jeden, der sich im urbanen Kontext zurechtzufinden sucht.

Michel de Certeau hat in diesem Zusammenhang eine wichtige Unterscheidung der Modalitäten der räumlich-textuellen Wahrnehmung der Stadt vorgenommen. Aus der kartographisch-urbanistischen Vogelperspektive erscheint die Stadt als „texturology" – als rational geordnetes Textgewebe.[12] Im Gewirr der Straßen dagegen schreibe der wandernde Beobachter mit am Text der Stadt.[13] Man fühlt sich an Stillmans und Quinns ziellose Wanderungen durch Manhattan in Paul Austers *Stadt aus Glas* oder Baudelaires Figur des Flâneurs,

8 David M. Henkin: *City Reading. Written Words and Public Spaces in Antebellum New York*. New York: Columbia UP 1998.

9 Manfred Smuda (Hrsg.): *Die Großstadt als ‚Text'*. München: Fink 1992.

10 Roland Barthes: *Das semiologische Abenteuer*. Frankfurt am Main: Suhrkamp 1988, S. 202.

11 William Sharpe / Leonard Wallock: From 'Great Town' to 'Nonplace Urban Realism'. Reading the Modern City. In: Dies. (Hrsg.): *Visions of the Modern City. Essays in History, Art, and Literature*. Baltimore: Johns Hopkins UP 1987, S. 7–46, hier S. 16.

12 Michel de Certeau: *The Practice of Everyday Life*. Berkeley: University of California Press 1984, S. 91.

13 Ebd., S. 93.

der mit seiner angeleinten Schildkröte durch die Straßen von Paris wandelt, erinnert. Für den vorliegenden Zusammenhang wichtig ist der von de Certeau eingeführte Aspekt der Performanz. Das Lesen/ Schreiben der Stadt ist ein räumlicher Akt, der mit unterschiedlichen Bedeutungszuschreibungen einhergeht.

Gemeinschaft in der Großstadt?

Spätestens mit dem Erscheinen von Georg Simmels Reflektionen zur Korrelation zwischen städtischem Umfeld und menschlichen Verhaltensmustern im Jahre 1903 wurde die Frage, auf welche Weise die Großstädter mit den Herausforderungen der modernen Stadt zurechtkommen könnten, kontrovers diskutiert.[14] Literaten und Soziologen, Kulturkritiker und Feuilletonisten, Psychologen und politische Aktivisten, sie alle versuchten, Antworten darauf zu geben, wie der Mensch im ständigen und sich zunehmend beschleunigenden Wandel unterworfenen Gewirr der Großstadt die Orientierung behalten und sich Tendenzen wie Vermassung und Entfremdung entziehen könne.[15]

Zunehmend ging es in diesen Diskussionen nicht mehr allein darum, wie der Großstädter als Individuum mit dem urbanen Umfeld interagierte, sondern darum, welche Stellung die moderne Metropole für den Fortbestand von Formen der Gemeinschaftlichkeit sowie die gesamtgesellschaftliche Entwicklung einnehme. Als Ort der zunehmenden Vermassung, der Auflösung traditioneller sozialer Bindungen, von Individualisierung und Entfremdung nahm die Stadt schnell eine exponierte Stellung in den kulturpessimistischen Debatten um die Jahrhundertwende ein.

Bereits im ausgehenden 19. Jahrhundert hatte der Nationalökonom Ferdinand Tönnies in seiner grundlegenden Studie *Gemeinschaft und Gesellschaft* (1887) die authentische, organische Harmonie der

14 Georg Simmel: Die Großstädte und das Geistesleben. In: Theodor Petermann (Hrsg.): *Die Großstadt. Vorträge und Aufsätze zur Städteausstellung*. Dresden: Zahn & Jaensch 1903, S. 185–206.

15 Siehe dazu exemplarisch Hildegard Châtellier: Moloch Großstadt. In: Etienne François / Hagen Schulze (Hrsg.): *Deutsche Erinnerungsorte*. München: Beck 2001, S. 567–583; Clemens Zimmermann / Jürgen Reulecke (Hrsg.): *Die Stadt als Moloch? Das Land als Kraftquell? Wahrnehmungen und Wirkungen der Großstädte um 1900*. Basel: Birkhäuser 1999.

Gemeinschaft der mechanischen, materialistischen Fragmentierung der modernen Gesellschaft, in deren Zentrum er den Archetyp der modernen Großstadt stellte, kategorial gegenübergestellt. Wie viele andere Kritiker der Moderne nach ihm sah Tönnies in Modernisierung, Rationalisierung und Urbanisierung Prozesse, die gleichsam als Geburtshelfer der modernen Gesellschaft und Zerstörer traditioneller Formen der Gemeinschaft fungierten. In der sterilen Enge und Leere der Großstadt, so Tönnies' Argument, verkümmere die gesellschaftliche Lebensweise zusehends.[16]

Auf diesem Hintergrund des vergleichsweise hohen jüdischen Urbanisierungsgrads kann es kaum verwundern, dass jüdische Kommentatoren an diesen Diskussionen besonders aktiv partizipierten. Nicht wenige Zeitgenossen sahen das anhaltende Anwachsen der städtischen Gemeinden mit zunehmender Sorge. Viele Beobachter sahen in den zentrifugalen Tendenzen der Großstadt gar eine direkte Bedrohung für den Fortbestand jüdischer Gemeinschaft. Vor allem zionistische Aktivisten wurden nicht müde, ihre Untergangsphantasien in teils sensationsheischender Form vorzubringen. Felix Aaron Theilhabers 1911 erstmals erschienenes Werk *Der Untergang der deutschen Juden* oder Arthur Ruppins im selben Jahr erschienene Studie *Die Juden der Gegenwart* sind Beispiele dafür.[17]

Gegen die Kassandrarufe vom nahenden Untergang städtisch-jüdischer Gemeinschaften formierten sich jedoch alsbald aus den Reihen der etablierten Großstadtgemeinden Gegentendenzen. Nicht allein rhetorisch, sondern auch durch neue Kommunikations- und Organisationsformen wurde versucht, den großstädtischen Vereinzelungs- und Säkularisierungstendenzen entgegenzuwirken. In diesem Zusammenhang stellte die Herausgabe eines regelmäßigen Gemeindeblattes ein wichtiges Element dar. Im Leitartikel der ersten Ausgabe des durch den Gemeindevorstand herausgegebenen *Gemeindeblatt der Jüdischen Gemeinde zu Berlin* hieß es programmatisch, dass das neue Periodikum nicht allein ein amtliches Mitteilungsorgan sein wolle, sondern darüber hinaus darauf gerichtet sei, ein enges Band

16 Ferdinand Tönnies: *Gemeinschaft und Gesellschaft. Abhandlung des Communismus und des Socialismus als Empirischer Culturformen*. Leipzig: Fues 1887, S. 283.

17 Siehe Steven M. Lowenstein: Was Urbanization Harmful to Jewish Tradition and Identity in Germany? In: Ezra Mendelsohn (Hrsg.): *People of the City. Jews and the Urban Challenge*. Oxford: Oxford UP 1999, S. 80–106, hier bes. S. 80.

zwischen der Gemeinde und ihren Mitgliedern zu knüpfen. Die Notwendigkeit dazu, so der Leitartikel weiter, ergebe sich insbesondere aus den großstädtischen Verhältnissen, der räumlichen Ausdehnung der Gemeinde und dem damit einhergehenden Verlust an Übersichtlichkeit für den Einzelnen.

> Hierin will das Gemeindeblatt eine Besserung herbeiführen versuchen, indem es die Kenntnis von den Aufgaben und den Leistungen der Gemeinde in weite Kreise trägt. Es will dort das Bewußtsein wecken, daß die Interessensphären der Gemeinde sich nicht in den Fragen der Steuer, des Synagogenplatzes und des Friedhofes erschöpft, daß eine Fülle von Kulturarbeit und sozialer Wirksamkeit in ihr Erledigung fordert und findet. [...] Es will [....] in seinen Kreis [...] das ziehen, was uns eint, und alles von sich fern halten, was uns trennt.[18]

Die Herausgabe des *Gemeindeblattes* – welches allen in der Gemeinde organisierten jüdischen Haushalten kostenfrei zugestellt wurde – stellt ein frühes Beispiel für Versuche dar, mit textlichen Mitteln gegen die Herausforderungen der Großstadt anzuschreiben. Die enorme Steigerung der Auflage im Verlauf der kommenden Jahrzehnte unterstreicht die zentrale Bedeutung, die dem Berliner *Gemeindeblatt* beim Versuch der rapide anwachsenden Großstadtgemeinde einen publizistischen wie auch spirituellen Rahmen zu geben, zukam. Gegen Ende der 1920er Jahre war die monatliche Auflage auf nahezu sechzigtausend Exemplare angewachsen, 1931 erschien das Gemeindeblatt gar in einer Auflage von 77.000 Exemplaren.[19]

Die wachsende Auflagenzahl ist außerdem ein Indikator für die rapide anwachsende Zahl der Gemeindemitglieder. Zum Zeitpunkt des Zensus im Jahre 1910 lebten auf dem Gebiet des späteren Groß-Berlin bereits weit über hunderttausend Juden. Anderthalb Jahrzehnte später war ihre Zahl bereits auf 172.700 angewachsen.[20] Maßgeblichen Anteil an diesem Anwachsen der Berliner jüdischen Bevölkerung hatte neben der anhaltenden Binnenmigration aus den Provinzgemeinden der wachsende Zuzug neuer Gemeindemitglieder

18 Das Gemeindeblatt. In: *Gemeindeblatt der Jüdischen Gemeinde zu Berlin. Amtliches Organ des Gemeindevorstandes* 1,1 (1911), o. Pag.

19 Michael Brenner: *The Renaissance of Jewish Culture in Weimar Germany*. New Haven: Yale UP 1996, S. 56.

20 Walter Breslauer Collection, 1928–1976, Archiv des Leo Baeck Instituts, New York (im Folgenden: LBI), AR 4129. MF 645, Folder 2. Für ausführliches statistisches Datenmaterial, siehe Heinrich Silbergleit: *Die Bevölkerungs- und Berufsverhältnisse der Juden im Deutschen Reich*. Berlin: Akademie 1930.

aus Mittel- und Osteuropa. 1925 war die Zahl osteuropäischer Juden in der deutschen Hauptstadt auf circa 40.000 und somit auf fast ein Viertel der gesamten jüdischen Stadtbevölkerung angewachsen.[21] Einher mit dem Anwachsen der jüdischen Bevölkerung Berlins ging eine zunehmende Zergliederung jüdischer Wohnviertel. Juden lebten zerstreut über alle Bezirke Berlins. Der Anteil der Gemeindemitglieder, die außerhalb der beiden traditionellen jüdischen Bevölkerungszentren – nördlich des Alexanderplatzes im Osten Berlins, einschließlich des Scheunenviertels, der angrenzenden Straßenzüge und Teilen der westlichen City, insbesondere in Charlottenburg und in der Umgebung des Bayrischen Platzes in Schöneberg – wohnten, wuchs stetig an. Die Ausweitung der synagogalen Infrastruktur im Verlauf der ersten Hälfte des 20. Jahrhunderts ist ein deutlicher Indikator dafür. Die Eröffnung der Synagoge in der Rykestraße im Prenzlauer Berg 1904 markierte den Beginn eines jüdischen Baubooms in Berlin, in dessen Gefolge die Gemeindeinfrastruktur enorm ausgeweitet wurde. 1912 folgte die Fertigstellung der monumentalen, im romanisch-byzantinischen Stil erbauten Synagoge in der Fasanenstraße im Bezirk Charlottenburg. Mit der Synagoge in der Levetzowstraße öffnete 1914 ein weiteres jüdisches Gotteshaus im westlichen Teil der Stadt seine Pforten. Während des Ersten Weltkriegs wurde darüber hinaus die Kottbusser-Ufer-Synagoge in Kreuzberg fertiggestellt. In der Zwischenkriegszeit folgten weitere Bauprojekte, von denen die Synagoge in der Prinzregentenstraße in Wilmersdorf (fertiggestellt im September 1930), die mehr als zweihundert Gläubigen Platz bot, das wohl beeindruckteste war.[22] Des Weiteren entstanden überall im Stadtgebiet durch lokale Initiativen angeregte private Gebetsräume.[23]

Die krisenhaften ersten Nachkriegsjahre verstärkten die Fragmentierungs- und Diversifizierungstendenzen noch. Neben dem massiven demographischen Wandel der Gemeindestruktur waren es vor allem

21 Anne-Christin Saß: *Berliner Luftmenschen. Osteuropäisch-jüdische Migranten in der Weimarer Republik*. Göttingen: Wallstein 2012, S. 66.

22 Ich habe an anderer Stelle diesen Trend detailliert analysiert, siehe Tobias Metzler: Secularization and Pluralism. Urban Jewish Cultures in Early Twentieth-Century Berlin. In: *Journal of Urban History* 37,6 (2011), S. 871–896, hier insb. S. 879.

23 Eine Übersicht bietet Max Mordechai Sinasohn: *Die Berliner Privatsynagogen und ihre Rabbiner, 1671–1971*. Jerusalem: Selbstverlag 1971.

die mit diesem eng verbundenen tiefgreifenden sozioökonomischen Verwerfungen, die zu einer Krise der traditionellen Gemeindestruktur führten. Im Gefolge von Weltkrieg, Revolution, Hyperinflation und Massenarbeitslosigkeit auf der einen und der zunehmenden Zuwanderung von außen auf der anderen Seite sahen sich die Offiziellen der Berliner Gemeinde – wie auch in vielen anderen deutschen Großstadtgemeinden – einem völlig neuen soziokulturellen Umfeld gegenüber, dass eine grundlegende Transformation der Arbeitsweise der Gemeinde unumgänglich machte.

Der Journalist Alexander Szanto, der in späteren Jahren die Berliner Jüdische Reformgemeinde in der Repräsentantenversammlung vertrat, bringt die Situation in seinen Erinnerungen auf folgenden Nenner:

> Die schwere Wirtschaftskrise, die damals [1923] Deutschland überflutete, bedeutete natürlich auch für die deutschen Juden eine bewegte Zeit. Hatte sich die Jüdische Gemeinde vorher lediglich mit religiösen, charitativen [sic] und kulturellen Aufgaben zu befassen, so fielen jetzt in wachsendem Masse auch wirtschaftliche und sozialpolitische Probleme in ihren Arbeitsbereich.[24]

Hinzu kam ein wachsender politischer Druck, insbesondere aus zionistischen Zirkeln, der eine stärkere Demokratisierung der Gemeindeangelegenheiten forderte.[25]

Im Zentrum der Bemühungen der Gemeinde, eine Antwort auf die drängenden Probleme zu geben, stand der Versuch, die Wohlfahrtspflege zu reorganisieren und zu modernisieren. Zu diesem Zweck wurde Anfang der 1920er Jahre eine Deputation einberufen, die sich intensiv mit dem Umbau der traditionellen Armenfürsorge hin zu einer effizienten sozialen Unterstützungseinrichtung widmete.[26]

Die Hyperinflation der folgenden Jahre verschärfte allerdings die Situation noch weiter. Neben unzähligen Sparern wurden auch zahlreiche jüdische Einrichtungen vom galoppierenden Währungsverfall schwer in Mitleidenschaft gezogen. Großorganisationen wie der

24 Alexander Szanto: Im Dienste der Gemeinde 1923–1939, Typoskript [1968], LBI, New York, ME 638. MM 76, S. 1.

25 Michael Brenner: The Jüdische Volkspartei – National-Jewish Communal Politics in Weimar Germany. In: *Leo Baeck Institute Year Book* XXXV (1990), S. 219–43, hier S. 223.

26 Siehe dazu den Bestand Reorganisation des Wohlfahrtswesens der jüdischen Gemeinde, Archiv Centrum Judaicum, Berlin, 1,75 A Be 2 Nr. 61 (288).

Hilfsverein der Deutschen Juden sahen sich angesichts ihrer rapide dünner werdenden Finanzdecke gar dem Bankrott gegenüber und auch die Berliner Gemeinde musste enorme finanzielle Einbußen verkraften.[27] Angesichts der Notlage vieler Mitglieder sah sich die Gemeinde trotz angespannter Haushaltslage genötigt, das Budget für Sozialaufgaben massiv zu erhöhen. Ganze dreiunddreißig Prozent nahm dieser Posten im Gemeindehaushalt des Jahres 1925 ein.[28]
Der tiefgreifende Strukturwandel urbaner jüdischer Sozialarbeit fand einige Jahre später in Gestalt des im April 1928 erstmals erschienenen *Führers durch die Jüdische Wohlfahrtspflege in Deutschland* einen textuell-topographische Niederschlag. In seinem Vorwort nahm Leo Baeck dezidiert die räumliche Terminologie auf, wenn er erklärt, dass das vorliegende Buch ein Führer durch das „unbekannte Land" der jüdischen Sozialarbeit sein wolle. Dabei, so Baeck, sei es das primäre Ziel der Publikation, die Zusammenarbeit zwischen den diversen Einrichtungen zu ermöglichen und zu stärken.[29] Eben dieses Zusammenspiel zwischen Erfassen und auf stärkeren inneren Zusammenhalt ausgerichtetes aktives Gestalten findet sich in zahlreichen jüdischen Stadttexten der Zeit wieder. Dabei spiele die Sorge vieler Zeitgenossen, dass das Jüdische inmitten der Millionenstadt immer unkenntlicher zu werden und das Gemeinschaftsgefühl zusehends zu verschwinden drohe, eine zentrale Rolle.

Wo ist das jüdische Berlin?

Ein besonders prägnantes Beispiel für den Versuch, mit textuell-publizistischen Mitteln diesen Tendenzen entgegenzutreten, ist das 1926 erstmals erscheinende *Jüdische Jahrbuch für Groß-Berlin*. In seinem Geleitwort brachte Eugen Caspary diese Sorge pointiert auf den Punkt. Wo, so fragte er seine Leser, sei das jüdische Berlin zu finden? Trotz der Tatsache, dass die jüdische Bevölkerung der Stadt stetig angestiegen sei, gebe es nirgends ein sichtbares Zentrum des jüdischen Berlin, „dem das spezifisch jüdische und das spezifisch Berliner

27 *Jüdische Rundschau*, 24.03.1925, S. 221.

28 Donald L. Niewyk: The Impact of Inflation and Depression on the German Jews. In: *Leo Baeck Institute Year Book* 28 (1983), S. 19–36, hier S. 24–25.

29 Zentralwohlfahrtsstelle der Deutschen Juden (Hrsg.): *Führer durch die Jüdische Wohlfahrtspflege in Deutschland*. Berlin-Charlottenburg: Scherbel 1928, S. 5.

jüdische Gemeinschaftsleben seinen Stempel aufgedrückt hätte".[30] Daraus auf die Nichtexistenz eines vielschichtigen Berliner jüdischen Kultur- und Soziallebens zu schließen, so Caspary weiter, sei jedoch ein Fehlschluss. Im Gegenteil, Berlin zeichne sich durch ein überaus reiches jüdisches Leben aus. Dieses „räumlich unkonzentrierte und verstreute jüdische Leben Berlins in der Mannigfaltigkeit seiner Betätigungen und der Einheit seines Zusammenhanges darzustellen", so das Ziel der Herausgeber, sei das Hauptanliegen der neuen Publikation. Das *Jahrbuch*, welches den vielsagenden Untertitel „Ein Wegweiser durch die jüdischen Einrichtungen und Organisationen Berlins" trug, wolle ein „Hilfsbuch" sein; Außenstehenden wolle es einen Überblick über das jüdische Berlin verschaffen und den in jüdischen Organisationen und Einrichtungen Tätigen eine Handreichung für die tägliche Arbeit und zukünftige Kooperation sein.[31]

Stärker noch als im oben erwähnten Fall des *Gemeindeblatts* ging es bei der Herausgabe des *Jüdischen Jahrbuchs* darum, eine jüdische Textstadt mit dem Ziel zu konstituieren, dadurch kulturelle Topographien im Gewirr der Metropole sichtbar zu machen. Doch beschränkte sich das *Jahrbuch* nicht allein darauf, als Wegweiser zu fungieren, indem es das fragmentierte und zerstreute jüdische Berlin in seiner Vielgestaltigkeit abbildete. Vielmehr ging es darum, einen „Blick auf die ganze Stadt" zu gewinnen und das kulturelle, soziale und religiöse jüdische Leben in der Hauptstadt zusammen zu führen und zu synthetisieren.[32]

Dass dieses Anliegen nicht auf den kleinen Kreis der Herausgeber des *Jahrbuchs* begrenzt war, zeigt das Beispiel eines weiteren Berliner jüdischen Stadttextes, der erstmals gegen Ende des Jahres 1929 erschien. Im Vorwort des *Jüdischen Adressbuchs für Groß-Berlin* hallte die Situationsbeschreibung des drei Jahre zuvor erstmals erschienenen *Jüdischen Jahrbuchs* wieder. „Im Meer der Weltstadt", so die Herausgeber des *Adressbuchs*, wohne verstreut fast ein Drittel der deutschen Judenheit. Durch den Zuzug von Flüchtlingen aus den im Gefolge

30 Eugen Caspary: Zum Geleit. In: Ders. / Jacob Jacobson / Jacob Segall (Hrsg.): *Jüdisches Jahrbuch für Groß-Berlin auf das Jahr 1926*. Berlin-Grunewald: Scherbel 1926, S. 9–10, hier S. 9.

31 Caspary: Zum Geleit, S. 9.

32 Joachim Schlör: Bilder Berlins als ‚jüdische Stadt'. Ein Beitrag zur Wahrnehmungsgeschichte der deutschen Metropole. In: *Archiv für Sozialgeschichte* 37 (1997), S. 207–229, hier S. 210.

des verlorenen Krieges abgetretenen Ostgebieten sei ihre Zahl noch weiter angewachsen.

> Aber Berlins Judenschaft fehlt es an der verbindenden Kraft. Die einzelnen Teile hängen nur lose miteinander zusammen, und es fehlt der Mittelpunkt, dem die Glieder zuströmen.
> Dieses Werk will versuchen, einen solchen geistigen Mittelpunkt zu schaffen. Auf seinen Seiten will es die jüdischen Einwohner Berlins vereinigen, und wenn diese Vereinigung auch zunächst nur teilweise geglückt ist, so hoffen wir doch, daß das Jüdische Adreßbuch für Groß-Berlin in der Zukunft, immer mehr und mehr ausgestaltet, in seiner Wirkung ein Element der Einigkeit darstellen wird.[33]

Auf den ersten Blick, so räumen die Herausgeber ein, stelle die Erstellung eines Adressverzeichnisses der in Berlin lebenden Juden keine sonderliche Innovation dar, wurden doch vor jeder Repräsentanten-Wahl Verzeichnisse aller wahlberechtigten Gemeindemitglieder herausgegeben. Dennoch stelle die Herausgabe des *Adressbuches* einen wichtigen politischen Akt gegen Assimilationstendenzen und antisemitische Vorwürfe dar. Ein Verstecken jüdischer Identität, sei gleichsam „sinnlos und töricht". Die Sichtbarmachung des jüdischen Berlins sei daher kein Ausdruck jüdischen Isolationismus' sondern einer stolz zur Schau getragenen kulturellen Identität und ein Beleg für die erfolgreiche „deutsch-jüdische Symbiose":

> Das jüdische Leben in Berlin hat im letzten Jahrzehnt an Umfang und Intensität wesentlich zugenommen. Auf allen Gebieten machen sich Zeichen bedeutenden jüdischen Eigenlebens geltend. Wenn die jüdische Gemeinschaft ihre ethischen und kulturellen Werte betont, wenn das Judentum bemüht ist, seine geistigen Schätze zu erhalten und zu mehren, bedeutet das in keiner Weise irgendeine Absonderung, weil es keineswegs heißt, daß irgendeine Abgrenzung damit kundgegeben werden soll. Die deutschen Juden in ihrer Gesamtheit fühlen sich als treue Glieder des deutschen Volkes […], und wenn sie ihre jüdische Stammeseigenart pflegen, wenn sie auf ihre große Geschichte und […] reiche Tradition stolz sind, so glauben sie gerade damit dem großen deutschen Vaterlande und der deutschen Gemeinschaft die besten Werte zu geben.[34]

Sinn einer jeden Gemeinschaft sei es ja gerade, so die Herausgeber weiter, die jeweiligen Eigenarten zu pflegen und sich trotzdem dem großen Ganzen „mit Herz und Verstand" zugehörig zu fühlen. Damit

33 Vorwort. In: *Jüdisches Adressbuch für Gross-Berlin. Ausgabe 1929/30*. Berlin: Goedega 1929, o. Pag.
34 Ebd.

dieses Zusammenwirken von kultureller Partikularidentität und nationalem Zugehörigkeitsgefühl funktionieren könne, bedürfe die Berliner Judenheit eines geistigen Mittelpunktes. Eben diesen könne und wolle das *Jüdische Adressbuch* bieten. Indem es zur Einheit und Förderung des Berliner jüdischen Lebens beitrage, unterstreiche es darüber hinaus den „Willen zum jüdischen Leben“ und dem „Willen zur Erhaltung der jüdischen Gemeinschaft.“[35]

Stärker noch als in den zuvor diskutierten Publikationen wird hier die Korrelation zwischen Text, Stadt und Gemeinschaft deutlich. Durch die textuelle Erfassung der jüdischen Stadtbevölkerung zwischen zwei Buchdeckeln eröffnet das *Adressbuch* Möglichkeiten zur innerjüdischen Interaktion innerhalb der Großstadt und leistet somit einen aktiven das Zusammengehörigkeits- und Gemeinschaftsgefühl zu stärken.

Der ersten Auflage des Berliner *Jüdischen Adressbuches* folgte 1931 eine weitere. Die Zuversicht, mit der das Projekt 1929 angetreten war, war mehr und mehr wachsenden Sorgen gewichen. Der anvisierte Zusammenhalt, so das Vorwort der Neuauflage, sei angesichts sich verschärfender ökonomischer Probleme, einer zunehmenden politischen Radikalisierung und eines immer offener zu Tage tretenden Antisemitismus bedroht. Die Forderung der Stunde sei es daher, sich nicht feige zu ducken, sondern sich vielmehr noch vehementer dem Aufbau und der Stärkung der jüdischen Gemeinschaft zu widmen und diese im nicht-jüdischen Umfeld zu integrieren, indem man die breite Öffentlichkeit über jüdische Fragen unterrichte. Durch das „Mittel der Aufklärung“, so die Redaktion des Bandes, hoffe man auch unter Nicht-Juden, „Verständnis für die Fragen, die die jüdische Gemeinschaft beschäftigen“ wecken zu können. Unterstrichen wurde diese neue Funktion jüdischer Stadttexte mit der abschließenden, programmatischen Aussage, „Das jüdische Adreßbuch will […] zeigen, wie bedeutend jüdische Kultur in unserer Vaterstadt Berlin ist.“[36]

Die Bindewirkung des Stadttextes wird hier bedeutend erweitert von einem ursprünglich exklusiven Rahmen hin zu einem verbindenden Element, welches weit über die Grenzen der jüdischer Gemeinde und Gemeinschaft hinausgeht. Das Jüdische sollte im Städtischen nicht

35 Vorwort. In: *Jüdisches Adressbuch für Gross-Berlin. Ausgabe 1929/30.*

36 *Jüdisches Adressbuch für Gross-Berlin. Ausgabe 1931 gültig bis 1932.* Berlin: Goedega 1931, S. 7.

allein sichtbar gemacht werden, um gemeindeintern Orientierung zu gewähren, sondern in einem weiteren Sinne im urbanen Kontext verankert werden. Der Aufstieg des Nationalsozialismus und die wachsende Diskriminierung und Exklusion jüdischer Mitbürger im öffentlichen Raum stellte eine radikale Antithese zu diesen synthetisierenden Verwurzelungs- und Verknüpfungsversuchen dar. Vor diesem Hintergrund lässt sich die Transformation Berliner jüdischer Stadttexte in den folgenden Jahren verstehen. Obwohl das Element des wegweisenden, Orientierung bietenden Textes weiterhin dominierte, erhielten jüdische Stadttexte aufgrund der sich zusehends verändernden politischen wie kulturellen Rahmenbedingungen ein immer stärker defensives Element. Nicht so sehr die Sichtbarmachung und Schaffung jüdischer Stadträume stand nunmehr im Vordergrund, sondern deren Verteidigung und Aufrechterhaltung.

Die Verteidigung des jüdischen Berlin

Kurz nach der Machtübernahme durch die Nationalsozialisten erschien in einem kleinen Charlottenburger Verlag Heinz Friedländers *Jüdischer Führer durch Berlin.* Das dünne, allem Anschein nach durch Anzeigen mitfinanzierte Bändchen, ähnelte in der Aufmachung den jüdischen Jahr- und Adressbüchern der vorangegangenen Jahre. Im Kleinformat brachte es Adresslisten der wichtigsten Gemeindeeinrichtungen und anderer jüdischer Vereine und Organisationen, kurze Übersichtstexte zu diversen Themen wie der Berliner jüdischen Presse oder dem jüngst eröffneten jüdischen Museum sowie ein thematisch sortiertes Branchenverzeichnis zusammen. Auf den ersten Blick erscheint der Band wenig Neues zu bieten. Unter den Übersichtstexten befindet sich jedoch auch ein Beitrag von E. F. Ascher, der unterstreicht, dass sich das Genre des Berliner jüdischen Stadttextes angesichts der neuen politischen Verhältnisse zu wandeln begann. Überschrieben ist der Text mit „Der Weg nach Palästina". Palästina, so erklärte Ascher, sei für die deutschen Juden in der Entwicklung der letzten Jahre ein Land geworden, „das wohl für jede Familie konkrete Bindungen und praktische Interessen hat".[37] Für sich genommen beinhaltet der Text, der den Lesern eine Übersicht über die

37 E. F. Ascher: Der Weg nach Palästina. In: Heinz Friedländer: *Jüdischer Führer durch Berlin.* [Berlin-]Charlottenburg: Veis 1933, S. 6.

wichtigsten deutsch-jüdischen Auswanderungsorganisationen bietet, wenig Überraschendes. Im Kontext eines Führers durch das jüdische Berlin deutet er jedoch auf die zunehmend prekäre Situation der Juden in der Reichshauptstadt hin und darauf, dass jüdische Kultur in immer stärkerem Maße marginalisiert wurde. In der im Gefolge der zunehmenden öffentlichen Diskriminierung immer kleiner werdenden Welt der deutschen Juden kam dem gemeinschaftlichen Zusammenhalt eine immer stärkere Bedeutung zu.[38]

Die offizielle Gemeinde reagierte nur mit großer Verzögerung auf diese Situationsveränderung. Erst langsam begann der Gemeindevorstand, die diversen Versuche identitärer Selbstbehauptung zu bündeln und zu organisieren. Das Ausrichten von Gemeindeabenden wurde dabei zu einem zentralen Instrument der Stärkung des inneren Zusammenhalts. Die Gemeinde, so erklärte deren Vorsteher Moritz Rosenthal im Rahmen des am 22. Mai 1933 in der Synagoge Fasanenstraße abgehaltenen Gemeindeabends, sehe ihre Aufgabe darin, „in diesen Schicksalsstunden der jüdischen Gemeinschaft die seelische Widerstandskraft zu stärken." Immer mehr Menschen würden zur Gemeinde zurückfinden. Dies müsse Ansporn dazu sein, am zentralen Ziel der Gemeindearbeit mitzuwirken, nämlich der Erhaltung der jüdischen Gemeinschaft.[39]

Einher mit dieser generellen Tendenz einer stärkeren Hinwendung zur jüdischen Gemeinschaft ging eine Neuorientierung jüdischer Stadttexte. In den kommenden Jahren vollzog sich ein paradoxaler Prozess, den Ernst Simon später pointiert auf die Formel „Aufbau im Untergang" gebracht hat.[40] Die Aktivitäten des 1933 eröffneten Berliner Jüdischen Museums oder die des im Frühjahr des Jahres ins Leben gerufenen Kulturbunds der deutschen Juden sind nur zwei markante Beispiele für die sich immer stärker ausdifferenzierende Berliner jüdische Kulturlandschaft in den ersten Jahren der nationalsozialistischen Herrschaft. Auch das jüdische Schulwesen erfuhr

38 Jacob Boas: The Shrinking World of German Jewry, 1933–1938. In: *Leo Baeck Institute Year Book* 31 (1986), S. 241–266.

39 Was tut die Gemeinde? Zwei Gemeindeabende der Jüdischen Gemeinde. In: *Gemeindeblatt der Jüdischen Gemeinde zu Berlin* 23,6 (1933), S. 171.

40 Hier zit. n. Hermann Simon: *Die Zeit des Nationalsozialismus (1933–1945).* In: Ders. / Andreas Nachama / Julius H. Schoeps (Hrsg.): *Juden in Berlin.* Berlin: Henschel 2001, S. 181–220, hier S. 187.

einen enormen Auftrieb. Jüdisches Leben in Berlin erlebte eine letzte Blütephase, jedoch eine auf Nischen reduzierte. Angesichts der zunehmenden sozialen Marginalisierung im Alltag kam dieser Nischeninfrastruktur für viele jüdische Berlinerinnen und Berliner eine immer größere Bedeutung zu.

> Ist Ihnen eigentlich aufgefallen, wieviel mehr Sie sich in den letzten Jahren an jüdische Organisationen gewandt haben als früher, wieviel häufiger Sie zum Beispiel den Fahrstuhl benutzt haben, der Sie in der Emser Strasse 42 zum Central-Verein in den vierten Stock hinauffährt?[41]

Mit dieser Frage an seine Leser eröffnete Heinz Berggrün in Januar 1937 seine Rezension über den unlängst durch die Berliner Sektion des Centralverein der Juden in Deutschland (so dessen offizielle Bezeichnung seit der 1935 im Gefolge der Nürnberger Gesetze notwendig gewordenen Namensänderung) herausgegebenen *Wegweiser durch Berlin*.[42] Er verwies auf die wachsende Bedeutung, die jüdische Einrichtungen für Berliner Juden spielten und unterstrich seine Aussage mit dem Hinweis darauf, dass kaum eine Woche vergehe, in der jüdische Berlinerinnen und Berliner sich nicht an die eine oder andere jüdische Stelle wendeten. Diese Institutionen seien daher zu unverrückbaren Bestandteilen des Alltags geworden und gehörten von nun an „einfach mit zu ihrem Stadtbild".[43]
Der Wegweiser, den der Centralverein zum Zwecke der einfacheren Orientierung aufgelegt hatte, unterschied sich von seinen Vorgängern darin, dass er nicht in Form einer Text- und Adresssammlung erstellt worden war, sondern in Gestalt eines kolorierten Stadtplans. Auf dem Hintergrund der großen Verkehrsadern und Stadtbahnlinien der Hauptstadt waren jüdische Institutionen als stilisierte Gebäude hinein gezeichnet. Der panoptische Zugriff der Karte erlaubte den Betrachtern einen Blick auf das komplexe Gefüge und Institutionengeflecht des jüdischen Berlin – vom jüdischen Friedhof in Weißensee im Osten bis zum Sportplatz der Gemeinde im Grunewald im Südwesten der Stadt.

41 Heinz Berggrün: C.-V.-Wegweiser durch Berlin. In: *C. V.-Zeitung*, 28.01.1937, S. 4.
42 Ein Originalexemplar des Wegweisers befindet sich im Bestand des Jüdischen Museums Berlin. Eine Reproduktion erschien als Beilage zu Carolin Hilker-Siebenhaar (Hrsg.): *Wegweiser durch das Jüdische Berlin. Geschichte und Gegenwart.* Berlin: Nicolai 1987.
43 Berggrün: C.-V.-Wegweiser durch Berlin.

Karten kommt, so Karl Schlögel in seinen raumtheoretischen Reflektionen, insbesondere in Zeiten des Umbruchs eine wachsende Bedeutung zu. Der Grund dafür ist insbesondere darin zu finden, dass der Bedarf an Orientierungshilfen angesichts von Erschütterungen und Verwerfungen zunimmt.[44] Wie zutreffend diese Beobachtung ist, lässt sich auch am Beispiel des jüdischen Berlins in den letzten Jahren der Weimarer Republik bzw. zum Beginn der Nazizeit aufzeigen.

In der C.V.-Karte findet aber nicht allein Bestehendes und lange Zeit Gewachsenes seinen kartographischen Niederschlag, sondern auch die sich vollziehenden Veränderungen und veränderten Wahrnehmungen. Sie ist somit ein Beispiel für die kartographische Konstruktion von Wirklichkeit. Wie Denis Wood zeigt, ist die Realität, die Karten uns bieten, kein Abbild des im Hier und Jetzt Anwesenden.[45] Karten schaffen vielmehr „sozialisierte Räume", indem sie Raumwahrnehmung einschreiben und Individuen in die Lage versetzen, ihrer Umgebung Bedeutung zuzuschreiben.[46] Karten sind also nicht repräsentativ, sondern sie stellen Systeme von Vorschlägen, Vorstellungen und Forderungen, wie die Welt aussehen solle, dar.[47] Dieser Aspekt findet sich auch im *C.-V.-Wegweiser* wieder.

Berggrün zufolge wolle dieser „sachlich, objektiv, wegweisend" sein.[48] Bei genauer Betrachtung wies die Karte, die Berggrün hier mit so großem Optimismus anpreist und euphorisch zum verbindenden Element der Berliner Juden stilisiert, jedoch auf eine immer stärker werdende Spannung zwischen Anspruch und Wirklichkeit hin. Diese Spannung fand ihr grafisch-textuelles Pendant auf der Karte selbst, an deren Rand neben einer Legende eine kurze Chronologie der Berliner jüdischen Geschichte eingefügt worden war. War letztere ein Versuch, auf die lange und traditionsreiche Geschichte des Berliner Judentums zu rekurrieren und die historische Integration der Jüdinnen und Juden in die historische Entwicklung der Stadt zu unterstreichen, so deutete die nebenstehende Legende in Teilen in

44 Karl Schlögel: *Im Raume lesen wir die Zeit. Über Zivilisationsgeschichte und Geopolitik*. München: Hanser 2003, S. 82.

45 Denis Wood / John Fels / John Krygier: *Rethinking the Power of Maps*. New York: Guilford 2010, S. 15.

46 Ebd., S. 1.

47 Ebd., S. 8.

48 Berggrün: C.-V.-Wegweiser durch Berlin, S. 4.

entgegengesetzte Richtung. Unter den sechs dort aufgelisteten Institutionen waren mit dem Hilfsverein der deutschen Juden und dem Palästina-Amt zwei, deren Betätigungsfeld in der Unterstützung der Auswanderung und somit nicht primär in der Aufrechterhaltung jüdischer Präsenz in Berlin lag. Der Verweis auf beide Einrichtungen macht deutlich, dass die Frage „Gehen oder bleiben?" unter Berliner Juden im Jahre 1937 eine immer drängendere wurde.

Doch blendet Berggrün diese immer drängender werdende Problematik beflissentlich aus, wenn er abschließend erklärt:

> Sicher wird es nicht lange dauern, da wird der ‚C.-V.-Wegweiser durch Berlin' in allen öffentlichen jüdischen Gebäuden hängen, da wird er zum unentbehrlichen Hilfsmittel all derer gehören, die sich in dem jüdischen Berlin zurechtfinden wollen. Und alle werden bestätigen, dass ihnen der C.-V.-Wegweiser den ‚richtigen' Weg weist.[49]

Die Betonung des „richtigen" Weges verweist auf den oben diskutierten Zusammenhang von Repräsentation und Gemeinschaftlichkeit. Sie deutet auf die Multifunktionalität der Karte hin, die – neben der offensichtlichen Funktion des geographisch-topographischen Wegweisers – jüdischen Berlinerinnen und Berlinern auch in den Herausforderungen und Problemen des Alltags Orientierung bieten wollte, indem sie sie daran erinnerte, dass ihnen die jüdische Gemeinschaft überall in der Stadt Hilfe angedeihen lasse.

Der durch den Gemeindevorstand ein halbes Jahr später herausgegebene *Wegweiser durch die Jüdische Gemeinde zu Berlin* war trotz seiner opulenten grafischen Ausgestaltung kaum mehr als ein Schwanengesang auf das im Untergehen begriffene jüdische Berlin.[50] Ein letztes Mal unternahm eine Publikation den Versuch, das Jüdische im Berlinischen zu verorten und in seiner Vielfältigkeit, aber ebenso seine zunehmende innere Zerrissenheit zu erfassen und abzubilden. In der dem *Wegweiser* beigefügte Karte manifestierte sich dies deutlich – wenn auch wohl unbeabsichtigt. Ähnlich der Karte des Centralvereins markierte auch diese die diversen jüdischen Einrichtungen und Institutionen in Form kleiner Gebäudezeichnungen. Eine farbige Klassifizierung sollte die Benutzung der Karte und das

49 Ebd.

50 Vorstand der Jüdischen Gemeinde zu Berlin (Hrsg.): *Wegweiser durch die Jüdische Gemeinde zu Berlin. Mit vielen Abbildungen und einem farbigen Plan*. Berlin: [Aufbringungswerk der Jüdischen Gemeinde zu Berlin] 1937.

Auffinden der gesuchten Einrichtung erleichtern. Synagogen waren in Blau, Gemeinde- und Kulturbundverwaltung nebst Krankenhäusern und Friedhöfen in Schwarz, Schulen in Rot und Altersheime und Waisenhäuser in Grün koloriert. Bei genauerer Betrachtung fällt auf, dass die dargestellten Einrichtungen zwar wie auf einem allgemeinen Stadtplan Berlins angeordnet sind, dass aber ein Rekurs auf diesen Plan oder andere direkte Verweise auf die städtische Topographie und Infrastruktur (abgesehen von den auf dem Plan eingetragenen Adressen der jeweiligen Einrichtungen) fehlt. Die Abwesenheit des nicht-jüdischen Berlins mag Zufall sein, ein Resultat der Annahme, dass die Benutzer mit dem allgemeinen Stadtplan auf das Beste vertraut waren. Dennoch legt die Wahl der Darstellung, anders als im zuvor diskutierten Beispiel des C.V.-*Wegweisers*, nahe, dass nunmehr weniger die Integration des Jüdischen im Städtischen als vielmehr die Sichtbarmachung des ersteren im Vordergrund stand. Die synthetisierende Tendenz der früheren jüdischen Stadttexte trat immer stärker hinter der unverkennbaren Parallelexistenz beider Dimensionen zurück.

Ein Jahr darauf standen überall in der Stadt Synagogen in Brand und wurden jüdische Geschäfte und Einrichtungen geplündert und demoliert. Beide Wegweiser, der des Centralvereins und der des Gemeindevorstands sind Belege für den unbeirrbaren Glauben vieler deutscher Juden an die ‚deutsch-jüdische Symbiose'.[51]

Schlussbetrachtungen

Traditionell basierend auf dem Fundament einer räumlich eng umrissenen Gemeinschaft, die die Aufrechterhaltung religiös-kultureller Bräuche in einem diasporischen Umfeld ermöglichte, sahen sich moderne jüdische Großstadtgemeinden mit einer mehrfachen Herausforderung konfrontiert. Dazu zählten insbesondere

51 Bereits im Januar 1939 erklärte Martin Buber das Ende der deutsch-jüdischen Symbiose, siehe Martin Buber: Das Ende der deutsch-jüdischen Symbiose. In: Ders. *Der Jude und sein Judentum. Gesammelte Aufsätze und Reden.* Gerlingen: Schneider 1993, S. 629–632. Scholems ursprünglich 1964 veröffentlichter Text war es, der in den Nachkriegsjahren eine Kontroverse um den Begriff auslöste, siehe Gershom Scholem: Wider den Mythos vom deutsch-jüdischen Gespräch [1964]. In: Ders.: *Judaica 2.* Frankfurt am Main: Suhrkamp 1995, S. 7–11. Einen Überblick über die Diskussion bietet Manfred Voigts: *Die deutsch-jüdische Symbiose. Zwischen deutschem Sonderweg und Idee Europa.* Tübingen: Niemeyer 2006.

die Zerstreuung ihrer Mitglieder über das gesamte Stadtgebiet, die interne sozio-kulturelle Fragmentierung im Gefolge von anhaltender Zuwanderung von außen, die sich vertiefenden politischen Gräben in der Gemeindepolitik, die divergierenden religiösen Strömungen sowie die durch das urbane Umfeld verstärkten Säkularisierungs- und Individualisierungstendenzen. In den Augen vieler Zeitgenossen stellten diese Tendenzen den Fortbestand jüdischer Gemeinschaftlichkeit zunehmend in Frage.

Die infrastrukturell-administrative Ausweitung der Gemeindeaufgaben allein, so zeigen die obigen Beispiele, reichte nicht aus, diesen Fragmentierungstendenzen wirksam entgegenzutreten. Die wachsende Bedeutung textuell-publizistischer Mittel, die zu Beginn des 20. Jahrhunderts immer stärker Form annahm, ist ein deutliches Indiz für die anhaltende Suche nach einem effektiven Instrumentarium zur Sicherung des Fortbestands jüdischer Gemeinschaftlichkeit im urbanen Kontext.

Es sind diese beiden Dimensionen, die jüdische Gemeinschaft und die Stadt, die die Grundpfeiler aller hier diskutierten Stadttexte darstellen. Abgesehen von teilweise deutlichen Unterschieden in Konzeption, Aufmachung und Ausgestaltung ist ihnen allen eine duale Agenda eigen. Allen Publikationen gemein ist das Ziel, das jüdische Berlin zu lokalisieren und zu beschreiben, wo und in welchen vielfältigen Formen es ‚Stadt findet'. Darüber hinaus erschöpfte sich diese Erschließungsabsicht nicht darin, den Status quo jüdischer urbaner Kultur- und Lebensformen abzubilden. Vielmehr war mit der Produktion der hier diskutierten Stadttexte die Absicht verbunden, einen aktiven Beitrag zur Überwindung der fragmentierenden metropolitanen Tendenzen zu leisten und zur Schaffung einer stadtweiten jüdischen Identität beizutragen.

Es ist dabei auffällig, dass fast alle Texte außerhalb des offiziellen Rahmens der jüdischen Gemeinde entstanden. Dies kann als Indiz dafür gesehen werden, dass die rechtlich-administrative Form der Einheitsgemeinde[52] in immer geringerem Maße als Bindeglied für

52 War bereits 1847 für die Berliner Adass Jisroel eine Ausnahme zum Prinzip der örtlichen Einheitsgemeinde geschaffen worden, so wurde es im Rahmen der preußischen Verfassungsreform 1920 weiter beschränkt. Siehe Michael Demel: *Gebrochene Normalität. Die staatskirchenrechtliche Stellung der Jüdischen Gemeinden in Deutschland.* Tübingen: Mohr Siebeck 2011, Teil 1, C.

eine sich zusehends diversifizierende urbane jüdische Gemeinschaft fungierte. Die Parteikämpfe, die in den späten 1920er und frühen 1930er Jahren die Arbeit der Berliner Jüdischen Gemeinde über lange Phasen hinweg weitgehend lähmten, trugen zu einer weiteren Schwächung der Gemeinde als wirksames Forum für die Neukonzeptualisierung städtisch-jüdischer Gemeinschaft bei.[53] Erst in den 1930er Jahren begann angesichts der immer prekäreren Situation jüdischer Berlinerinnen und Berliner auch die offizielle Gemeinde, das Potential des Genres Stadttext für die Stärkung des innergemeindlichen Zusammenhalts sowie die Notwendigkeit, ihren Mitgliedern Wegweiser durch das komplexe Gefüge der städtischen Gemeindeinfrastruktur, auf das diese im Alltag in zunehmendem Maße angewiesen waren, zu erkennen.

Die wachsende Bedeutung jüdischer Stadttexte im Verlauf der ersten Jahrzehnte des 20. Jahrhunderts ist mithin Ausdruck des anhaltenden Bemühens, jüdische Gemeinschaft im großstädtischen Labyrinth zu schaffen, zu fördern und zu verteidigen. In diesem Sinne stellten die hier diskutierten Texte weit mehr als Handreichungen für den Alltag dar. Sie waren vielmehr Orientierungshilfen im äußeren und inneren – im geographisch-kartographischen, wie im spirituell-identitären Sinne. Zusammengenommen bieten sie einen Einblick in die Transformation und Diversifizierung jüdischen Lebens im Berlin des frühen 20. Jahrhunderts. In Anlehnung an de Certeaus zuvor diskutierte Reflektionen lässt sich abschließend festhalten, dass Berliner jüdische Stadttexte Versuche einer Synthese des Lesens des immer umfangreicher und schwerer zu dechiffrierenden Textes der Großstadt und des Mit-Schreibens am Text der Stadt und ihren Texten darstellen. In diesem Sinne wohnt ihnen eine besondere urbane Ambivalenz von Distanz und Nähe, von Überblick und Einblick inne.

53 Zu den politischen Richtungskämpfen innerhalb der Berliner Jüdischen Gemeinde siehe Gabriel E. Alexander: Die Demonstration der Erwerbslosen in der Repräsentantenversammlung. In: Hermann Simon (Hrsg.): *„Tuet auf die Pforten". Die Neue Synagoge 1866–1995*. Berlin: Stiftung Neue Synagoge Berlin – Centrum Judaicum 1995, S. 154–163; Jacob Borut: „Das ungewöhnliche Bild jüdischer Wahlversammlungen". Zum Stilwandel innerjüdischer Wahlkämpfe in der Weimarer Republik. In: *Archiv für Sozialgeschichte* 37 (1997), S. 93–119; Ulrich Tempel: Religion and Politics in the Berlin Jewish Community. The Work of the Repräsentantenversammlung, 1927–1930. In: *Leo Baeck Institute Yearbook* 46 (2001), S. 215–240.

Wertheim und der Glanz vom Leipziger Platz

Simone Ladwig-Winters

Berlin, Leipziger Platz, heute Standort der LP 12 Mall of Berlin, eines der Einkaufzentren mit den immergleichen Filialgeschäften, wie man sie in ganz Deutschland kennt. Dort befand sich noch vor rund 60 Jahren die Ruine des einstmals größten Warenhauses Europas – A. Wertheim.[1]

Imaginärer Rundgang

Bei Wertheim war eine künstliche saubere Welt entstanden, hier ließ sich der Alltag draußen vergessen. Kein Gestank, kein Schmutz, kein Lärm – nur Wohlgerüche und zuvorkommender Service. Jeder Kunde, der bezahlen konnte, war willkommen. Für die anderen gab es die Warenhausdetektive. Im Haus wurde eine strenge Gleichbehandlung gepflegt, alle hatten Anspruch auf Freundlichkeit.

1 Die nachfolgende Darstellung basiert auf den Ergebnissen meiner einschlägigen Forschung, die ich in mehreren Publikationen veröffentlicht habe, siehe Simone Ladwig-Winters: *Wertheim – ein Warenhausunternehmen und seine Eigentümer. Ein Beispiel der Entwicklung der Berliner Warenhäuser bis zur „Arisierung“.* Münster: LIT 1997; dies.: *Wertheim. Geschichte eines Warenhauses*, Berlin: Bebra 1997; dies. / Erica Fischer: *Die Wertheims. Geschichte einer Familie.* Reinbek: Rowohlt 2008. Der Wertheim-Konzern hat in den 1920er Jahren drei reich bebilderte Firmenbroschüren herausgegeben. Im Rahmen der Recherchen wurde mir auch eine Abschrift des unveröffentlichten Tagebuchs von Georg Wertheim zur Verfügung gestellt. – Ein großer Teil der Vorgänge konnte erst nach der Wiedervereinigung nachvollzogen werden, als die Bestände der Deutschen Bank, die im Zentralen Staatsarchiv der DDR in Potsdam überliefert waren, dann in verfilmter Form vom Bundesarchiv übernommen wurden. Es handelt sich vor allem um die Bestände Bundesarchiv Lichterfelde (BA) R 8119 F, P 5200ff., BA R 8135.

Abb. 1
Warenhaus Wertheim, Leipziger Platz, Teppichsaal (ca. 1927).

Um die Bedeutung dieses Warenhauses zu veranschaulichen, hilft ein Gedankenspaziergang: Versetzen Sie sich in das Jahr 1925: Vorbei am Portier treten Sie ein. Hier konnte man alles bekommen: Vom ausgereiften Ziegenkäse bis zur Parzival-Partitur. Dieses Warenhaus hielt ein breites Sortiment bereit: Neben Pelzen, Textilien, Kosmetik, Büchern, Künstlerfarben und Lebensmitteln waren auch künstliche Augen und Gliedmaßen, Öfen, Musikinstrumente sowie Särge erhältlich.[2] Von exklusiven bis hin zu schlichten Versionen gab es vielfältige Ausführungen der einzelnen Produkte. Hier konnte jeder etwas finden: der Adlige ebenso wie der kleine Junge bei der Eisenbahnausstellung zu Weihnachten. – Für die Weihnachtsausstellung musste übrigens Polizei eingesetzt werden, um den Andrang der Menschen zu leiten.

Im Jahr 1925, nach Krieg und Inflation, konnte man sich wieder etwas leisten. Große Firmen wie Wertheim waren in dieser Phase

2 Siehe Deutsches Patentamt, in Weiterführung der Zeichenrolle des Reichspatentamtes zu Wertheim, Nr. 118545, eingetragen 1909.

Abb. 2: Warenhaus Wertheim, Leipziger Platz, Photoabteilung mit Moore-Leuchte (ca. 1927).

sogar dazu übergegangen, eigenes Geld zu produzieren, das dann in den Unternehmen umgesetzt werden konnte.

Eine besondere Attraktion war die Parfumabteilung. Hier gab es einen Brunnen, aus dem ständig Parfum sprudelte. Die Gänge waren breit angelegt, die Besucher konnten schlendern. Es gab Parfum nach Gewicht ebenso wie verpackte Ware, so das gerade auf den Markt gekommene französische Mitsouko der Firma Guerlain. Die riesige Teppichabteilung, die sich in dem Gebäudeteil auf der Ecke am Leipziger Platz befand, war mit Kunstwerken renommierter Künstler dekoriert, hier schwebte über allem der Geruch von Sisal und Wolle. In der Lebensmittelabteilung waren durch neue Konservierungsmethoden haltbar gemachte Früchte oder Gemüse im Angebot wie Erdbeeren, die auf diese Weise rund um das Jahr erhältlich waren. Überall war das Signet von Wertheim zu sehen: das auf dem Globus stehende „W". Manche spotteten: „Wertheim trägt die Last der Welt."

Wer seine Einkäufe erledigt hatte, konnte noch einige Fotos von sich anfertigen lassen, die am nächsten Tag nach Hause geliefert wurden. Nach Vorlage von Fotos gab es auch die Möglichkeit, Ölbilder anfertigen zu lassen. Selbstverständlich gab es mehrere Restaurants, Cafés und Erfrischungsräume. Daneben standen auch Ruheräume zur Verfügung wie der Wintergarten, in denen die Besucher nicht konsumieren mussten.

Bescheidene Anfänge

Dieses gigantische Warenhaus riss seine Besucher völlig in den Bann.[3] Es schien vollkommen zu sein, vom Sortiment, von der äußeren Gestaltung, der Ausstattung, der Dekoration und vom Service her. Kaum vorstellbar, dass es auf ganz bescheidene Anfänge zurückging: Fünfzig Jahre zuvor, 1875, hatten Abraham und Ida Wertheim einen ganz kleinen Laden in der Hansestadt Stralsund an der Ostsee eröffnet.[4]

Abraham Wertheim war kein begnadeter Kaufmann, zugleich hatte er eine große Familie zu versorgen. Mehrere Versuche, im Handel Fuß zu fassen, waren bereits gescheitert. Kurz vor seinem 56. Geburtstag unternahm er einen erneuten Anlauf, sich geschäftlich zu etablieren. Seine Frau Ida Wertheim geb. Wolff hatte im Laufe von 14 Jahren elf Kinder geboren, von denen zwei im Kindesalter starben. Neun Kinder wollten versorgt sein, deshalb mussten die beiden Ältesten zeitig – Ende der 1860er Jahre – von der Schule abgehen und wurden nach Berlin zu einem Onkel in die Lehre geschickt.

Die Anfänge der Warenhäuser in der Provinz

In Paris gab es schon früh im 19. Jahrhundert Warenhäuser, doch in Deutschland war die Entwicklung sowohl im Handel als auch in der Industrie langsamer. Gemischte Warenhäuser mit besonderen Verkaufsprinzipien wurden anfangs in der Provinz eingeführt.[5] So in Stralsund, als Hafen- und alte Hansestadt war sie ein guter Umschlagplatz von Norden nach Süden und von Osten nach Westen.[6] In dem kleinen Manufakturwaren- und Textilwarengeschäft der Wertheims,

3 Paul Göhre: *Das Warenhaus.* Frankfurt am Main: Rütten & Loening 1907, S. 19.

4 Ladwig-Winters: *Wertheim. Geschichte eines Warenhauses*, S. 8ff.

5 Peter Stürzebecher: *Das Berliner Warenhaus. Bautypus, Element der Stadtorganisation, Raumsphäre der Warenwelt.* Berlin: Archibook 1979.

6 Klaus Strohmeyer: *Warenhäuser. Geschichte, Blüte und Untergang im Warenmeer.* Berlin: Wagenbach 1980.

ein von der Wohnung abgeteilter Eckraum, wurden Bänder, Spitzen und Garne angeboten.

Die Wertheims waren Juden, ebenso wie der Konkurrent in der gleichen Stadt – Leonhard Tietz.[7] Gerade jüdische Familien hatten frühzeitig durch Besuche im Ausland neue Impulse im Handel aufnehmen können. Sozial waren sie zu dieser Zeit aus der lokalen Kaufmannschaft ausgegrenzt. – Auch die Wertheims gehörten in ihrer Stadt nicht zu den etablierten Kaufleuten. Insofern war es notwendig, dass sie ihre Waren von Verwandten aus anderen Orten in Preußen bezogen.

Nachdem die beiden ältesten Söhne ihre Lehre in Berlin beendet hatten, kehrten sie umgehend zurück in die Geburtsstadt, übernahmen die Geschäftsleitung und führten neue Geschäftsmethoden ein: Es gab feste Preise, die mit einer geringen Gewinnmarge pro Stück kalkuliert wurden. Das Feilschen um den Preis unterblieb. Durch den Einkauf großer Stückzahlen und die Ausschaltung des Zwischenhandels ließ sich – bei höherem Absatz – dennoch ein guter Gewinn erwarten. Zugleich wurde das Sortiment erweitert, um die Kunden durch die Vielfalt in das Geschäft zu locken.

Diese Geschäftsprinzipien sind heute selbstverständlich. Die Verkaufsformen wurden in den schon existierenden Warenhäusern in Frankreich, England und den USA längst praktiziert, doch im gerade gegründeten Deutschen Reich vor 140 Jahren waren sie etwas Besonderes. Bei Wertheim konnte nicht ‚angeschrieben' werden, was einen Kundenkredit bedeutet hätte, sondern es musste bar bezahlt werden. Zugleich gab es keinen Kaufzwang, wenn man den Laden betrat. Ware konnte sogar umgetauscht werden, um die Kunden mit Kulanz an das Geschäft zu binden. Am Rande: Es war auch ungewöhnlich, dass Ida Wertheim anfänglich mit im Verkauf tätig war, denn damals war der Beruf des Verkäufers Männern vorbehalten. Das kleine Unternehmen entwickelte sich sehr positiv, bald war ein Umzug in größere Räumlichkeiten notwendig.

Innerhalb der fest gefügten Kaufmannschaft wird es Unruhe gegeben haben, denn die jüdischen Händler waren sehr erfolgreich. Die

7 Georg Tietz: *Hermann Tietz. Geschichte einer Familie und ihrer Warenhäuser*. Stuttgart: DVA 1966.

Wertheims, vor allem Georg Wertheim, ebenso wie die Tietzens, blieben Außenseiter in der angesehenen Gesellschaft der Hansestadt.
Die Bedeutung der Entwicklung, die sich durch die Industrielle Revolution mit ihrer Massenproduktion vollzog, nahmen diese Händler auf und setzten das für den eigenen Betrieb um.[8] Wurde zuvor beispielsweise ein Fingerhut mühsam in einer Manufaktur produziert, spuckten nun Maschinen Tausende von Fingerhüten aus. Der Großhändler bot einen einzelnen aber immer noch für rund 6 1/4 Pfennig das Stück an. Durch die maschinelle Produktion sank der Herstellerpreis innerhalb von kurzer Zeit auf 4 1/2 Pfennig das Stück. Die ‚alten' Kaufleute sahen hierin die Chance, ihren Gewinn zu erhöhen, sofern sie über den Großhändler überhaupt davon profitierten. Doch Wertheim verhandelte direkt mit den Produzenten, schaltete damit den Zwischenhandel aus und gab die günstigen Preise zum Teil an die Kunden weiter. So konnte bei Wertheim ein Fingerhut als 10-Pfennig-Artikel verkauft werden – deutlich günstiger als bei der Konkurrenz. In allen Bereichen wurden jetzt Waren in riesigen Mengen hergestellt, die auch abgesetzt werden mussten. – Selbstverständlich verlor die Ware durch die Massenherstellung an Einmaligkeit, doch das war den Kunden egal.
Die neuen Warenhäuser waren im Handel die Entsprechung zur Entwicklung im Produktionsbereich.[9] Und es waren bis auf wenige Ausnahmen jüdische Familien, die in Deutschland die Entwicklung anschoben: Adolph Jandorf in Berlin, Leonhard Tietz – nach Stralsund vor allem im Rheinland, sein Bruder Oskar Tietz mit dem Unternehmen Hermann Tietz, Simon und Salman Schocken und eben die Wertheims.

Wertheim floriert, Sprung nach Berlin

Die Kunden besuchten Wertheim rege, das Geschäft florierte. Schon bald konnte man in ein neues, größeres Geschäft umziehen und eine Filiale in Rostock eröffnen. Der Erfolg sprach für Wertheim. Georg

8 Werner Sombart: Das Warenhaus. Ein Gebilde des hochkapitalistischen Zeitalters. In: Verband deutscher Waren- und Kaufhäuser e.V. (Hrsg.): *Probleme des Warenhauses. Beiträge zur Geschichte und Erkenntnis der Entwicklung des Warenhauses in Deutschland.* Berlin 1928, S. 77–96.

9 Hrant Pasdermadjan: *Das Warenhaus. Entstehung, Entwicklung und wirtschaftliche Struktur.* Köln / Opladen: Westdeutscher Verlag 1954.

Wertheim (1857–1939) war mit nur 26 Jahren zum Kopf des Unternehmens geworden, der ältere Bruder Hugo (1854–1919) war früh gestorben. Vater Abraham, nach dem sich das Geschäft A. Wertheim nannte, zog sich zurück, auch Mutter Ida musste nicht mehr im Laden stehen. Bald wurden auch die Brüder Franz (1863–1933), Wilhelm (1859–1934) und Wolf (1867–1940) im Unternehmen tätig. Doch Rostock und auch Stralsund lagen in der Provinz. Georg Wertheim wollte nach Berlin, das war inzwischen Reichshauptstadt – die Metropole.

Zehn Jahre nach der Gründung, 1885, wagte das Unternehmen den Sprung nach Berlin. Erst wurde ein Geschäft gemietet. In Berlin kannte sich Georg Wertheim aus. Die Stadt wuchs rasant. Die Menschenmassen mussten mit Wohnungen, Energie und Waren versorgt werden. Das Unternehmen Wertheim expandierte weiter. Schon bald wurde ein weiteres Geschäft eröffnet: Am Moritzplatz in Kreuzberg – in der Luisenstadt, einer Gegend, in der viele kleine Fabriken existierten und vorwiegend Arbeiter lebten, wurde der Standort erprobt. Hier gab es bereits einen Konkurrenten: Lubasch mit seinem Ramschbazar. Georg Wertheim war stolz, als der Satz geprägt wurde: „Wer bei Lubasch kauft, bringt nichts von Wert heim."

1891 starb der Vater, Abraham Wertheim, und wurde auf dem neuen Jüdischen Friedhof in Weißensee beigesetzt. Er war noch mit nach Berlin gezogen, doch geschäftlich hatte er sich völlig zurückgehalten. In religiöser Hinsicht war Abraham sehr liberal eingestellt gewesen und ist der Jüdischen Reformgemeinde zu Berlin beigetreten. Abrahams Frau Ida hatte ihre eigenen Vorstellungen entwickelt, sie meinte: „Religion heißt gut sein."[10] Im Leben der Kinder spielte die Ausübung ihrer Religion kaum eine Rolle – sie waren vom Geschäft absorbiert. Zugleich war es in der Familie selbstverständlich, karitative Aufgaben zu übernehmen – ein Bereich, der in der Regel in die Zuständigkeit der Frauen fiel.

Die Brüder Wertheim arbeiteten arbeitsteilig in der Firma. Der Erfolg des Familienunternehmens, das nun Warenhäuser betrieb, wird den Vater irritiert haben. Der Aufstieg war geschafft, aber es war alles sehr schnell gegangen. Die Familie konnte sich Urlaubsreisen leisten, was 15 Jahre zuvor kaum vorstellbar gewesen wäre.

10 Georg Wertheim: Tagebuch, unveröffentl. Typoskript, S. 49.

Abb. 3
Georg Wertheim (1928).

Die Wertheims wie auch die Tietzens waren sogenannte Neureiche.[11] Doch in Berlin war das nicht so wichtig, hier gab es viele Familien, die noch nicht lang über ein gewisses Vermögen verfügten. Gesellschaftlich führte dieser Wohlstand natürlich zu einer anderen Akzeptanz, als es bei ärmeren Familien der Fall war. Hinzu kam die unbedingte Bereitschaft dieser aufgestiegenen Familien, einen Beitrag zur Entwicklung der Gesellschaft zu leisten. So beteiligte sich die Familie an Spenden, u. a. für die Kaiser-Wilhelm-Gesellschaft, aber auch das Theater von Max Reinhardt wurde unterstützt. Firmenintern achtete Georg Wertheim im besonderen Maße auf solide Arbeitsbedingungen. Ganz allgemein definierte er sich eher als Unternehmer, Deutscher und dann erst als Jude. Doch auch letzteres wurde für ihn immer unbedeutender.

11 Siehe Gershom Scholem: Zur Sozialpsychologie der deutschen Juden. In: Ders.: *Judaica 4*. Frankfurt am Main: Suhrkamp 1984, S. 229–261, hier S. 237; Scholem nennt sie „nouveaus riches“.

Abb. 4: Warenhaus Wertheim, Oranienstraße (o. J.).

Warenhausneubauten

1893 ging es dem Unternehmen so gut, dass ein Gebäude eigens für den Betrieb eines Warenhauses in Kreuzberg, in unmittelbarer Nähe des Ladens am Moritzplatz, errichtet wurde. Es sollte das erste Gebäude dieser Art in Deutschland werden. Bei dieser Gelegenheit entwickelte sich eine intensive Geschäftsbeziehung zwischen Georg Wertheim und dem Architekten Alfred Messel (1853–1909).[12] Das Gebäude war sehr stark an französische Vorbilder angelehnt, außen zogen die Schaufenster die Kunden an, innen vermittelten die Innenhöfe und Treppenhäuser einen Eindruck von Weite. Das Gebäude war klug konzipiert, doch stellte sich bald heraus, das Messel ein planerischer Fehler unterlaufen war: Er hatte die Frage der Warenanlieferung nicht ausreichend berücksichtigt. Sie erfolgte von der Straße

12 Artur Gärtner / Robert Habel / Hans-Dieter Nägelke (Hrsg.): *Alfred Messel. Ein Führer zu seinen Bauten*. Kiel: Ludwig 2010; Peter Güttler: Liste der vor 1919 erbauten Warenhäuser. In: Architekten- und Ingenieurverein zu Berlin (Hrsg.): *Berlin und seine Bauten*, Teil VII: Bauten für Handel und Gewerbe, Bd. A. Berlin: Ernst 1978; Robert Habel: *Alfred Messels Wertheimbauten in Berlin. Der Beginn der modernen Architektur in Deutschland*. Berlin: Gebr. Mann 2009.

Abb. 5: Erster Bauabschnitt Leipziger Straße (1898).

her, was den Kundenverkehr beeinträchtigte. Beim nächsten Neubau sollte dieser Fehler nicht wiederholt werden. Nun wurde die Anlieferung und Entsorgung diskret über eigene Warenhöfe geregelt.

Auch ein Laden in der Leipziger Straße bewährte sich, wenngleich die Gegend immer noch am Rand des eigentlichen Berliner Stadtzentrums lag. Die längst geschliffene Akzisemauer war als Grenze immer noch spürbar. Viele hielten Georg Wertheim für verrückt, als er ein großes Grundstück an der Leipziger Straße, ganz dicht am Leipziger Platz für einen weiteren Neubau eines Warenhauses erwarb. Doch Wertheim hatte erkannt, dass viele wohlhabende Bewohner der Stadt in den Alten Tiergarten zogen, außerhalb des Stadtkerns. 1896 wurde mit dem ersten Bauabschnitt begonnen. Wieder bewährte sich die Zusammenarbeit mit Alfred Messel. Schon drei Jahre später wurde der Bau erweitert, insgesamt folgten noch drei weitere Bauabschnitte (bis 1926/27). Die Grundstücksfläche betrug zum Schluss 27.220 qm, die Nutzfläche 106.000 qm.

Der erfahrene Messel konzipierte einen imposanten Bau am Leipziger Platz. Der markante Eckbau wurde ein Wahrzeichen Berlins, in den Reiseführern stand er neben dem Reichstag und dem Brandenburger Tor, klar vertikal gegliedert, strahlte er Seriosität aus, ohne protzig zu wirken. Der Innen- und Außenbereich standen im

Einklang. Zahlreiche Künstler wurden beauftragt. Bleiverglasungen, Malerei, Bildhauerei, Schmiedearbeiten – Licht und Raum. Intuitiv entwickelte Wertheim ein Konzept vom Einkaufen als Erlebnis.

Gegnerschaft zu den Warenhäusern

Doch was so ansprechend wirkte, fand natürlich auch Gegner. Schon 1900 wurde eine eigene Steuer für Warenhäuser aufgelegt. Die zum damaligen Zeitpunkt weit umsatzstärkeren Kaufhäuser wie Rudolf Hertzog oder N. Israel, die sich weitgehend auf eine Branche, meist Textilien, beschränkten, waren davon nicht betroffen. Doch gegen die Warenhäuser wurde gehetzt. Dabei waren die antisemitischen Töne unüberhörbar. Die Warenhäuser wurden mit orientalischen Basaren gleichgesetzt. Dass in diesen Unternehmen genau andere Geschäftsprinzipien als in Basaren praktiziert wurden, störte die Agitatoren nicht. Doch der Erfolg der Warenhäuser konnte durch diese Steuer nicht aufgehalten werden. Ganz im Gegenteil, die Steuer bedeutete zum Teil einen regelrechten Konkurrenzschutz, da nun jeder potentielle neue Mitbewerber durch diese Steuer erheblich belastet worden wäre.

Die Wertheim-Familie

1925 war Georg Wertheim, Hauptgeschäftsführer und einer der drei Haupteigentümer des Warenhauses Wertheim, auf dem Zenit seines Ruhms angekommen. Seine Mutter Ida war 1918 gestorben. Wolf Wertheim, schon früh das *enfant terrible* der Familie, war mit einer Skandal-Autorin, Gertrud Truth, verheiratet. Sie, selbst jüdisch, spielte in ihren Romanen mit zahlreichen gesellschaftlichen Klischees.[13]

Wilhelm und Franz hatten dagegen zurückhaltende Frauen geheiratet, die ihre Rolle akzeptierten und sich um soziale und karitative Aufgaben kümmerten. Für die so auf den guten Ruf bedachte Verwandtschaft war die schrille Schwägerin Truth schon bald eine Belastung. Allerdings war sie es gewesen, die bei einem Diner eine junge Frau neben ihren schon etwas gesetzteren Schwager Georg platzierte. Der hatte bis dahin noch nicht die Zeit gefunden, eine Familie zu

13 Von Truth erschienene Bücher trugen Titel wie *Frauenehre – Frauenliebe*, *Hefe im Schaum* oder *Der Apoll von Bellevue*.

gründen. Eine Liebschaft hatte man ihm nachgesagt, doch mit fast 50 Jahren war es an der Zeit. Und so kam es dazu, dass Georg Wertheim schon bald der jungen Ursula Gilka (1885–1976), deren Familie ein Rittergut besaß und viel Geld mit dem Vertrieb von Schnaps, dem bekannten Gilka-Kümmel, gemacht hatte, einen Antrag machte. Mit der Verlobung konvertierte Georg Wertheim zum Christentum. Wäre sein Vater noch am Leben gewesen, hätte er diesen Schritt wohl kaum unternommen. 1906 heiratete das Paar. Die Brüder Franz und Wilhelm waren schon vorher mit ihren Frauen konvertiert. Für die Mutter Ida Wertheim wäre dies sicherlich nicht in Betracht gekommen, denn sie wollte neben ihrem Mann auf dem Jüdischen Friedhof in Weißensee beigesetzt werden.[14]
Während die Brüder Wilhelm und Franz Wertheim sich große Villen im Grunewald, also im Grünen, bauen ließen, blieb Georg Wertheim in der Innenstadt wohnen. Er wollte zur Firmenzentrale im Warenhaus am Leipziger Platz laufen können. Deshalb wohnte er in der Bellevuestraße, ungefähr dort, wo sich heute die Berliner Philharmonie befindet.

Die Konkurrenz schläft nicht

1907 wurde dann im neuen Westen, in der Gegend des neu errichteten Bayerischen Viertels, von Adolf Jandorf das KaDeWe eröffnet. Mit dem Namen Kaufhaus sollte der Eindruck von Exklusivität erweckt werden, ein Haus für die oberen Schichten wie Gerson oder N. Israel. Doch tatsächlich war es ein Warenhaus wie A. Wertheim auch. Im Februar 1909 besuchte der Kaiser zum ersten Mal überhaupt ein Warenhaus und es war nicht erstaunlich, dass er zu Wertheim ging. Die antisemitische Presse schäumte. Bis dahin war es beispielsweise Offizieren verboten, in Warenhäusern einzukaufen. Nach der Visite des Kaisers war das natürlich nicht mehr durchzuhalten.
Wenig später kam es familienintern zum Bruch zwischen Wolf Wertheim und seinen älteren Brüdern Georg, Franz und Wilhelm. Wolf hatte während einer längeren Abwesenheit von Georg versucht, seine Macht im Unternehmen auszubauen. Es kam zur Trennung der Anteile und die Presse verfolgte mit Interesse die Vorgänge. Den drei

14 Ladwig-Winters: *Wertheim. Geschichte eines Warenhauses*, S. 158–159 (Familientafel, hier: Abraham Wertheim (1819–1891), Ida Wertheim geb. Wolff (1839–1918)).

Brüdern gelang es sehr schnell, das Unternehmen wieder zu stabilisieren. Wolf Wertheim engagierte sich noch bei den Passage-Kaufhäusern (später Tacheles), war jedoch nicht erfolgreich und verließ bald Deutschland; seine Brüder überredeten ihn, sie hatten gute finanzielle Argumente. Doch er und seine Frau verfassten noch eine böse Abrechnung, voll von Verschwörungstheorien – Dragonade.[15]

Mit dem Ersten Weltkrieg traten diese familiären Ereignisse in den Hintergrund. Für Wertheim bedeutete der Krieg einen Einschnitt in der Entwicklung. Es war noch ein Musterbetrieb in dem inzwischen aufgegebenen Gebäude in der Oranienstraße aufgebaut worden, in dem Militärzubehör hergestellt wurde. Doch obwohl Georg Wertheim persönlichen Kontakt zum Kaiser hatte, blieben auf einmal die Aufträge aus. Ob antisemitische Gründe eine Rolle spielten, muss offen bleiben. – Wertheim war ein Patriot, was aber nicht bedeutete, dass er völlig unkritisch zum Kaiser und seiner Entourage stand. Mit Kriegsende und Revolution in Berlin gab es eine kurze Zeit der Irritation bei Wertheim: Georg Wertheim war entsetzt, dass sich auch einige seiner Angestellten für den Sturz der Monarchie engagierten. Er war nicht grundsätzlich gegen die Republik eingestellt, nur die Art und Weise, wie sie zustande kam, gefiel ihm nicht. Und schon bald war er froh, dass es wieder *business as usual* gab.

Wertheim plante weitere Häuser. Dabei wurden alle Aspekte eines modernen Warenhauses in einer Großstadt berücksichtigt, so wurde beispielsweise darauf geachtet, dass die Kunden direkt mit der U-Bahn, zusätzlich zu Tram und Bus, zu den einzelnen Häusern gelangen konnten.

Konkurrenzunternehmen

1925, nach dem Krieg, war die Konkurrenz stark geworden. Vom Umsatz her hatten die Unternehmen Hermann Tietz, Leonhard Tietz und Karstadt den Wertheim-Konzern, zu dem auch zahlreiche Immobilien gehörten, überrundet. Doch immer noch galt das Haus am Leipziger Platz als *das* Warenhaus in Deutschland, wenn nicht in Europa. Damit war die maßgebliche Führungspersönlichkeit, Georg

15 Wolf Wertheim: *Dragonade.* London: Selbstverlag [ca. 1915]. Die wüsten Verschwörungstheorien gegen die Brüder Georg, Wilhelm und Franz reichten von Erpressung, über Entführung bis hin zum Mordversuch an der Stief-Nichte.

Wertheim, zufrieden. Derweil expandierte Hermann Tietz immer weiter, kaufte 1927 den Jandorf-Konzern mit dem KaDeWe auf. Doch Wertheim hielt von diesen Aufkäufen wenig, sondern richtete das Augenmerk auf die vorhandenen Häuser.

Georg Wertheim, inzwischen um die 70, hatte nicht mehr den Ehrgeiz, der erste zu sein, mittlerweile war er zweifacher Vater und verfolgte die Entwicklung seiner Kinder mit Interesse. In dieser Zeit ließ er sich porträtieren – natürlich von einem der prominentesten Maler in Berlin – von Emil Orlik (1870–1932). Orlik war Jude, wie es auch der Architekt Messel gewesen war. Ob das für Wertheim eine Rolle gespielt hat, ist nicht bekannt. Wichtig war für ihn vor allem, dass sie anerkannte Spezialisten in ihren Disziplinen waren. Diesen Eifer, gut in dem zu sein, was man machte, vermisste er allerdings bei seinem Sohn, der wenig Ambitionen zeigte, zu lernen und sich zu bilden. Georg Wertheim hatte als junger Mann privaten Malunterricht genommen, das aber aufgegeben, als er feststellte, dass er in diesem Metier nur Mittelmaß bleiben würde, während er im Geschäftlichen viel erfolgreicher war. Der Sohn Albrecht zeigte jedoch keine besonderen Neigungen oder Stärken. Er war freundlich, kam aber mehr nach seiner Mutter und genoss das Leben, spielte gut Tennis, segelte und lief sehr gut Ski. Auch die Tochter gehörte zur Jeunesse dorée, Bildung und tiefergehende Interessen lagen ihr nicht. Die Ehefrau, Ursula Wertheim, war ähnlich, sie genoss die Reisen mit ihrem Mann und den Luxus. Eine Partnerin im Leben, wie es die Mutter Ida Wertheim für ihren Mann gewesen war, stellte sie weniger dar.

An diesem Generationenproblem lässt sich ein Aspekt festmachen, der sich in vielen Familienunternehmen bei einem Wechsel der einen Generation zur nächsten bemerkbar macht: Das Unternehmertum lässt sich nicht vererben. Fehlendes Talent und entsprechendes Geschick lassen sich oft auch nicht durch eine gute Ausbildung ausgleichen. Gerade in frisch aufgestiegenen Familien erwächst das zum besonderen Hemmschuh. Hierbei unterscheiden sich übrigens Unternehmen, die von jüdischen Familien nicht von nicht-jüdischen.

Ende der 1920er Jahre kam es zur Weltwirtschaftskrise. In dieser Phase war es Georg Wertheim gar nicht recht, dass ein neues Warenhaus in unmittelbarer Nähe des Warenhauses am Potsdamer Platz errichtet werden sollte. Die Galeries Lafayette drängten auf den deutschen Markt und hatten einen sehr prominenten Architekten, Erich Mendelsohn, mit dem Bau eines neuen Gebäudes beauftragt. Ein hoher Bauzaun warb schon für das Unternehmen, doch das Warenhaus sollte nie entstehen. Vermutlich hat Wertheim über Strohmänner Einfluss genommen und es verhindert. So wurde der schöne Entwurf von Mendelsohn zu einem Bürogebäude umgenutzt, dem sogenannten Columbus-Haus.[16]

Während der Wirtschaftskrise erlitt auch Wertheim heftige Einbußen.[17] 1930 eröffnete das Unternehmen noch ein neues Warenhaus im schlesischen Breslau. Übrigens das einzige Gebäude, das heute noch existiert. Dieses Projekt wurde zu einer ungünstigen Zeit vollendet: Zwischen 1928 und 1932 gingen die Umsätze bei den Warenhäusern insgesamt um 13,5 Milliarden RM zurück, um rund ein Drittel. Gleichwohl strömten immer noch die Kunden, die Werbung und die aufwendigen Dekorationen lockten sie.

1932 musste Wertheim einen größeren Kredit aufnehmen und geriet damit stark in die Abhängigkeit der Großbanken. In dieser Zeit lernte Georg Wertheim beim Strandurlaub das Vorstandsmitglied der Deutschen Bank Emil Georg von Stauß (1877–1942) kennen und freundete sich mit ihm an.

Die Nazis kommen an die Macht

Von Stauß war in viele Richtungen aktiv, er, der wegen seiner Verdienste im Petrolhandel geadelt worden war, hegte ganz offene Sympathien für die Nationalsozialisten. Er war einer derjenigen, die Hitler gesellschaftsfähig machten. Seine Kontakte zu Georg Wertheim, dem getauften Juden, scheinen für ihn dabei kein Widerspruch gewesen zu sein.

Als die Nazis 1933 an die Macht kamen, war klar, dass die Warenhäuser im besonderen Maße Ziel der nationalsozialistischen Politik werden würden, war doch ihre Abschaffung explizit im Parteiprogramm erklärt worden. Schon bald kam es zu einschneidenden Aktionen gegen die Warenhäuser. Hetze und Terror gegen einzelne spitzten sich zu. Am Samstag, dem 1. April 1933, wurde ein Boykott gegen jüdische Anwälte, Ärzte, Geschäfte und Warenhäuser inszeniert. Auch für Wertheim bedeutete es, dass nun der Glanz des Leipziger Platzes weniger stark leuchtete. Die wirtschaftliche Wirkung

16 Ladwig-Winters: *Wertheim – ein Warenhausunternehmen und seine Eigentümer*, S. 83–84.

17 Dies lässt sich an dem unveröffentlichten Umsatzbuch des Unternehmens, das mir in Kopie vorliegt, nachvollziehen.

Abb. 6
Litfasssäule
mit Boykottaufruf (1933).

des sogenannten Boykott-Tages sollte zwar nicht so hoch sein, doch der Propagandaeffekt im Verbund mit gezielten Maßnahmen zeitigte seine Wirkung. Die Nazis agitierten gegen bestimmte Berufsgruppen und Wirtschaftsgruppen, dies alles wurde als „Kampf gegen das Judentum“ deklariert. Sie hetzten, losgelöst von Fakten und Religionszugehörigkeit.

Dabei offenbarte sich bald, dass die Warenhäuser, so verhasst sie den Nazis waren, einen wichtigen Wirtschaftsfaktor darstellten – nicht nur als Warenumschlagplatz, sondern es hingen Tausende von Arbeitsplätzen daran sowie unzählige Zulieferer, – auch die Banken wollten ihre Kredite, die in den Unternehmen steckten, nicht einfach abschreiben. Nach anfänglichen Unstimmigkeiten wurde daher ein abgestimmtes Verfahren zwischen der NS-Partei, dem Wirtschaftsministerium und den Banken entwickelt.

‚Arisierungen‘

Der erste Konzern, der ‚arisiert‘ wurde – d. h. die Ersetzung der jüdischen Unternehmer durch ‚arische‘, zumeist durch eine Namensänderung markiert, bei gleichzeitiger Entlassung der jüdischen

Mitarbeiter –, war das Unternehmen Hermann Tietz. Hier war 1933 ein Kredit von 14 Millionen RM eigentlich schon zugesagt. Doch die Erteilung dieses Kredits wurde nun an die Bedingung geknüpft, einen neuen Gesellschafter in die Führung des Unternehmens aufzunehmen. So trat Georg Karg, bis dahin Einkäufer im Unternehmen, in die Geschäftsführung ein. Die rechtmäßigen Eigentümer wurden nach Prüfung aller Vermögenswerte aus dem Unternehmen gedrängt und mit einem Bruchteil des tatsächlichen Firmenwerts abgespeist. Von nun an nannte sich das Unternehmen nicht mehr Hermann Tietz, sondern nur noch Hertie.[18]

Georg Wertheim beobachtete die Vorgänge mit Sorge, wenngleich seit fast 30 Jahren Christ, galt er nun wieder als Jude. – 1934 übertrug er daher all seine Firmenanteile seiner nach nationalsozialistischen Kriterien ‚arischen' Ehefrau im Wege der Schenkung. Auf diese Weise hoffte er, das Unternehmen von Angriffen von außen frei zu halten. Grob gerechnet hielten die drei Brüder jeweils zu einem Drittel die Anteile am Unternehmen. Franz Wertheim, der drei Söhne hatte, starb 1933, Wilhelm ein Jahr später. Im Jahre 1935 übernahm Georg Wertheim dann zusätzlich den größten Teil der Anteile von Franz, um sie direkt an seine Frau weiterzugeben.

Wertheim im Nationalsozialismus

Zu diesem Zeitpunkt war schon ein neuer Justiziar im Konzern tätig, Arthur Lindgens. Wie Emil Georg von Stauß unterhielt auch er gute Kontakte zur NSDAP, war mit Martin Bormann (1900–1945) gut bekannt. Lindgens übernahm immer mehr die Leitung des Konzerns.

1937 – nach über 60 Jahren in dem Unternehmen, das er aufgebaut hatte –, erklärte Georg Wertheim seinen „Austritt aus dem Geschäft", das dann „als deutsch erklärt wurde."[19] Zu diesem Zeitpunkt hatte er sein kleines Büro mit den Kirschbaummöbeln schon längst nicht mehr betreten dürfen. Bald wurden auch die letzten jüdischen Mitarbeiter entlassen, der Name wurde in „AWAG – Allgemeine Warenhandelsgesellschaft" geändert. 1938 ließen sich Georg und Ursula Wertheim

18 Ladwig-Winters: *Wertheim – ein Warenhausunternehmen und seine Eigentümer*, S. 149ff., 176ff.

19 Wertheim: Tagebuch, S. 78.

scheiden – von Stauß hatte dazu geraten. Obwohl die Scheidung innerhalb der Familie als rein formal erachtet wurde, konnte nichts darüber hinwegtäuschen, dass sich Ursula Wertheim, 53 Jahre alt, und ihr Mann sich auch auseinandergelebt hatten. Zu Georg Wertheims 80. Geburtstag, im Jahr 1937, befand sie sich gar „auf Reisen“.[20]
Silvester 1939 starb Georg Wertheim. Ursula, seine geschiedene Frau, fühlte sich als rechtmäßige Eigentümerin eines riesigen Vermögens. Nun wurde für die übrigen Anteile ein Konsortium gebildet, in dem Emil Georg von Stauß, Arthur Lindgens und einige weitere Aufsichtsratsmitglieder die Anteile hielten. Wenig später, 1941, heirateten Arthur Lindgens und Ursula Wertheim, diesmal war sie deutlich älter als ihr Mann.

Der Wertheim-Konzern nach dem Zweiten Weltkrieg

Als der Krieg zu Ende ging und klar war, dass Deutschland der Verlierer sein würde, versuchten die Beteiligten noch, ihre Anteile zu retten. Lindgens setzte sich nach Schweden ab, später ging er in die Schweiz.
Als nach Kriegsende die Wertheim-Warenhäuser wegen des Einflusses von Emil Georg von Stauß, der 1942 gestorben war, in der sowjetisch besetzten Zone zu Volkseigentum erklärt wurden, war dies ein herber Schlag für das Unternehmen. Doch Lindgens versuchte noch, die verstreuten Anteile zusammenzubringen. Deshalb fuhr er Anfang der 1950er Jahre nach New York, um die dort lebenden Nachkommen von Franz Wertheim zu überreden, ihre noch verbliebenen Anteile an ihn zu verkaufen. Er stellte das Unternehmen als marode dar. Dass gerade noch Häuser in Essen und Bochum in Planung waren, ebenso in der Schlossstraße in Berlin-Steglitz, erwähnte er nicht. Zudem unterließ er es, darauf hinzuweisen, dass der Hertie-Konzern unter Leitung von Georg Karg zu dieser Zeit die Mehrheit der Wertheim-Anteile erwerben wollte. Für eine geringe Summe verkauften ihm die Erben in den USA ihre Anteile.
Lindgens veräußerte umgehend den größten Teil der von ihm und seiner Frau gehaltenen Anteile an den Hertie-Konzern. Einen geringen Teil behielt er noch, vermutlich war dies der Grund dafür, dass der Name Wertheim noch weiter beibehalten wurde.

20 Wertheim: Tagebuch, S. 78.

Restitution nach der Wende

Alles schien geklärt, bis die Wende kam. Ursula und Arthur Lindgens waren inzwischen tot. Nun erhob das Unternehmen Karstadt/Quelle, das inzwischen Hertie aufgekauft hatte, Anspruch auf die früheren Grundstücke des Wertheim-Konzerns. Dies betraf allerdings nicht nur die in der ehemaligen DDR gelegenen, sondern auch den Komplex auf dem sogenannten Lenné-Dreieck, dem Gelände, auf dem sich das Bürohaus, das Columbus-Haus, befand.

Das Land Berlin übertrug 1991 für eine Gegenleistung von 1 DM diesen Komplex an Hertie. Nach der Übernahme Herties durch Karstadt/Quelle wurde wohl der Eindruck erweckt, die Konzernzentrale von Essen nach Berlin zu verlegen. – Doch im Jahr 2000 trat Otto Beisheim (1924–2013), Gründer der Metro-Großhandelsmärkte, als Eigentümer der rund 20.000 qm großen Fläche auf. Er hatte sie für rund 290 Millionen DM von Karstadt/Quelle erworben. In der Folge erhoben Hinterbliebene der Familie Wertheim Anspruch auf diesen Grundstückskomplex.[21] Die Anmeldung von Ansprüchen war durch die Jewish Claims Conference (JCC) wahrgenommen worden, dadurch war der verstrichene Fristablauf für die Anmeldung von Restitutionsansprüchen für die Erben weitgehend hinfällig. In Aufsehen erregenden Prozessen konnten die Erben ihre Ansprüche behaupten; 2007 schlossen sie mit Karstadt/Quelle einen Vergleich in Höhe von € 88 Millionen.

Doch der Name Wertheim ist inzwischen gänzlich verschwunden, ebenso wie es auch das Unternehmen Karstadt/Quelle nicht mehr gibt, das in Arcandor aufging. Im Moment exisitieren zwar noch die Karstadt-Warenhäuser, doch wie lange das noch zutrifft, ist fraglich. Der Glanz der Warenhäuser ist heute in Berlin, auch am Leipziger Platz, weitgehend verloschen.

21 Olaf Ossmann: „Arisierung" und „Wiedergutmachung" oder die unbekannte Geschichte des Kaufhausimperiums Wertheim nach 1945. In: Christof Biggeleben / Beate Schreiber / Kilian Steiner (Hrsg.): *„Arisierung" in Berlin*. Berlin: Metropol 2007, S. 315–335. Ossmann war einer der juristischen Vertreter der Wertheim-Nachkommen, er bezieht sich weitgehend auf die Prozessunterlagen, leider unterlaufen ihm verschiedene Fehler in der historischen Darstellung.

Jüdisches Forschen oder jüdisches Lernen

Zwei jüdische Wissenseinrichtungen in Berlin in den 1920er Jahren

Sonia Goldblum

Es ist wohl kaum zu bestreiten, dass die Weimarer Republik eine bedeutende Wende in der Geschichte der jüdisch-deutschen Gelehrsamkeit darstellt.[1] Diese äußerst produktive Epoche war durch eine Mischung aus Moderne und Tradition gekennzeichnet. Dabei ging es nicht ausschließlich darum, durch das Mittel der Wissensaneignung und -vermittlung zu einer durch die Assimilation[2] verloren gegangenen Tradition wieder Zugang zu erhalten, sondern vielmehr auch darum, durch eine neu erworbene Wissenschaftlichkeit diese Tradition zu erforschen, neu zu gestalten und zu präsentieren. Dies setzt

1 Eine leicht abweichende Fassung dieses Aufsatzes ist bereits auf Französisch in der Zeitschrift *Recherches Germaniques* erschienen (Sonia Goldblum: Berlin et Francfort dans le sillage de la science du judaïsme. Savoir et enseignement juif dans l'Allemagne des années 1920. In: *Recherches germaniques* 43 (2013), S. 65–81).

2 Mit ‚Assimilation' wird hier jener Prozess bezeichnet, der zur Eingliederung der jüdischen Bevölkerung in die deutsche Gesellschaft geführt hat. Dieser Begriff ist vielfach problematisch, unter anderem weil er die Aufnahmegesellschaft als eine Einheit setzt, die sie nicht ist. Wichtig bleibt er aber nach wie vor, da er gerade in der Zwischenkriegszeit eine Erwartungshaltung darstellt, an der sich die Vertreter der „Jüdischen Renaissance" abarbeiten. Man denke unter anderen prominenten Beispielen an Franz Rosenzweigs Begriff der „Dissimilation" (Franz Rosenzweig: *Briefe und Tagebücher*. Den Haag: Nijhoff 1979, S. 770). Zur Kritik am Assimilationsbegriff vgl u.a David Myers: "The Blessing of Assimilation" Reconsidered: An Inquiry into Jewish Cultural Studies. In: David Myers / William Rowe: From Ghetto to Emancipation: Historical and Contemporary Reconsideration of the Jewish Community. Chicago: University of Chicago Press 1997, S. 17–35; Marion Kaplan: *Jüdisches Bürgertum. Frau, Familie, Identität im Kaiserreich*. Hamburg: Dölling & Galitz 1997, S. 26–27.

voraus, dass die genuin religiösen Institutionen ihre Monopolstellung im intellektuellen Feld verlieren. Einerseits wurde der Anspruch erhoben, die Wissenschaft des Judentums in die Universität zu integrieren, andererseits wurde das Interesse der Laien für jüdische Themen immer stärker.

In diesem Prozess spielen die in Berlin angesiedelten Lehr- und Forschungsinstitutionen eine herausragende Rolle. Die durch ihre Entstehung ausgelösten Debatten brachten das Zusammenspiel von Tradition und Moderne besonders deutlich zum Tragen und illustrieren zugleich die besondere Stellung der Stadt Berlin im Spektrum des jüdischen städtischen Lebens.

Die Entstehung von Institutionen der Erwachsenenbildung in Deutschland in den 1920er Jahren muss im Kontext der „Jüdischen Renaissance"[3] verstanden werden. Wie Michael Brenner betont, gab es bei der Vermittlung jüdischen Wissens in der Weimarer Republik sowohl restaurative als auch innovative Elemente.[4] Die Schaffung einer jüdischen Volkshochschule in Berlin wurzelt in der Volkshochschulbewegung, deren Blütezeit Ende des 19. Jahrhunderts anfing und sich nach dem Ersten Weltkrieg verstärkte. Andere jüdische Institutionen mit ähnlichen Zielen knüpfen an die Tradition des Bet-Ha-Midrash an, dem der Synagoge angegliederten Lehrhaus. Die Träger der Berliner Volkshochschule, auf die unten noch zurückzukommen sein wird, entschieden sich also für ein Konzept, das seine Einbettung in die Modernität affirmierte.

Ganz ähnlich verhält es sich mit der Akademie für die Wissenschaft des Judentums, ein Institut zur Finanzierung und Förderung der Erforschung jüdischer Themen. Obwohl sich die meisten Forscher mit kanonischen Texten der jüdischen Tradition befassten, sollten die Methoden diejenigen der Wissenschaft sein. Diesem Anspruch entsprechend war das Modell für die Akademie, auf das in programmatischen Texten ständig rekurriert wird, die deutsche Universität, wie sie in der von Wilhelm von Humboldt gegründeten Berliner Universität ihren modernen Ausdruck findet. Parallel dazu verstanden sich sowohl Volkshochschule wie Akademie als Fortführung der Wissenschaft des Judentums, die bereits in der ersten Hälfte des

3 Martin Buber: Jüdische Renaissance. In: *Ost und West* 1 (1901), S. 7–10.

4 Michael Brenner: *Jüdische Kultur in der Weimarer Republik*. München: Beck 2000, S. 81.

19. Jahrhunderts ein Bekenntnis der jüdischen Intellektuellen zur Modernität darstellte. In diesem Sinne bündeln sich in Berlin besondere Kräfte, die die „Jüdische Renaissance" in modernen Formen der Wissensproduktion und -vermittlung verankern wollen.

Im Kaiserreich beschränkte sich die jüdische Erwachsenenbildung auf einzelne Vorträge, die hauptsächlich von den religiösen Gemeinden und von Vereinen organisiert wurden.[5] In der Zwischenkriegszeit setzt sich aber die neue Idee durch, dass das Zugehörigkeitsgefühl zum Judentum durch die Wissensvermittlung innerhalb einer Bildungsinstitution entstehen sollte und nicht durch die für die assimilierten Juden stark entwertete und sinnlos gewordene religiöse Sphäre. Dies entspricht einem der Hauptziele der Volkshochschulen. Im Gegensatz zu deren Besuchern, die vor allem aus der Arbeiterklasse stammten, sprach die jüdische Erwachsenenbildung insbesondere die Mittelschicht und das gebildete Bürgertum an.

Die Untersuchung dieser Institutionen ist vielversprechend, da sich in ihnen ein Großteil des deutsch-jüdischen Lebens widerspiegelt und eine rege Auseinandersetzung mit dem Wesen der Lehre, des Wissens und dessen Vermittlung bündelt. Denn trotz der anhaltenden Bemühungen der Begründer der Wissenschaft des Judentums gab es nach dem Ersten Weltkrieg in Deutschland noch keinen Lehrstuhl für jüdische Studien.[6] Nur zwei Aspekte jüdischer Kultur und Religion waren an der Universität vertreten: Der biblische Text – seine Entstehungsgeschichte und seine Komposition – war Gegenstand der Theologie; die hebräische Philologie und Archäologie wurden von der Orientalistik vertreten. Ein Institut für Orientalistik gab es an der Berliner Universität seit ihrer Gründung im Jahr 1810. Keine Lehr- und Forschungsinstitution beschäftigte sich mit dem Judentum jenseits der biblischen Epoche; modernes Judentum blieb in der Hinsicht *terra incognita*.[7] Die Universität konnte also weder der Assimilation noch der allmählichen Distanzierung deutscher Juden von ihrer Kultur und Tradition Abhilfe schaffen.

5 Ebd., S. 82. Brenner erwähnt die am Ende des 19. Jahrhunderts entstandenen „Vereine für jüdische Kultur und Literatur" und die B'nai-B'rith Loge.

6 Vgl. Heinrich Simon: Wissenschaft vom Judentum in der Geschichte der Berliner Universität. In: Julius Carlebach (Hrsg.): *Wissenschaft des Judentums. Anfänge der Judaistik in Europa*. Darmstadt: WBG 1992, S. 153–164, hier S. 154.

7 Ebd.

1919 und 1920 entstanden drei Institutionen, die eine herausragende Rolle in diesem Prozess der Wiederaneignung der jüdischen Kultur und in dem Wissenschaftsleben der Zeit spielen sollten.[8] Es handelt sich einerseits um das Freie Jüdische Lehrhaus in Frankfurt am Main und andererseits um die bereits erwähnten Akademie für die Wissenschaft des Judentums und Freie Jüdische Volkshochschule in Berlin. Der vorliegende Beitrag wird den Fokus auf die zwei Berliner Institutionen richten, da das Frankfurter Lehrhaus bereits Gegenstand zahlreicher Forschungsbeiträge wurde, während die anderen zwei deutlich weniger bekannt sind, obwohl sie für die Untersuchung des Berliner Judentums von großem Interesse erscheinen. Beide stellen unterschiedliche, wenn auch komplementäre Standpunkte dem Wissen und der Wissenschaft gegenüber dar. Die Akademie für die Wissenschaft des Judentums gibt einen Einblick in die Bedingungen der Wissensproduktion im deutschen Judentum, während die Jüdische Volkshochschule eher der Vermittlung von Wissen gewidmet ist.[9] Gelegentlich soll der Vergleich mit dem Frankfurter Lehrhaus jedoch erlauben, die Originalität des Berliner Projekts zu erhellen. Die programmatischen Texte, die Entstehung und Entwicklung dieser Institution zeigen die Debatten auf, durch welche die deutschen Juden versuchten, ihren Platz zwischen Tradition und Moderne zu bestimmen. Insofern versteht sich der vorliegende Aufsatz auch als ein Beitrag zum Verständnis deutsch-jüdischer Institutionen in der Zwischenkriegszeit.

Entwicklung und Vermehrung des Wissens: „Zeit ist es" und die Entstehung der Akademie für die Wissenschaft des Judentums

An der Entstehung der Akademie für die Wissenschaft des Judentums in Berlin und des Freien jüdischen Lehrhauses in Frankfurt war Franz Rosenzweig maßgeblich beteiligt. In einem Essay aus dem

8 Bewusst wird in der Aufzählung der Berliner Bildungs- und Forschungsinstitutionen die 1872 gegründete Hochschule für die Wissenschaft des Judentums beiseitegelassen, da es sich um ein Rabbiner-Seminar handelt und der Akzent dieses Aufsatzes auf dem Verhältnis zum Wissen außerhalb der religiösen Sphäre liegt.

9 Die meisten hier verwendeten Quellen stammen aus der Datenbank *Compact Memory*, welche eine Vielzahl der zwischen 1806 und 1938 erschienenen jüdischen Periodika bereitstellt. Sie sind unter folgender Webadresse: http://sammlungen.ub.uni-frankfurt.de/cm/nav/index/title/ (Zugriff am 14.11.2014) zu finden.

Jahre 1917 mit dem Titel „Zeit ist's" präsentierte er die Leitlinien, die bei der Gründung der Akademie berücksichtigt werden sollten. Der Text ist ein offener Brief an Hermann Cohen, unter dessen Ägide das Projekt verwirklicht werden sollte. Rosenzweig konstatierte zunächst, wie notdürftig das jüdische Wissen bei der deutsch-jüdischen Bevölkerung sei.[10] Diese Besorgnis erregende Situation könne, so Rosenzweig, mithilfe der bereits existierenden Institutionen nicht geändert und verbessert werden. Die Vermittlungsform müsse sich den neuen Herausforderungen anpassen und dementsprechend auch erneuert werden:

> Die geistige Verflachung der Vereinigungen, die sich die Aufgabe setzen, ein solches jüdisches Publikum herzustellen und zu kräftigen [...] ist kaum zu leugnen; mit Vorträgen über alle Dinge „und" die Juden ist keine Vertrautheit in der eigenen jüdischen Sphäre zu erreichen [...,] was sie wollen ist mit Vorträgen und Vereinen überhaupt nicht zu erreichen, wenn der Unterbau, die Schule, fehlt.[11]

Diese Passage zeigt, wie pessimistisch Rosenzweigs Einschätzung der Institutionen war, die versuchen, die jüdische Kultur zu unterstützen und zu vermitteln. Seiner Ansicht nach könne eine jüdische Sphäre nicht über punktuelle Vorträge zu dem einen oder anderen Thema neu geschaffen werden, sondern brauche eine Akademie für die Wissenschaft des Judentums. Rosenzweigs Anliegen ist im Bereich der Schul- und Ausbildungspolitik anzusiedeln: Es ging ihm vor allem darum, den Religionsunterricht an Gymnasien zu reformieren. Sein Ziel kann folgendermaßen auf den Punkt gebracht werden: „Es geht [...] um nichts Geringeres, als um die Einführung [der Schüler] in eine eigene, der übrigen Bildungswelt wesentlich selbständige ‚jüdische Sphäre'".[12] Der Assimilation solle also in erster Linie ein Gegengewicht gegenübergestellt werden: Der Religionsunterricht solle die

10 In diesem Punkt waren sich die meisten zeitgenössischen Beobachter einig, wie Michael Brenner in seiner Darstellung *Jüdischer Kultur in der Weimarer Republik* betont: „Die meisten Vertreter der Wissenschaft des Judentums in der Weimarer Republik stimmten im Prinzip mit den Grundsätzen jüdischer Erwachsenenbildungsinstitutionen überein: beide Gruppen versuchten, das Niveau jüdischen Wissens zu heben." (Brenner: *Jüdische Kultur in der Weimarer Republik*, S. 115.)

11 Franz Rosenzweig: Zeit ist's. In: Ders: *Zweistromland: kleinere Schriften zu Glauben und Denken*, hrsg. v. Reinhold Mayer / Annemarie Mayer. Dordrecht: Nijhoff 1984, S. 461–482, hier S. 473. Der Titel des Essays basiert auf Psalm 119, 126: „Zeit ist's zu handeln für den Herren – sie zernichten Deine Lehre", vgl. ebd., S. 473.

12 Ebd., S. 462.

Rolle übernehmen, welche die Familien aufgrund ihres dürftigen Wissens nicht mehr übernehmen konnten: Er solle die verlorene Verbindung mit dem Judentum wiederherstellen.[13] Für Rosenzweig lag der Akzent auf dem Wort „eigen"; somit betonte er den Willen, den Juden das wiederzugeben, was ihnen eigen sei, was sich nicht unter den anderen Bereichen der deutschen Bildung subsumieren lasse. In einem zweiten Schritt entfaltet der Verfasser dann ein sehr detailliertes Lehrprogramm für jedes Schuljahr, dessen Inhalte umfassend beschrieben werden: Im Zentrum stehen zugleich das Erlernen der hebräischen Sprache und das Kennenlernen der kanonischen Texte der biblischen und talmudischen Tradition in Anlehnung an das liturgische Jahr. Erst in einem dritten Schritt fragt Rosenzweig, welche konkrete Form dieser Unterricht annehmen soll. Dieser solle nicht von Rabbinern, sondern von gut ausgebildeten Intellektuellen erteilt werden. Die Skepsis gegenüber den Rabbinern als Lehrende erklärt sich durch die besondere Situation der Zeit, in der die Geistlichen das gesamte jüdische Wissen gleichsam gepachtet haben, so Rosenzweig, während die jüdische Bevölkerung an diesem Wissen nicht mehr teilhabe. Rosenzweig stützt sich auf das Beispiel der Seminare für Theologie an deutschen Universitäten, die Studenten ausbilden, ob sie eine Karriere als Geistliche anstreben oder nicht. Darüber hinaus beruft er sich auch auf die jüdische Tradition, um Folgendes festzustellen: „Der Rabbiner von einst war wie heute noch im Osten zwar in seinem Amt, nicht aber in seiner Bildung (geschweige in seiner Lebenshaltung) einzigartig in seiner Gemeinde."[14] Rosenzweig erkennt die besondere Funktion des Rabbiners innerhalb der Gemeinde an, diese soll aber seiner Meinung nach die Mitglieder nicht davon abhalten, selbst ein fundiertes religiöses Wissen zu erwerben, zu pflegen und weiterzugeben. Seine Argumentation ist repräsentativ für damalige Überlegungen zu diesem Thema, insofern, als sie sich auf zwei Referenzpunkte bezieht: die jüdische Tradition (es wird häufig auf die ‚Ostjuden' als Sinnbild für bewahrte Authentizität Bezug genommen)

13 Rosenzweig: Zeit ist's, S. 462.

14 Ebd., S. 472. Die ‚Ostjuden' hatten bei deutsch-jüdischen Intellektuellen in den 1920er Jahren einen ganz besonderen Status. Der Erste Weltkrieg hatte zu einer Begegnung geführt, welche für die Sehnsucht der deutschen Juden nach Tradition wegweisend wurde. Letztere fand unter anderem in Martin Bubers Texten zum Baal Shem Tov und zum Chassidismus ihren Ausdruck. Vgl. Martin Buber: *Die Legende des Baalschem.* Berlin: Schocken 1932.

und die Moderne – in dem Fall die Universität und die theologischen Seminare.

Aus der Notwendigkeit, die jüdische Jugend mit der Kultur ihrer Großeltern wieder vertraut zu machen und eine neue Generation von Intellektuellen zu schaffen, die sich im Bereich des Judentums spezialisieren, ist die Idee einer Akademie für die Wissenschaft des Judentums entstanden. Sie soll die Studien zu jüdischen Themen von Forschern finanzieren, die sich im Gegenzug dazu verpflichten, den jüdischen Religionsunterricht an Schulen zu übernehmen.[15] Die Jugend soll also die Basis einer anhaltenden Erneuerung der jüdischen Gemeinde als Religions- und Kulturgemeinschaft bilden.

Unmittelbar nach Ende des Ersten Weltkriegs nahm sich Hermann Cohen des Projekts an und verfasst einen programmatischen Text mit dem Titel „Zur Begründung einer Akademie für die Wissenschaft des Judentum“[16], der die von Rosenzweig in „Zeit ist's“ entwickelten Idee wieder aufgriff, dass es notwendig sei, jüdische Intellektuelle jenseits der religiösen Sphäre auszubilden. Cohen änderte aber die Zielsetzung des Projekts. Im Vordergrund stand für ihn die Förderung der jüdischen Wissenschaft. Unter der Akademie stellte er sich eine „Vorsorgeanstalt für die jüdischen Forscher“ vor.[17] Er wünscht sich eine Institution, die die Forschungstätigkeit zum Judentum finanziell unterstütze, verbreite und sichtbar mache. Die Frage der Lehre an Schulen und der Wissensweitergabe an die Jugend wird erst am Ende des Beitrags erwähnt und erscheint eher zweitrangig; sie soll lediglich eine Kompensation für die erhaltenen Zuschüsse sein.[18] Der Ton, in dem Cohen die Verbindung von Forschung und Lehre rechtfertigt, deutet an, dass er sie für potenziell problematisch hielt; er scheint sich vor künftiger Kritik schützen zu wollen: „Der wissenschaftliche Betrieb aber wird durch die Verbindung mit der Lehrtätigkeit in keiner Weise gefährdet“, schreibt er, wobei er auf besagte Gefahr gleichsam hinweist.[19]

15 Ebd., S. 476.

16 Hermann Cohen: Zur Begründung einer Akademie für die Wissenschaft des Judentum. In: *Neue jüdische Monatshefte* 11 (1918), S. 254–259.

17 Ebd., S. 257.

18 Ebd., S. 258.

19 Ebd., S. 259.

Das doppelte Ziel, das für Rosenzweig den Sinn der Akademie ausmachte, wurde *de facto* nie konkret verfolgt, geschweige denn wirklich umgesetzt: Die Institution war und blieb durch die Trennung von Lehre und Forschung gekennzeichnet. Nach der von Hermann Cohen vollzogenen Umkehrung der Prioritäten wurde die Lehraufgabe in Zusammenhang mit den Stipendiaten der Akademie nie mehr erwähnt, obwohl in den Texten, die die Geschichte dieser Institution begleiten und dokumentieren, ständig auf Rosenzweigs und Cohens programmatische Schriften Bezug genommen wurde. Cohen starb im Jahre 1918, und die Akademie für die Wissenschaft des Judentums wurde als sein Erbe wahrgenommen, als ein Ziel, zu dem sich die deutschen Juden verpflichten, um ihn zu ehren. Sie wurde 1919 in Berlin eingeweiht.

Der Historiker Eugen Täubler wurde der erste Leiter der Akademie. Sein Ziel war es, die Standards der jüdischen Wissenschaft zu erhöhen, damit sie den Anforderungen der modernsten europäischen Wissenschaft entsprechen und jüdische Themen in den allgemeinen intellektuellen und akademischen Rahmen Eingang finden. In der Tat war die Akademie die erste Forschungseinrichtung zum Judentum außerhalb eines Rabbinerseminars. Sie sollte in der modernen Welt verankert sein, durch moderne Forschungsgmethoden universitäre Anerkennung erlangen und langfristig die Schaffung inneruniversitärer Lehrstühle für jüdische Studien erlauben.[20] Der Bezug auf die deutsche Wissenschaft ist charakteristisch, sie war das Modell, das die für die Akademie erstrebenswerten Maßstäbe setzte.[21]

Die Akademie schuf verschiedene Instanzen, die die wissenschaftliche Qualität der geförderten Arbeiten garantieren (wissenschaftlicher

20 Im Sommersemester 1924 wurde an der Universität Frankfurt am Main ein Lehrauftrag für Religionswissenschaft vergeben. Er wurde bis zum Jahre 1930 von Martin Buber wahrgenommen, der in diesem Rahmen als Honorarprofessor für jüdische Religionswissenschaft tätig war. Selbst wenn diese Stellen von den jüdischen Gemeinden finanziert wurden und es sich nicht um ‚echte' Lehrstühle handelte, markierte diese Entwicklung einen Wendepunkt in der Geschichte der Integration der jüdischen Studien an deutschen Universitäten. Erst in den 1960er Jahren wurden richtige Institute für Judaistik im deutschsprachigen Raum geschaffen. Vgl. Avraham Barkai / Paul Mendes-Flohr / Steven Lowenstein: *Deutsch-jüdische Geschichte in der Neuzeit*, Bd. 4: Aufbruch und Zerstörung, 1918–1945. München: Beck 1997, S. 143.

21 Julius Guttmann: Jüdische Wissenschaft. Die Akademie für die Wissenschaft des Judentums. In: *Der Jude* 7 (1923), S. 489–493, hier S. 489.

Vorstand), die Forschung finanzieren (Vereinsvorstand)[22] und die Ergebnisse bekannt machen sollten (*Korrespondenzblatt des Vereins zur Gründung und Erhaltung einer Akademie für die Wissenschaft des Judentums*). Sie sollte eine pluralistische Institution sein, die nicht mit einer besonderen religiösen bzw. politischen Ausrichtung assoziiert werde, sondern sich an alle Strömungen und Tendenzen des Judentums wende. Im Dezember 1920 konnte man in der Zeitschrift *Im deutschen Reich* lesen, dass die Akademie am 1. Juli 1919 in Betrieb genommen wurde und derzeit sechs permanente und vier auswärtige Forscher finanziell unterstützte.[23] Die erste Ausgabe des *Korrespondenzblatt* veröffentlichte die gekürzte Form eines Vortrags, den ihr Vorsitzender Eugen Täubler am 23. Februar 1919 gehalten hatte und in dem er die Ziele der Institution folgendermaßen beschrieb: „Die Akademie hat die Aufgabe, die Erforschung des Judentums in seinen geschichtlichen, literarischen, religiösen, philosophischen und sprachlichen Äußerungsformen zu fördern".[24] Im Zentrum der Aufgaben des Leiters der Akademie stand zunächst die Schaffung einer *Bibliotheca Judaica*, ein Publikationsorgan, das kritische Ausgaben von grundlegenden jüdischen Texten aus allen intellektuellen Bereichen von der Antike bis zum 18. Jahrhundert veröffentlichen sollte.[25] Außerdem sollten Übersetzungen unternommen werden, um kanonische, meist in hebräischer Sprache verfasste Texte zugänglich zu machen. Weitere Schwerpunkte des Instituts waren die Geschichte der hebräischen Sprache sowie der talmudischen Texte. Darüber hinaus sollten zeitgenössische Kultur und Geschichte Gegenstand von Forschungsarbeiten werden. In seiner intensivsten Arbeitsphase förderte die Akademie 25 Wissenschaftler, von denen ein Drittel ein Team permanenter Forscher bildete. Die anderen hatten den Status von „Korrespondenten".

22 Die Finanzierung der Aktivität der Akademie ist ein kompliziertes Konstrukt. Drei Stiftungen sind durch ihr Kapital daran beteiligt, ebenso die Beiträge der Mitglieder und Förderer. Für das Jahr 1920 beträgt das Budget ca. 100.000 Mark. Vgl. Gustav Bradt: Eine Akademie für die Wissenschaft des Judentums. In: *Im deutschen Reich* 12 (1920), S. 393–394, hier S. 393.

23 Ebd., S. 392.

24 Eugen Täubler: Das Forschungsinstitut für die Wissenschaft des Judentums. Organisation und Arbeitsplan. In: *Korrespondenzblatt des Vereins zur Gründung und Erhaltung einer Akademie für die Wissenschaft des Judentums* (1920), S. 10–18, hier S. 10. Täublers Artikel liefert einen ausführlichen Überblick über alle vorgesehenen Forschungsaktivitäten der Akademie für die Wissenschaft des Judentums.

25 Ebd., S. 13.

Wissenschaftlich gesehen war das Projekt also ein wirklicher Erfolg. Es hat in großem Maße zu Entwicklung und Ausbau der jüdischen Studien als akademisches Fach beigetragen.[26] 1925 finanzierte die Akademie beispielsweise Gershom Scholems Arbeiten, als er bereits nach Palästina emigriert war. Außerdem beteiligte sie sich an der Erarbeitung der sogenannten Jubiläumsausgabe der Werke Moses Mendelssohns.[27] 1926 wurde der Akademie-Verlag gegründet, der die von der Akademie finanzierten Forschungsarbeiten veröffentlichen sollte. 1934 stellte die Institution ihre Aktivitäten ein, als ihr Leiter, Julius Guttmann, nach Palästina emigrierte.

Trotz der von der Forschung bereits nachgezeichneten Erfolgsgeschichte[28] bedauerten die Zeitgenossen das mangelnde Interesse an der Institution und den zu hohen Grad an Spezialisierung, der die im Rahmen der Akademie entstandenen Arbeiten nur für das Fachpublikum zugänglich machte. In der Zeitschrift *Ost und West* findet man beispielsweise bereits 1920 einen anonym verfassten Artikel, der betont, dass die Akademie für die jüdische Öffentlichkeit arbeiten sollte, anstatt eine Spitzenforschung zu betreiben, die nur für Wissenschaftler interessant sei.[29] Ihre erste Aufgabe solle vielmehr die Popularisierung der Forschung sein, so der Verfasser dieses Textes: „Die Köche dürfen nach Lessings Wort die Suppe nicht allein für die Köche bereiten, sondern für das Volk im breitesten Sinne des Wortes".[30] Erstrebenswert sei also nicht die Unterstützung der Grundlagenforschung, sondern die Verbreitung des Wissens innerhalb der jüdischen Bevölkerung, das Näherbringen von allgemein interessanten Gegenständen. Der Verfasser kritisiert auch die vermeintliche mangelnde Relevanz der Forschungsthemen, die von der Akademie ausdrücklich besonders gefördert werden; er wünscht sich dabei eine Hinwendung zu Gegenständen, die die Menschen wirklich betreffen und

26 Vgl. Barkai / Mendes-Flohr / Lowenstein: *Aufbruch und Zerstörung, 1918–1945*, S. 128.

27 Vgl. ebd., S. 129. Die Arbeit an dieser Ausgabe, an der die Gesellschaft zur Förderung der Wissenschaft des Judentums auch beteiligt war, wurde nach der Machtübertragung an Hitler unterbrochen. Die Arbeit wurde erst 1971 wieder aufgenommen und ist heute noch nicht abgeschlossen.

28 Vgl. ebd.

29 Die Akademie für die Wissenschaft des Judentums und ihre Aufgaben. In: *Ost und West* 9/10 (1920), Sp. 220–241.

30 Ebd., Sp. 223.

auf die Bedürfnisse der jüdischen Öffentlichkeit antworten würden, wie zum Beispiel eine Geschichte der Entstehung des Christentums aus jüdischer Perspektive oder Arbeiten zur jiddischen Sprache. In Anbetracht der wachsenden Urbanisierung und der starken Emigrationswelle in die USA, die zum Verlust der jüdischen Tradition in kleinen Gemeinden führe, solle die Akademie zur Untersuchung und Erfassung populärer Traditionen und Kulturen, wie sie zum Beispiel in Liedern, Märchen oder alltäglichen Sprachweisen zum Ausdruck kommen, beitragen. Ein weiteres Ziel bestehe im Etablieren einer jüdischen Wissenschaft, die zum Pendant der deutschen werden solle. In diesem Zusammenhang sollten Forscher sich, so der Autor, der Untersuchung der „Rassenkunde der Juden“ annehmen,[31] um dem Antisemitismus auf wissenschaftlicher Basis entgegenzuwirken.[32] Die Universität war dem Autor ebenso ein Modell wie andere wissenschaftliche Institutionen, etwa die Akademie der Wissenschaften in Berlin oder die Krakauer Akademie der Wissenschaften.

Auf diese kritische Stellungnahme antwortete David Baneth – Mitglied des wissenschaftlichen Vorstands der Akademie – mit einem Artikel, den er ebenfalls in der Zeitschrift *Ost und West* veröffentlichte.[33] Bereits der Titel „Das Forschungsinstitut für die Wissenschaft des Judentums“ ist programmatisch und für die Argumentation des Verfassers von besonderer Bedeutung, denn dieser versucht zu zeigen, dass die Berliner Institution keine Akademie sei, sondern ein sich im Werden befindendes Forschungsinstitut.[34] Baneth zufolge müsse das Wissen, bevor es verbreitet und popularisiert werde, zunächst geschaffen werden. Genau an dieser Aufgabe der Wissenskonstitution solle

31 Ebd., Sp. 233. In diesem Rahmen sollen Messungen und Analysen der Augen- bzw. Haarfarbe vorgenommen werden sowie Untersuchungen der Erkrankungen, für welche die Juden besonders anfällig seien.

32 Ebd. Besonders auffällig ist hier, dass es für irgendjemanden denkbar sein konnte, Forschungen, die auf einer pseudo-wissenschaftlichen Basis den Antisemitismus rechtfertigen sollen, wissenschaftlich widerlegen zu wollen. Dies zeugt von dem eher naiven Glauben an Wissenschaft des Autors.

33 David Hartwig Baneth: Das Forschungsinstitut für die Wissenschaft des Judentums. In: *Ost und West* 11/12 (1920), Sp. 290–301.

34 Baneth erklärt nicht den Unterschied, den er zwischen Akademie und Forschungsinstitut macht, jedoch kann man seinem Beitrag entnehmen, dass seiner Ansicht nach eine Akademie Vulgarisierungsaufgaben übernehmen müsste, die das Forschungsinstitut nicht übernehmen könne, da es damit beschäftigt sei, dieses Wissen zu konstituieren.

die Akademie arbeiten mit dem Ziel, das jüdische Wissen zu einem Teil der Bildung werden zu lassen.[35] Dies fordere einen Objektivierungs- und Vertiefungsprozess der jüdischen Wissenschaft.[36] Dafür sei eine vollständige Säkularisierung der jüdischen Wissenschaft notwendig. Mit Rosenzweig stimmt er überein, wenn es darum geht, die Wissensvermittlung nicht den Rabbinern zu überlassen; sein Projekt geht aber noch weiter, da er betont, dass sie auch nicht den Religionslehrern anvertraut werden soll. Implizit kritisiert Baneth also das Rosenzweigsche Vorhaben, das in der Verbindung zwischen Forschung und Religionslehre das Mittel sah, um der Jugend die jüdische Kultur auf hohem Niveau näherzubringen.

Baneths Versuch, das Akademie-Projekt zu erklären und zu rechtfertigen, löst aber das Problem nicht, mit dem die Akademie ständig konfrontiert war, nämlich die mangelnde Verbindung mit der jüdischen Öffentlichkeit. Rosenzweig zog ein entsprechendes Fazit in einem Brief aus dem Jahr 1919: „Die Akademie empfinde ich ja jetzt gar nicht mehr als meine Sache, seit sie so vornehm und gelehrt geworden ist."[37] Rosenzweig wandte sich von dem Projekt ab und übernahm die Leitung des Frankfurter Lehrhauses im August 1920. Die Kritik an der Akademie jedoch begleitet ihre Existenz. Auch Täublers Nachfolger, Julius Guttmann, fragt,

> [w]oran [es] liegt, daß gleichwohl das Verlangen nach einer lebendigen Erkenntnis des Judentums keine volle Befriedigung findet, daß zwischen der Arbeit der jüdischen Wissenschaft und dem Wissensverlangen auch derer, denen es um eine wirkliche Erkenntnis des Judentums zu tun ist, kein rechter Kontakt herzustellen ist?[38]

Obwohl er versucht, ein positives Fazit aus den vier ersten Jahren des Bestehens der Akademie zu ziehen und die hohe Qualität der in ihrem Rahmen entstandenen Arbeiten hervorzuheben, muss er nichtsdestoweniger feststellen, dass die „Träger der jüdischen Wissenschaft"[39]

35 Baneth: Das Forschungsinstitut für die Wissenschaft des Judentums, Sp. 293. Zur Bedeutung des Bildungsbegriffs für die Herausbildung des deutsch-jüdischen Selbstverständnisses, vgl. Paul Mendes-Flohr: *Jüdische Identität. Die zwei Seelen der deutschen Juden*, aus d. Engl. von Dorthe Seifert. München: Fink 2004, S. 15–44.

36 Baneth: Das Forschungsinstitut für die Wissenschaft des Judentums, Sp. 293.

37 Franz Rosenzweig: Bief an Margrit Rosenstock, 03.04.1919. In: Ders: *Die „Gritli"-Briefe. Briefe an Margrit Rosenstock-Huessy*, hrsg. v. Inken Rühle / Reinhold Mayer. Tübingen: Bilam 2002, S. 272.

38 Guttmann: Jüdische Wissenschaft, S. 489.

39 Ebd., S. 491.

bisher den Beschäftigungen der Zeitgenossen fern geblieben seien. In diesem Sinne bedauerte er, dass es ihr nicht gelinge, ihre Forschung auf die Gegenwart zu richten. Die Bestrebungen und Grundsätze der Akademie werden auf der einen Seite bekräftigt: Ihre Aufgabe sei es, so Guttmann, die jüdischen Gemeinden zu untersuchen, um ihre Kohäsion und das allgemeine Zugehörigkeitsgefühl zu verstärken.[40] Auf der anderen Seite aber findet er es bedauerlich, dass sie nur wenige junge Wissenschaftler anzuziehen vermöge, die in der Lage wären, bestehende Arbeiten weiterzuführen und die Akademie mit neuen Anregungen zu bereichern. Seiner Ansicht nach liegt das einerseits daran, dass die jungen westeuropäischen Juden sich für die das Judentum betreffenden Fragen wenig interessieren, aber andererseits auch daran, dass die in Osteuropa ausgebildeten Gelehrten, bei denen die Auseinandersetzung mit jüdischen Quellen relativ lebhaft geblieben sei, die wissenschaftliche Vorgehensweise nicht als einen Gewinn ansehen.[41] Letztendlich kommt Guttmann zu einem ähnlichen Schluss wie der anonyme Verfasser des ersten Artikels aus *Ost und West.*

Die Berliner Freie Jüdische Volkshochschule

In seinem Buch *Jüdische Kultur in der Weimarer Republik* fragt sich Michael Brenner, warum sich die Wissenschaft– vom Frankfurter Jüdischen Lehrhaus ausgenommen – so wenig für die jüdischen Bildungsinstitutionen interessiert hat.[42] Man könnte den Eindruck haben, dass nur die Frankfurter Institution einer wissenschaftlichen Untersuchung Wert ist. Jedoch ist die Berliner jüdische Volkshochschule, die vollkommen andere Zwecke als ihr Frankfurter Pendant verfolgte, auch ein aussagekräftiges Beispiel für jüdische Erwachsenenbildung in der Weimarer Republik und für urbanes Zusammenleben in dieser Zeit. Doch ihre Aktivität wird leider nur durch eine sehr geringe Anzahl verfügbarer Quellen dokumentiert.[43]

40 Vgl. ebd., S. 490.

41 Vgl. ebd., S. 491.

42 Vgl. Brenner: *Jüdische Kultur in der Weimarer Republik*, S. 103.

43 In der bereits genannten Datenbank *Compact Memory* findet man einige in Zeitungen und Zeitschriften erschienene Texte zur Volkshochschule. Die Online-Datenbank des Leo-Baeck-Instituts New York/Berlin führt nur Dokumente an, die die Jahre 1931–1936 betreffen. Vgl. http://www.lbi.org/digibaeck/results/?qtype=pid&term=1161977 (Zugriff am 14.11.2014). Darüber hinaus

Die Berliner Jüdische Volkshochschule wurde 1919 auf den Impuls von Ismar Freund (Syndikus und Vorstandsmitglied der jüdischen Gemeinde Berlin) und mit der Unterstützung des Zionistenverbandes und der B'nai-B'rith-Loge gegründet.[44] Mehrere Organisationen, die alle religiösen und politischen Ausrichtungen der Zeit repräsentieren, trugen zur Finanzierung der Institution bei: der Centralverein deutscher Staatsbürger jüdischen Glaubens, die Zionistische Vereinigung, der Synagogenverband und die Jüdische Gemeinde.[45] Diese Zusammenarbeit ist ein Jahr nach dem Ende eines Krieges, der eher die Antagonismen in der jüdischen Gemeinde geschürt hatte, alles andere als eine Selbstverständlichkeit.
Sie hatte anfangs ihren Sitz in Kreuzberg (Yorckstraße 88). In seiner Eröffnungsrede vom 28. Februar 1919 verglich Rabbiner Julius Bergmann die Gründung der Volkshochschule mit der Gründung der Berliner Universität 1810–1811, die maßgeblich zur Erneuerung der deutschen Kultur beigetragen hatte. Er bekundete den Wunsch, dass die Berliner Lehranstalt zum „Rückgrat der Erneuerung des jüdischen Wissens im 20. Jahrhundert" werde.[46] Die Volkshochschule sollte nicht nur die Themen der Wissenschaft des Judentums behandeln und verbreiten, sondern auch ein Ort sein, an dem alle im deutschen Judentum aufzufindenden Meinungen vertreten seien. Die Referenzen und die Ziele, die in Bergmanns Rede zur Sprache kommen, erinnern in vielerlei Hinsicht an diejenigen der Akademie für die Wissenschaft des Judentums. Sie antworten auf die Feststellung, die in der Zeitschrift des Centralvereins *Im deutschen Reich*

liefern sie sehr wenige Informationen zum Projekt der Jüdischen Volkshochschule und den angebotenen Kursen, Seminaren und Vorträgen in den ersten Jahren ihres Bestehens. Sie schließt 1936 und wird 1962 unter dem Namen Jüdische Volkshochschule der Jüdischen Gemeinde zu Berlin (JVHS) neu geschaffen. Unsere Anfragen bei der aktuellen Leitung, um zu erfahren, ob das Archivmaterial für den Zeitraum 1919–1931 noch irgendwo aufbewahrt wird und einzusehen ist, haben keine weiterführende Antwort gefunden. Vor diesem Hintergrund darf man auf die von Frank Schlöffel 2014 an der Universität Potsdam abgeschlossene Dissertation zum Thema „Heinrich Eljaqim Loewe: Netzwerke und Räume" gespannt sein, da sie verspricht durch das Heranziehen weiterer Quellen bestehende Ansichten zu revidieren.

44 Vgl. Brenner: *Jüdische Kultur in der Weimarer Republik*, S. 104.

45 Maren Krüger: Für die Verbreitung jüdischen Wissens. Das Büro der *Freien Jüdischen Volkshochschule e.* V. In: *Fundstücke, Fragmente, Erinnerungen, Juden in Kreuzberg*, hrsg. v. der Berliner Geschichtswerkstatt e. V. Berlin: Hentrich 1991, S. 385–387.

46 *Das Jüdische Echo*, 28.02.1919, S. 112, zit. n. Brenner: *Jüdische Kultur in der Weimarer Republik*, S 105.

anlässlich der Gründung der Volkshochschule folgendermaßen formuliert wurde:

> Die freie jüdische Volkshochschule will eine Stätte der Wissenschaft für das Judentum schaffen. In der Erkenntnis, daß die meisten Juden ihre Geschichte zu wenig kennen, und daß durch diesen Mangel der Indifferentismus unter den deutschen Juden größer wird, will die Freie jüdische Volkshochschule diese Kenntnis der breiten Masse übermitteln.[47]

Anders als beim Frankfurter Lehrhaus standen die pädagogischen Ansätze nicht im Zentrum des Projekts, und dementsprechend war die Lehre eher konventionell organisiert. Es wurden vor allem Vorträge und Seminare von Spezialisten zu jüdischen Themen aller Art angeboten, Anfang der 1930er Jahre ergänzt durch Streitgespräche zwischen Vertretern verschiedener Ausrichtungen des Judentums. Die Volkshochschule konnte also von der Vielfalt der Berliner jüdischen Öffentlichkeit und von der Attraktivität der Stadt für jüdische Intellektuelle profitieren.

Insgesamt war die Freie Jüdische Volkshochschule in Berlin ein Erfolg. In den 1920er Jahren betrug die Teilnehmerzahl zwischen 1.300 und 4.200 pro Jahr. Im Jahre 1921 waren es 1.560 und im Jahre 1924 2.000 Teilnehmer.[48] Zwischen 1919 und 1930 wurden insgesamt 350 regelmäßig stattfindende Seminare und 14 Sonderveranstaltungen organisiert. Für die ganze Zeit ihres Bestehens bemisst sich die Teilnehmerzahl auf 20.000.[49] Um diese Zahlen richtig zu deuten, muss auch bedacht werden, wie zahlreich und vielfältig das kulturelle Angebot in Berlin und wie groß mithin die Konkurrenz war. Die Veranstaltungsorte wechselten, befanden sich aber alle in den westlichen Vierteln Berlins. Die jüdische Volkshochschule konnte prominente Gäste wie etwa Martin Buber anziehen. Sie gab auch brillanten jungen Wissenschaftlern wie Gershom Scholem die Gelegenheit, erste Lehrerfahrung zu sammeln, Wichtige Figuren des damaligen Judentums wie der Rabbiner Leo Baeck haben sich auch beteiligt. Die

47 Die freie jüdische Volkshochschule. In: *Im deutschen Reich* 3 (1919), S. 134–135, hier S. 134. Zu der Geschichte dieser Zeitschrift, siehe Arndt Kremer: *Deutsche Juden – deutsche Sprache. Jüdische und judenfeindliche Sprachkonzepte und -konflikte 1893–1933*. Berlin: de Gruyter 2007, S. 171–175.

48 Brenner: *Jüdische Kultur in der Weimarer Republik*, S. 105. Zu diesem Thema vgl. auch Barkai / Mendes-Flohr / Lowenstein: *Aufbruch und Zerstörung, 1918–1945*, S. 139–140.

49 Krüger: Für die Verbreitung jüdischen Wissens, S. 386.

Anmeldung erfolgte jährlich, und mit ihr durfte man an einer Vorlesungsreihe kostenlos und an allen anderen mit 50% Ermäßigung teilnehmen. Ein ganzes System von Ermäßigungen für Studenten und Arbeitslose wurde auf die Beine gestellt, um die Anmeldekonditionen den Besonderheiten der Berliner Bevölkerung anzupassen, das Programm zugänglicher zu machen und die Teilnehmerzahl anzukurbeln. Um die Anmeldungen zu organisieren, wurde die Stadt genutzt: Das Programm lag bei jüdischen Buchhandlungen, beim Kaufhaus des Westens oder bei den Hermann-Tietz-Kaufhäusern aus. Auch in der jüdischen Presse wurde es veröffentlicht.[50] Der Erfolg lässt sich wahrscheinlich auch durch die optimale Nutzung bestehender Institutionen erklären, die für das Projekt werben. Die politische und religiöse Unabhängigkeit der Volkshochschule dürfte ebenfalls ein Faktor gewesen sein, da dort jeder etwas für sich finden konnte.

Die Bedeutung der Institution wird auch an der massiven Unterstützung deutlich, der sie sich im Jahre 1931 erfreuen konnte, als ihr Bestehen durch die Wirtschaftskrise auf dem Spiel stand. Dieses Ereignis zeigt, dass die Volkshochschule ein unentbehrliches Element des kulturellen und intellektuellen Lebens für die Berliner Juden wird, wie man es einem Artikel der Zeitung *Israelitisches Familienblatt* aus dem Jahr 1931 entnehmen kann, in dem dafür plädiert wird, dass die Freie Jüdische Volkshochschule die notwendige finanzielle Unterstützung erhält:

> Die Volkshochschule hat sich in den Jahren ihres Wirkens zu einer unentbehrlichen Einrichtung entwickelt, ihr Einfluß erfaßt weite Kreise der jüdischen Bevölkerung Berlins und für viele Teilnehmer an den Vorlesungen und Vorträgen ist sie die einzige Quelle der Fortbildung.[51]

Trotz alledem litt die Freie Jüdische Volkshochschule retrospektiv unter dem Vergleich mit dem Frankfurter Jüdischen Lehrhaus, dessen Absicht es war, durch revolutionäre pädagogische Konzepte die jüdische Wissensvermittlung zu erneuern. Indem Rosenzweig sich von dem traditionellen Modell des Beth-Ha-Midrasch – dem der Synagoge angegliederten Lehrhaus – inspirieren ließ und von den sprecherzentrierten Formaten wie Vorlesung und Vortrag Abstand

50 So zum Beispiel *Im deutschen Reich* 4 (1920), S. 143.

51 Winterprogramm der Freien jüdischen Volkshochschule. In: *Israelitisches Familienblatt* (1931), zit. n. Krüger: Für die Verbreitung jüdischen Wissens, S. 387.

nahm, versuchte er eine neue Form der Lehre zu schaffen. Beim Lehrhaus sollte jeder zugleich lehren und lernen können, und die Interaktivität sollte die Regel sein, was nur bedingt umgesetzt werden konnte. Rosenzweig kritisierte zudem die Freie Jüdische Volkshochschule stark, indem er ihr vorwarf, nur diejenigen anzuziehen, die sich bereits für jüdische Themen interessierten, und es nicht zu schaffen, ein neues Publikum für sich zu gewinnen.[52] Es muss allerdings betont werden, dass vor allem die gewählten Inhalte die Originalität des Berliner Projekts ausmachten. Politische, soziale und volkswirtschaftliche Fragen kamen zur Sprache, was in so einem Rahmen eher unüblich war. Neue Fächer waren vertreten wie die Soziologie, die Ethnologie und die Psychologie. Zum ersten Mal wurden sie im Rahmen einer jüdischen Institution unterrichtet.[53]

Dass die Berliner Volkshochschule als Chance wahrgenommen wurde, zeigt auch der Leserbrief, den der Hamburger Rabbiner David Leimdörfer an die *Allgemeine Zeitung des Judentums* schickte, um anzuregen, dass nicht nur die Berliner an der in Berlin stattfindenden Wissensvermittlung teilhaben sollten, sondern dass die Vorträge auch in einem regelmäßig erscheinenden Organ veröffentlicht werden sollten, damit Religionslehrer, Schüler und interessierte Juden im ganzen Land davon profitieren könnten.[54] In den folgenden Jahren wurden in vielen deutschen Städten Volkshochschulen nach dem Berliner Modell gegründet, was nachhaltig für die Bedeutung und die Ausstrahlung der Berliner Institution spricht.[55]

Die Gegenüberstellung der Berliner Akademie für die Wissenschaft des Judentums und der Freien Jüdischen Volkshochschule zeigt, wie hoch der Stellenwert des jüdischen Wissens im Berlin der 1920er

52 Franz Rosenzweig: Brief an Eugen Mayer. In: Ders.: *Briefe*, hrsg. v. Edith Rosenzweig, Berlin: Schocken 1935, S. 444: „Ich habe mich während meines Berliner Aufenthalts ein bißchen über die dortige jüdische Volkshochschule umgehört und bin durch das, was mir über das Abflauen des Interesses dort gesagt wurde, eigentlich bestärkt worden in meiner Ansicht, daß es mit dem Berliner System *allein* nicht geht… Die Berliner Volkshochschule hat nicht erreicht, was sie erreichen wollte; nur die schon *bisher* interessierten sind gekommen."

53 Brenner: *Jüdische Kultur in der Weimarer Republik*, S. 104.

54 Vgl. David Leimdörfer: Zur Stiftung der Freien jüdischen Volkshochschule. In: *Allgemeine Zeitung des Judentums*, 28.02.1919, S. 87.

55 Vgl. Barkai / Mendes-Flohr / Steven Lowenstein: *Aufbruch und Zerstörung, 1918–1945*, S. 140.

Jahre war. Was auf dem Spiel stand, war die Erneuerung dieses Wissens und die Neubelebung des intellektuellen Lebens. Der Berliner Öffentlichkeit sollte die Möglichkeit gegeben werden, einen neuen Zugang zur jüdischen Kultur zu finden, der die Schnittstelle zwischen Tradition und Modernität aufzeigen sollte. Die Tradition blieb immer noch präsent in den Themen, die sowohl von der Volkshochschule als auch von der Akademie behandelt wurden. Die Forschungs- und Vermittlungstechniken waren aber höchst modern, was einerseits in der ständigen Erwähnung der Universität als Maßstab und in dem Rückgriff auf das Format der Volkshochschule sichtbar wird, das aus der Arbeiterbewegung Ende des 19. Jahrhunderts entstanden ist. Diese beiden Institutionen zeigen darüber hinaus, wie schwierig es für jüdische Gelehrte war, an der Universität Fuß zu fassen, da jüdische Themen nur schwer ihren Platz fanden und da die Taufe immer noch das Entréebillet in die akademische Welt und für eine Professur unabdingbar war.[56] Die zwei hier untersuchten Beispiele zeigen auch, dass die urbane Kultur nicht nur den Weg für die Assimilation der Juden geebnet hat,[57] sondern dass die städtischen Netzwerke und Kulturformen auch für die Traditionsbewahrung und -vermittlung fruchtbar gemacht werden konnten. Generell wäre zu fragen, inwiefern die „Jüdische Renaissance" ein urbanes Phänomen war und wie sie für ihre Strukturierung die städtische Lebensform genutzt hatte.

Schließlich bleiben jedoch einige Fragen offen, was zum Teil am Quellenmangel liegt. Es wäre zum Beispiel wichtig, die Besucherzahl der verschiedenen jüdischen Volkshochschulen und Lehrhäuser vergleichen zu können und sie mit der jüdischen Gesamtbevölkerung in Verbindung zu bringen, so dass man ihren Einfluss auf das intellektuelle Leben besser einschätzen könnte. Dies würde auch erlauben zu zeigen, ob das größere Interesse, welches das Frankfurter Lehrhaus erfahren hat, tatsächlich an seinem größeren Einfluss lag oder an der charismatischen Persönlichkeit seines ersten Leiters

56 Vgl. Aleksandra Pawliczek: *Akademischer Alltag zwischen Ausgrenzung und Erfolg: jüdische Dozenten an der Berliner Universität 1871–1933.* Stuttgart: Steiner 2011.

57 Dieser Punkt ist in der neuesten Forschung umstritten. Vgl. zum Beispiel dazu Steven M. Lowenstein: Was Urbanization a Harm for the German Jewry. In: Ezra Mendelsohn (Hrsg.): *People of the City: Jews and the Urban Challenge.* New York: Oxford UP 2000, S. 80–105.

Franz Rosenzweig, der auch durch programmatische Texte Epoche gemacht hat.

Die fehlende Verbindung zwischen der Akademie und der Volkshochschule fällt besonders auf. Nirgends findet man die Idee, dass beide Institutionen kooperieren könnten, um das bei der einen produzierte Wissen im Rahmen der anderen zu verbreiten und zu popularisieren. Es wäre aber eine mögliche Antwort auf die strukturellen Probleme der Akademie gewesen, deren Leiter ständig bedauern mussten, dass sie ihr Publikum verfehlte. Wurde diese Möglichkeit nie in Erwägung gezogen? Oder ist die Tatsache, dass die Idee der Verbindung zwischen Lehre und Forschung schon von vornherein nicht umgesetzt wurde, ein Indiz für ein grundsätzliches Misstrauen der Wissenschaft des Judentums gegen die Lehre? Angesichts der zur Verfügung stehenden Quellen hat man den Eindruck, dass der Wissenschaftlichkeitsanspruch, der durch die an deutschen Universitäten geltenden Kriterien garantiert werden sollte, den Weg zu einer solchen Verbindung versperrt hat. Doch wäre sie sowohl im Sinne der traditionellen Form der jüdischen Lehre, wie sie im Rahmen der jüdischen Gemeinden stattfand, als auch eine Entsprechung des akademischen Alltags gewesen, der damals auch in Forschung und Lehre bestand.

Ginge man diesen Fragen weiter nach, würde man eine genauere Vorstellung von der Wissensproduktion und -vermittlung in Berlin und in Deutschland in den 1920er Jahren gewinnen. Dies könnte sich in eine noch zu schreibende Geschichte der jüdischen Institutionen in der Weimarer Zeit eingliedern.

Jüdische Räume in Berlin

Eszter Gantner

Im Jahr 1996 hat die Historikerin Diana Pinto ihren seitdem oft zitierten und diskutierten Artikel mit dem Titel „A New Jewish Identity for post-1989 Europe“ im *JPR Policy Paper*[1] veröffentlicht. In diesem Artikel reflektierte sie als erste jüdische Intellektuelle die politischen Veränderungen nach 1989 und die möglichen Konsequenzen der Wende für die jüdischen Gemeinschaften in Europa. Insbesondere beschäftigte sie sich dabei mit einer zentralen Konsequenz dieser erinnerungspolitischen Praxen und Produktionen nach 1989: mit dem *Jewish Space* als imaginativem Raum.

Dieser im physischen und historischen Sinne *Jewish Space*, im Weiteren auch als *jüdischer Raum* bezeichnet, das ehemalige *Jüdische Viertel* mit seinen symbolischen Gebäuden wie Synagogen oder Badehäusern, wurde allmählich mit neuen kulturellen Inhalten und Bedeutungen gefüllt. Besonders in Berlin ist dieser in den Kontext der Erinnerungskultur eingebettete Prozess eindeutig zu beobachten.[2] Zwei Erscheinungen stellen jedoch in den letzten Jahren die bisherigen Praxen und Strategien des jüdischen Raumes vor neue Herausforderungen: einerseits die sogenannte Wende in der Erinnerungskultur[3] und andererseits die immer stärkere Präsenz von Israelis in der Stadt.

1 JPR, Jewish Policy Paper, 1996, Nr. 1. http://www.jpr.org.uk/publication?id=732#.VT0-_vDakR8 (Zugriff am 26.04.2015).

2 Im Rahmen des DFG-Projektes „Jüdische Räume: Historische und symbolische Landschaften in Berlin und Budapest“, 2010–2013. Institut für Europäische Ethnologie, Humboldt Universität zu Berlin.

3 Aleida Assmann: Wendepunkte der deutschen Erinnerungsgeschichte. In: Dies. / Ute Frevert (Hrsg.): *Geschichtsvergessenheit, Geschichtsversessenheit. Vom Umgang mit deutschen Vergangenheiten nach 1945*. Stuttgart: DVA 1999, S. 140–147.

Eine erneute Auseinandersetzung mit der Kategorie des jüdischen Raums scheint daher im Hinblick auf diese zwei Entwicklungen notwendig zu sein. Wie verändert sich der Jüdische Raum in Berlin angesichts dieser Herausforderungen?

I. Der Berliner ‚Jüdische Raum' und die Herausforderungen

Akteurswende

Pinto platzierte den Begriff Jewish Space in den Kontext der Erinnerungspolitiken europäischer Demokratien mit besonderem Blick auf die 1980er Jahre. In diesem Jahrzehnt hatte sich nämlich die Beschäftigung mit dem und die Reflektion über den Holocaust institutionalisiert – in Form von jüdischen Museen, Forschungsinstitutionen und Ausstellungen. Als eine Folge dieser erinnerungspolitischen Praktiken und Produktionen entstand die Erscheinung, die Pinto als Jewish Space bezeichnete:

> There is now a new cultural and social phenomenon: the creation of a 'Jewish space' inside each European nation with a significant history of Jewish life. There are two aspects to this 'Jewish space'. The first is the gradual integration of the Holocaust into each country's understanding of its national history and into twentieth-century history in general. And the second is the revival of 'positive Judaism'.[4]

Wie aus dem Zitat deutlich wird, hat der jüdische Raum zwei miteinander verflochtene Ebenen: Einerseits wird er als Folge der Einbettung des Holocausts in die jeweiligen nationalen Geschichten verstanden und impliziert so auch die Anerkennung des Verlustes der eigenen jüdischen Kultur. Andererseits entsteht damit ein Raum, welcher „jüdische Dinge" („things Jewish") beinhaltet und welcher sich unabhängig von den jeweiligen jüdischen Gemeinden ausformt. Pinto beschreibt diesen Jewish Space als etwas sehr Positives und Hoffnungsvolles, als eine Plattform, wo Juden und Nicht-Juden das Miteinander neu verhandeln könnten. Dieser Optimismus und diese Auffassung scheinen jedoch heute angesichts der politischen Ereignisse und Konflikte den Entwicklungen nicht mehr gerecht zu werden.

4 JPR, Jewish Policy Paper, 1996, Nr. 1.

Während für Diana Pinto die Akteursfrage in den Hintergrund geraten war, untersuchte der Soziologe Michal Y. Bodemann in seinem Buch *Gedächtnistheater* 1996 die ‚Produzenten' des jüdischen Raumes. Er verwendete dabei den problematisierenden Begriff *judaisierendes Milieu*, um auf die entscheidende Rolle nichtjüdischer Teilnehmer hinzuweisen.[5] Diesem Pfad folgte auch die Ethnologin Ruth Ellen Gruber Anfang der 2000er Jahre, indem sie ein ‚universales Konzept' anbot: Sie nahm all diese Definitionen in ihre Überlegungen auf, erweiterte den Begriff des jüdisch-kulturellen Raumes jedoch ins Mediale und Symbolische.[6] Für Gruber gehörten alle Thematisierungs- und Repräsentationsformen jüdischer Kultur, die diesen Raum füllen (von Klezmer-Konzerten bis zu jüdischen Kulturfestivals), zum Begriff einer *Virtual Jewishness*.
Während Pinto als eine der ersten den jüdisch-kulturellen Raum im europäischen Kontext konzeptuell beschrieb – ohne sich jedoch dabei mit dem Begriff Raum/Space explizit auseinanderzusetzen – versuchten zwölf Jahre später die Herausgeberinnen des Buches *Jewish Topographies*[7] Raum und Ort eindeutig voneinander zu trennen. In diesem Buch wurde *Jewish Space* weniger als kulturelles Resultat europäischer Erinnerungspolitiken und -praktiken verstanden, sondern vielmehr als eine räumliche Umgebung/Umwelt (*spatial environment*), in dem jüdische Aktivitäten in Wechselwirkung mit dem gegebenen Raum stattfinden.[8] Dieser Definitionsversuch verschob den Akzent in die Richtung des ‚Jüdischen': Der Raum wird zu einem jüdischen Raum, weil eine ‚jüdische' Aktivität in ihm oder in Wechselwirkung mit ihm vollzogen wird. Diese Verschiebung entspricht den Entwicklungen in der europäischen Erinnerungskultur. Die Räume sind klar festgelegt – ehemalige Friedhöfe, jüdische Viertel, Synagogen – aber was macht genau dieses Jüdische aus? Was ist ‚jüdisch' dabei und wer entscheidet darüber, was jüdisch ist? Diese seit Jahrzehnten unbeantworteten Fragen sind insbesondere im Hinblick auf die Akteure

5 Michal Y. Bodemann: *Gedächtnistheater: Die jüdische Gemeinschaft und ihre deutsche Erfindung*. Hamburg: BEBUG 1996.

6 Ruth Ellen Gruber: *A Virtual Jewish World*. http://web.ceu.hu/jewishstudies/pdf/02_gruber.pdf (Zugriff am 31.03.2015).

7 Julia Brauch / Anna Lipphardt / Alexandra Nocke: Einleitung. In: Dies. (Hrsg.): *Jewish Topographies*. New York: Ashgate 2008, S. 1–27, hier S. 18.

8 Ebd., S. 4.

relevant. Die Akteursebene verändert sich nämlich zurzeit in Berlin, vor allem durch die Zuwanderung von Israelis und durch die Entfaltung einer Gemeinschaft, die sich als aktive Mitgestalterin des jüdischen Raums in Berlin versteht.[9]

Die Wende in der Erinnerungskultur

Die zitierten Konzepte haben jedoch auch die Eigenschaft, *temporär* zu sein. Sie beschreiben Prozesse und Ereignisse in den unterschiedlichen Phasen des europäischen, insbesondere des deutschen Umgangs mit der Vergangenheit und der historischen Verantwortung. Da es sich dabei jedoch um ein sich wandelndes Phänomen handelt, ändert sich der eng mit der Erinnerungskultur verflochtene Jewish Space. Angesichts der Wende in der europäischen Erinnerungskultur[10] ist die erneute Beschäftigung mit der ursprünglichen Argumentation für Jewish Space unausweichlich.

Der Historiker Hans-Günter Hockerts definiert den Begriff der „Erinnerungskultur" als einen „lockeren Sammelbegriff für die Gesamtheit des nicht spezifisch wissenschaftlichen Gebrauchs der Geschichte für die Öffentlichkeit"[11], während die Anthropologin Sharon Macdonald das Feld der Erinnerungskultur als einen Raum beschreibt, in dem sich die Geschichte diskursiv und normativ als Erbe, als „heritage" manifestiert,[12] also als ein Zusammenspiel von materiellen Spuren der Vergangenheit und symbolischen Praktiken der Gegenwart. Denn Erinnerungskulturen sind stets das Ergebnis von Aushandlungen in der Öffentlichkeit, die im Spannungsfeld zwischen individueller Erfahrung und kollektiver Erinnerung, von politisch normiertem wie gesellschaftlich gewünschtem Gedenken, von populären Narrativen wie wissenschaftlichen Geschichtsdarstellungen stehen.[13] Aleida

9 Aktuell laufen zwei Forschungen über die Migration von Israelis und ihr Einfluss auf das jüdische Leben in Berlin – Dani Kranz: Israeli Jews in Contemporary Germany: Social Integration and the Construction of Group Identity. Universität Wuppertal; Shuki Stauber: Israeli Migration to Berlin. University of Haifa.

10 Vgl. Assmann: Wendepunkte der deutschen Erinnerungsgeschichte, S. 145.

11 Hans-Günter Hockerts: Zugänge zur Zeitgeschichte. Primärerfahrung, Erinnerungskultur, Geschichtswissenshaft. In: Konrad Jarausch / Martin Sabrow (Hrsg.): *Verletztes Gedächtnis. Erinnerungskultur und Zeitgeschichte im Konflikt.* Frankfurt am Main: Campus 2002, S. 39–73, hier S. 41.

12 Sharon Macdonald: *Difficult Heritage. Negotiating the Nazi Past in Nuremberg and Beyond.* New York: Blackwell 2009.

13 Christoph Cornelißen: Die „Weserübung" im Spiegel der populären und

Assmann erklärte in diesem Zusammenhang, dass diese Phase von der Vervielfältigung der Formen der Erinnerung gekennzeichnet sei.[14] Jene Vervielfältigung verstärke aber paradoxerweise auch die Institutionalisierung der Erinnerung, da die gegründeten Museen, Gedenkstätten, Archive und Forschungszentren durch die jeweilige politische Macht normativ entstanden sind. Die zahlreichen individuellen Aktivitäten und Initiativen der Gegenwart (wie beispielsweise das Stolperstein-Projekt)[15] stehen exemplarisch für die Entwicklungen des letzten Jahrzehnts auf und verdeutlichen die Vervielfältigung der Akteure.[16]

Die neue Phase ist aber nicht nur von der ‚Akteurswende' gekennzeichnet, sondern auch von einem „Erinnerungsgenerationswechsel"[17] auf der Empfängerseite. Einerseits ist es den jüngeren Generationen nicht mehr möglich, Zeitzeugen zu befragen, vor ihnen ist die Kette mündlicher Überlieferung abgebrochen. Ihre Informationen stammen aus digitalen und medialen Quellen – von Filmen (wie zum Beispiel *Inglourious Basterds* (USA/D 2009, R: Quentin Tarantino) oder *Iron Sky* (FI/D/AUS 2012, R: Timo Vuorensola)) bis *Wikipedia* und Computerspiele (wie *Wolfenstein*). Andererseits sind sie vielmehr durch Multikulturalität geprägt. Diese Veränderungen stellen eine große Herausforderung für die bisherigen Vermittlungsstrategien des Holocaust (sowohl die Formen als auch die Inhalte betreffend) und damit verbunden für die jüdische Kultur dar.

Eng verknüpft mit dem Faktor Generationalität[18] ist auch der Faktor Zufriedenheit. Die Debatte um das Holocaust-Mahnmal, die Entstehung des jüdischen Museums und anderer Gedenkorte in Berlin, die

wissenschaftlichen Geschichtsschreibung. In: Ders. (Hrsg.): *Vergangenheitspolitik und Erinnerungskulturen im Schatten des Zweiten Weltkriegs. Deutschland und Skandinavien seit 1945*. Essen: Klartext 2008, S. 139–153.

14 Assmann: Wendepunkte der deutschen Erinnerungsgeschichte, S. 145.

15 http://www.stolpersteine.com/ (Zugriff am 10.09.2014).

16 Diese Akteure – von der Stadtverwaltung bis hin zu einzelnen Künstlern und Bürgerinitiativen – sind diejenigen, von denen heute die Gestalt und die Ausformung der Erinnerungskultur – neben der Wissenschaft und den staatlich legitimierten Institutionen – beeinflusst werden.

17 Jürgen Reulecke: Lebensgeschichten des 20. Jahrhunderts – im ‚Generationencontainer'?. In: Ders. (Hrsg.): *Generationalität und Lebensgeschichte im 20. Jahrhundert.* München: Oldenbourg 2003, S. VII–XVII.

18 Norbert Frei: *1945 und wir – Das Dritte Reich im Bewußtsein der Deutschen.* München: dtv 2005.

‚Re-Konstruktion' jüdischer Kultur in verschiedenen Formen (Erinnerungstexte, Bildbände, Ausstellungen oder Festivals) vermitteln oft eine Art ‚Zufriedenheit' über die „erfolgreiche Bewältigung der Vergangenheit", die besonders in den politischen, aber auch in den in der breiten Öffentlichkeit geführten Diskursen spürbar ist. „Wir haben uns unserer Schuld gestellt, die Therapie ist beendet"[19], lautet so ein Satz, den wir auch im Rahmen unserer Interviews oft hören konnten.[20]

II. Von der Erinnerung zum Exotischen

Diese Abkehr von den bisherigen politischen und in gewisser Hinsicht moralischen Richtlinien und Verpflichtungen deutet auf eine neue Epoche hin. Neben dem von der Erinnerungskultur geprägten jüdischen Raum scheint[21] sich im heutigen Berlin[22] auch ein jüdischer Raum der ethnisch-exotischen Repräsentation zu entwickeln. Durch den Zuzug von zahlreichen Israelis, darunter Künstler, Musiker, Wissenschaftler, verändert sich die urbane ‚jüdische Landschaft' radikal: Es entstehen neue Akteursgruppen und Institutionen mit eigenen Netzwerken, Nutzungsvorstellungen und Interessen, die ‚jüdische Kultur' (eigentl. israelische) im urbanen Raum dem Exotisch-Ethnischen entlang neu zu inszenieren und zu vermarkten.[23] Während der von der Erinnerungskultur geprägte jüdische Raum sich

19 Ausschnitt aus einem Interview mit S. D, aufgenommen am 12.03.2012.

20 Die strukturierte Interviews wurden währen der Feldforschung im Rahmen des DFG-Projektes: „Jüdische Räume: Historische und symbolische Landschaften in Berlin und Budapest", 2010–2013. Institut für Europäische Ethnologie, Humboldt Universität zu Berlin, geführt.

21 Dies ist zurzeit noch eine Hypothese und wird demnächst in Rahmen der Feldforschung eines DFG-Projektes erprobt. Das DFG-Forschungsprojekt mit dem Titel „Vom Trauma zur Marke" hat erst vor kurzem begonnen und wird am Institut für Europäische Ethnologie, Humboldt Universität zu Berlin realisiert.

22 Vgl. Wolfgang Kaschuba: 'Jewish Quarter' and 'Kosher Light': On the 'Migrantisation' of Jewish Urban Space. In: Alina Gromova / Felix Heinert / Sebastian Voigt (Hrsg.): *Jewish and Non-Jewish Spaces in Urban Context.* Berlin: Neofelis 2015, S. 292–302.

23 Dieses Phänomen lässt sich sehr gut an den Veränderungen im Programm des vom Berliner Senat ins Leben gerufene und finanzierte Festival Jüdische Kulturtage beobachten. Während der letzten Jahre erscheinen immer mehr Themen, Künstler und Events mit Bezug zu Israel im Programm – wobei ‚Israeli' oft mit ‚jüdisch' gleichgesetzt wird. Es wird von professionellen Akteuren designt und organisiert. Zu dieser oben gestellten Hypothese wurden jedoch bisher keine empirischen Untersuchungen geführt. http://www.juedische-kulturtage.org/ (Zugriff am 02.01.2015).

bisher im Schnittfeld der ethnischen Repräsentation und der kollektiven Erinnerung sowie in Bezug auf ein materielles Erbe (Synagogen, rituelle Badehäuser, Friedhöfe) konstituierte, entsteht *der neue jüdische Raum* zwischen Tel-Aviv und Berlin. Dabei spielt Geschichte und Erinnerung kaum noch eine Rolle, sie werden durch die gegenwärtigen transferierten neuen Verständnisse und Muster vom ‚Israeli' und vom ‚Jüdisch-sein' verdrängt.[24] Erste Anzeichen dieser Entwicklungen haben wir schon 2011 registriert.[25] Unsere damalige Interviewpartnerin,[26] eine Redakteurin, gilt als eine der wichtigsten Persönlichkeiten der Berliner Medienlandschaft:

> Warum sind Meschugge-Partys von Interesse?[27]
> S. D.: Also da war ich noch nie, dazu kann ich wenig sagen. Ich finde es spannend, dass es an etwas gekoppelt ist, was eine Glaubensrichtung und einen Staat darstellt, denn das machen ja andere Partys nicht unbedingt. Ich sehe ein Bedürfnis unter jungen Juden, sich gegenüber der Jüdischen Gemeinde abzusetzen. Weil es da ja immer das Aha-Erlebnis gibt: Aha, jüdisches Leben funktioniert also auch abseits der Gemeinde, da ist eine Party, und da ist jemand wie [Oliver] Pollak als Comedian. Oder eben jüdische DJs. Da taucht das jüdische Element auf einmal auch in Bereichen auf, die man mit jung und mit Szene labeln könnte. Es gibt da ja auch diese Bewegung Meshullasch, die sich auch versuchen, in einer jüngeren künstlerischen Richtung zu profilieren. Also die Jungen, die sagen: Hallo, uns gibt es auch noch, wir sind auch jüdisch und haben aber andere Ideen.

Seitdem wächst, ändert und entfaltet sich dieser neue jüdische Raum in verschiedene Richtungen und entfernt sich immer mehr von der Erinnerungskultur und Geschichte, die als Ausgangspunkt für das Konzept von Diana Pinto in den 1990er Jahren diente. Dementsprechend wird jüdischer Raum in Rahmen dieses Beitrags als ein komplexes Zusammenspiel unterschiedlichster Akteure, ihrer Strategien und Praktiken an den Schnittstellen von an Bedeutung verlierender

24 Zohar Milchgrub / Yoav Sapir: Israelis in Berlin. Between History and Everyday Life. In: Charlotte Misselwitz / Cornelia Siebeck (Hrsg.): *Dissonant Memories-Fragmented Present.* Bielefeld: Transcript 2009, S. 65–75.

25 Im Rahmen des DFG-Projekts „Jüdische Räume: Historische und symbolische Landschaften in Berlin und Budapest", 2010–2012. Institut für Europäische Ethnologie, Humboldt Universität zu Berlin.

26 Ausschnitt aus einem Interview mit S. D., aufgenommen am 12.03.2012.

27 Meshugge Parties werden von Avi Netter seit 2010 organisiert, siehe etwa Jüdische „Meschugge"-Nächte begeistern Berlin. In: *Die Welt*, 28.09.2012. http://www.welt.de/vermischtes/article109533793/Juedische-Meschugge-Naechte-begeistern-Berlin.html (Zugriff am 11.09.2014).

Erinnerungskultur, urbanem Raum, Tourismus und ethnischer Repräsentation[28] definiert. Er ist im Weiteren als eine Matrix dieser Faktoren zu verstehen, deren Anordnung sich im Hinblick auf die Entwicklungen im städtischen Raum ändert. Dieser bewusst offen gehaltene Ansatz erlaubt ein elastisches Verständnis vom jüdischen Raum, das die Änderungen sowie die Wandlungen in der Wahrnehmung der jüdischen Kultur, Religion und Geschichte innerhalb des städtischen Raums einschließen und dadurch auch eine Verschiebung stärker hin zu den Ebenen des ‚Imaginierten und Ethnisch-Exotischen' und der Vermarktung erfassen kann; dies bedeutet die Entfaltung von einem jüdischen Raum, welcher weniger von der Erinnerungskultur, dafür aber mehr von einer imaginierten „ethnisch-exotischen" Wahrnehmung geprägt ist. Wolfgang Kaschuba wies auf diese Änderung in folgender Weise hin:

> These are just a few experiences and observations, and some brief reflections based on them, of how Jewish culture, collective memory, and city culture seem to be evolving today into new hotch-potches, and certainly not only in Berlin. […] This connection breaks apart when the Diary of Anne Frank and the Historian's debate are no longer memorial-politically or associatively accessible to new groups and generations in Germany, but rather when Jewish culture is instead labelled in terms of the Jewish quarter, Klezmer and kosher-burgers, spread and incorporated in 'trendy' urban assemblages of 'ethnic' and 'migrant' event culture.[29]

Diese Entwicklung bedeutet aber nicht, dass der von der Erinnerungskultur geprägte jüdische Raum nicht weiterhin präsent wäre. Ein neueres Beispiel dafür, wie eng diese Räume miteinander verflochten sind und wie selbst die Erinnerung an den Holocaust zum ‚Exotischen' und dadurch zum ‚Selling Point' wird, bietet das Wiederbeleben der ehemaligen jüdischen Mädchenschule in der Auguststraße in Berlin-Mitte:

> Auf jeden Fall spannend! Zum Beispiel diese jüdische Mädchenschule: Neben einer Galerie soll da ja auch wieder ein koscheres Restaurant sein. Also da soll ein normales Restaurant rein, und derselbe Besitzer will im selben Gebäude im Seitenraum auch ein koscheres Restaurant eröffnen, das dann meiner Meinung nach speziell für die Mädchenschule Angebote schaffen soll, als Idee, so eine

28 Wolfgang Kaschuba: Zwischen Niemandsland und Residenz: Die Neukodierung öffentlichen Raumes in Berlin. In: *SRL-Mitteilungen für Stadt-, Regional- und Landesplanung* 3 (2000), S. 5–7.

29 Kaschuba: 'Jewish Quarter' and 'Kosher Light'.

> Art authentisches jüdisches Leben zu re-etablieren. Vielleicht ist das ja wirklich eine Sehnsucht nach einem Berlin vor der NS-Zeit.[30]

Berlins erste jüdische Mädchenschule wurde 1835 in Mitte gegründet. Das Schulgebäude in der Auguststraße wurde 1927/28 nach Plänen des Gemeindebaumeisters Alexander Beer mit einer Nutzfläche von rund 3.000 m² für rund 300 Schülerinnen errichtet und 1930 eröffnet. Sie war eines der letzten Vorkriegsbauwerke auf dem Gelände der Jüdischen Gemeinde Berlin. Bestehend aus 14 Klassenzimmern, einer Turnhalle und einem Dachgarten als Aufenthaltsort für ältere Schüler, war die Schule eine der modernsten der Stadt. Neben den üblichen Schulfächern wurden die Schüler in Hebräisch und traditionellen Formen der Kunst unterrichtet. Im April 1933 trat das „Gesetz gegen die Überfüllung deutscher Schulen und Hochschulen" in Kraft. Dieses begrenzte die erlaubte Anzahl jüdischer Kinder an öffentlichen Schulen, was dementsprechend zu einer Überfüllung der jüdischen Einrichtungen führte. Nach Einführung des Gesetzes erhöhte sich die Zahl der Schüler in den jüdischen Schulen von knapp 400 auf über 1.000. Die Schule in der Auguststraße 11 wurde am 30. Juni 1942 geschlossen. Die meisten ihrer Schüler und Lehrer wurden deportiert und in Todeslagern umgebracht. Das Gebäude diente danach bis 1945 als Militärkrankenhaus. Im Jahr 1950 wurde die Schule in dem sowjetischen Sektor wiedereröffnet und erhielt den Namen Bertolt-Brecht-Oberschule. Nach 1989 existierte die Schule noch sieben Jahre lang, danach wurde sie geschlossen. Zwischen 1996 und 2009 wurden einige Ausstellungen in dem Gebäude realisiert, unter anderem die von der jüdischen Künstlergruppe Meshullash unter dem Titel „Davka – Jüdisches Leben in Berlin".[31] Mithilfe der Conference on Jewish Material Claims Against Germany (Claims Conference) wurde im Jahr 2009 die Schule der jüdischen Gemeinde offiziell übergeben. Die Gemeinde ist weiterhin Besitzerin des denkmalgeschützten Gebäudes, das von den Eigentümern der Michael-Fuchs-Galerie für die kommenden zwanzig Jahre gepachtet wird. Sie haben das Haus saniert und renoviert und ihr Konzept

30 Ausschnitt aus einem Interview mit S. D., aufgenommen am 12.03.2012.

31 Davka – Jüdisches Leben in Berlin: Traditionen und Visionen von der Gruppe Meshulash. http://www.hagalil.com/archiv/98/11/davka.htm (Zugriff am 29.09.2014).

versucht, Kunstraum, Erinnerung und historischen Ort mit Kulinaria zu verbinden.[32]

Das Beispiel der ‚Auguststraße' zeigt, wie das jüdische Erbe durch die Zufügung von jüdischen kulturellen Motiven *stylish* wird, genauso wie dies Wolfgang Kaschuba darstellte: „Urban diversity is then conceived above all as style and value diversity, which makes the Jewish topos look 'stylish', indeed as 'Jewish style'."[33] Gleichzeitig wird das Gebäude unter Berufung auf die würdige Pflege des jüdischen Erbes und im Zeichen des *political correctness* der Erinnerungskultur recycelt, und dementsprechend wurde neben dem LAB der Galerie Eigen + Art und der CWC Gallery auch ein Restaurant eingerichtet mit einem Hauch von Luxus und Exklusivität, wo unter anderem ‚Jewish-Style'-Gerichte wie z. B. „Matseball Soup" angeboten werden.[34] Dieses ‚Jüdische' wird von dem Gebäude und deren Vergangenheit legitimiert, gleichzeitig verleiht dieses Angebot dem Restaurant etwas „Exotisches", nicht Alltägliches.

Der oben skizzierte Umgang mit dem Gebäude der ehemaligen Mädchenschule weist auf einem Prozess hin, in dem wesentliche Elemente einer Kultur aus ihrem Kontext herausgerissen und vermarktet werden. Dies führt dazu, dass diese beliebig bzw. bestimmten politischen, ökonomischen und kulturellen Zielen entsprechend ausgewählten Elemente als Repräsentation für das ‚Ganze' stehen. Demzufolge wird die jeweilige Kultur auf einen eng umrissenen Aspekt reduziert – auf Essen, Musik oder eben Meschugge Partys oder Matseball Soup. Dadurch geht genau jene „Ehre und Würde" dieser Kultur verloren, in deren Namen doch so vieles im jüdischen Raum Berlins passiert. Dieses Paradoxon scheint zunächst unauflöslich zu sein, wie dies auf der Homepage der Jüdischen Mädchenschule zu lesen ist:

> Nachdem erfolgreich dargestellt wurde, wie das Gebäude sowohl das Andenken an die vergangenen Geschehnisse ehren, als auch Teil einer neuen kreativen

32 Elisabeth Binder: In der Mädchenschule wird königlich gegrillt. http://www.tagesspiegel.de/berlin/in-der-maedchenschule-wird-koeniglich-gegrillt/6101436.html (Zugriff am 29.09.2014).

33 Kaschuba: 'Jewish Quarter' and 'Kosher Light'.

34 Mogg&MelterDelicatessen.http://www.maedchenschule.org/de/essen-trinken/mogg-melzer-delicatesen.html (Zugriff am 29.09.2014).

Berliner Zukunft sein kann, vereint die renovierte Fläche heute historische Erfahrungen, Kunst und Gastronomie miteinander. [35]

Fazit

In Berlin sind jüdische Räume im letzten Jahzehnt zum integralen Bestandteil spezieller Erinnerungskulturen und Erinnerungspolitiken geworden, in denen sich lokale, nationale, urbane und globale Dimensionen vermischen. Jüdische Räume sind über den gesamten Stadtraum verteilt und beziehen sich jeweils auf spezifische Orte und Bauten. Die Kartierung und Kodierung gestaltet sich also dezentriert. Die erhalten gebliebenen Gebäude wie Synagogen, Schulen oder rituelle Badehäuser, die sichtbaren Praktiken der Erinnerungskultur, bedienen im Bild der Stadt noch immer das Bedürfnis nach Historisch-Authentischem. Gleichzeitig macht sich in der öffentlichen Wahrnehmung eine leichte Verschiebung vom Historischen zum Exotischen bemerkbar, die durch die ‚Wende der Erinnerungskultur' genauso bedingt ist wie durch die Präsenz der Israelis. So weist das *Jüdische Berlin* eine Vervielfältigung jüdischer Räume auf, in denen sich verschiedene Akteure, Szenen und Bewegungen der urbanen Gesellschaft begegnen und die Formen der Repräsentation des Jüdischen aushandeln.

35 http://www.maedchenschule.org/de/geschichte.html (Zugriff am 29.09.2014).

Intellektuelles Leben und Musik

„Weil ich es immer versäumt habe, dem neuen mosaischen Gottesdienste einmal beyzuwohnen“

Heine und das Berliner Judentum

Robert Krause

Aus Berlin zu berichten, war bereits um 1800 in größeren deutschen Zeitungen üblich. Auch Heinrich Heine (1797–1856), der sich von März 1821 bis Mai 1823 erstmals zu Studienzwecken in der preußischen Hauptstadt aufhielt,[1] das urbane Leben erkundete und literarische Projekte verfolgte, betätigte sich als dortiger Korrespondent.[2] „Ich habe hier Gelegenheit“, so vermeldet er in seiner ersten Zeitungsarbeit, den *Briefen aus Berlin* (1822), „von zwey Neuigkeiten zu sprechen“:

> erstens von der neuen Börsenhalle, die nach dem Vorbilde der Hamburger eingerichtet ist und vor einigen Wochen eröffnet wurde, und zweitens von dem alten, neu aufgewärmten Projekte der Judenbekehrung. Aber ich übergehe beides, da ich in der neuen Halle noch nicht war, und die Juden ein gar zu trauriger Gegenstand sind. Ich werde freylich am Ende auf dieselben zurückkommen

1 Nochmals zu Besuch nach Berlin kam Heine im Frühjahr 1824 und schließlich im Februar 1829 ein drittes Mal, um dort während mehrerer Monate an seinen Italientexten weiterzuarbeiten, vgl. den Kommentar in Heinrich Heine: *Sämtliche Werke. Düsseldorfer Ausgabe* (=*DHA*), Bd. 7/2, hrsg. v. Manfred Windfuhr. Hamburg: Hoffmann & Campe 1973–1997, S. 607. – Heines Werke werden im Folgenden nach der *Düsseldorfer Ausgabe* zitiert, die Briefe nach Heinrich Heine: *Werke, Briefwechsel, Lebenszeugnisse. Säkularausgabe* (=*HSA*), hrsg. v. Nationalen Forschungs- und Gedenkstätten der klassischen deutschen Literatur in Weimar / Centre National de la Recherche Scientifique in Paris. Berlin / Paris 1970–1984.

2 Vgl. Joseph A. Kruse: Heine, Preußen und Berlin. In: *Heine-Jahrbuch* 51 (2012), S. 1–20, insbes. S. 6–9; Gerhard Höhn: Briefe aus Berlin. In: Ders.: *Heine Handbuch. Zeit – Person – Werk*. Stuttgart / Weimar: Metzler 2004, S. 170–175; Jost Hermand: *Der frühe Heine. Ein Kommentar zu den „Reisebildern“*. München: Winkler 1976, S. 22–42.

> müssen, wenn ich von ihrem neuen Kultus spreche, der von Berlin besonders ausgegangen ist. Ich kann es jetzt noch nicht, weil ich es immer versäumt habe, dem neuen mosaischen Gottesdienste einmal beyzuwohnen.[3]

Heine changiert zwischen verschiedenen, nur flüchtig angeschnittenen Themen und realisiert so seine ästhetische Strategie einer „Assoziazion der Ideen".[4] Dass diese sprunghafte Darstellungsweise ausgerechnet die Berliner Börse und das dortige Judentum parallelisiert und zudem mit stetigen Versäumnissen des Berichterstatters, der ‚Traurigkeit' des „Gegenstands" und späteren Einlassungen zu den Juden begründet wird, wirft verschiedene Fragen auf, die Heines Zeitungsartikel selbst nicht beantworten – fehlt doch just der für den Schluss angekündigte Rekurs auf die Juden. Berichtet wird indes vom Stadtbild und aus den Lokalen Berlins, von verschiedenen Sehenswürdigkeiten und gesellschaftlichen sowie kulturellen Ereignissen, und zwar auf eine unterhaltsame Weise, die nur auf den ersten Blick für die nach den Karlsbader Beschlüssen (1819) verschärfte Zensur harmlos wirkt, bei näherem Hinsehen jedoch hintergründig-ironisch und dezidiert gesellschaftskritisch ist. Gibt es also eine Verbindung zwischen den Berliner Juden und der Börsenhalle? Wie ist Heines Sicht auf die erwähnten Bekehrungsversuche und auf die Modernisierung der jüdischen Liturgie? Warum hätte er dem neuen Gottesdienst überhaupt beiwohnen sollen, und was tat er stattdessen? Diesen Fragen im Folgenden nachzugehen, ist zwar nur mit Hilfe der Erkenntnisse einschlägiger religionshistorischer, judaistischer und literaturwissenschaftlicher Studien praktikabel;[5] doch treten dabei bislang weniger beachtete Kontakte Heines mit dem Berliner Judentum hervor, die ihn als distanzierten Beobachter und betroffenen Akteur zugleich zeigen.

Heines Doppelrolle genauer zu erläutern, verspricht neue Einsichten in seine Berlinerfahrungen und in das Sozialpanorama der preußischen Hauptstadt, die schon damals eine expandierende Fläche und

3 Heinrich Heine: Briefe aus Berlin. In: *DHA*, Bd. VI, S. 7–53, hier S. 30.

4 Ebd., S. 9.

5 V. a. zu erwähnen sind Ludwig Geiger: *Geschichte der Juden in Berlin.* Nachdruck der Ausg. v. 1871. Berlin: Arani 1988; Michael A. Meyer (Hrsg.): *Deutsch-jüdische Geschichte in der Neuzeit*, hrsg. im Auftr. des Leo-Baeck-Instituts, unter Mitw. von Michael Brenner, Bd. 2: 1780–1871. München: Beck 1996; Edith Lutz: *Der „Verein für Cultur und Wissenschaft der Juden" und sein Mitglied H. Heine.* Stuttgart / Weimar: Metzler 1997; Regina Grundmann: *„Rabbi Faibisch, was auf Hochdeutsch heißt Apollo". Judentum, Dichtertum, Schlemihltum in Heinrich Heines Werk.* Stuttgart / Weimar: Metzler 2008.

über 200.000 Einwohner aufwies. „Es ist ungemein viel geselliges Leben, aber es ist in lauter Fetzen zerrissen. Es ist ein Nebeneinander vieler kleine[r] Kreise, die sich immer mehr zusammenzuziehen als auszubreiten suchen“,[6] konstatiert Heine.[7] Diese Zersplitterung der Berliner Sozietät in lauter Subgesellschaften mit restriktivem Charakter verdient besondere Aufmerksamkeit, da es um Phänomene und Exklusionsmechanismen in einem der „frühen Zentren jüdischer Akkulturation“[8] und damit auch um den komplexen Zusammenhang von Urbanität und Judentum geht. Die Kategorie des Urbanen wurde schon häufiger angewandt, um Heines Modernität zu erklären.[9] Auch für die Erforschung des deutschen Judentums gewinnt sie zunehmend an Bedeutung. Dabei wird die Relevanz der Urbanisierungsprozesse für die jüdische Tradition, Identität und das Alltagsleben, aber auch für die Entwicklung des Antisemitismus immer deutlicher.[10] Wurde noch in der *Deutsch-Jüdischen Geschichte in der Neuzeit*, die zweifellos als Standardwerk gelten darf, erst für die Kaiserzeit ab 1871 explizit von „Urbanisierung“ ausgegangen,[11] setzt Joachim Schlörs Habilitationsschrift zentrale „Debatten über Judentum und Urbanität“ bereits ein halbes Jahrhundert früher an.[12] Gar bis in die 1750er

6 Heine: *Briefe aus Berlin*, S. 35.

7 Zu Heines Berliner Kreisen vgl. Ludwig Marcuse: *Heine. Melancholiker, Streiter in Marx, Epikureer.* Rothenburg o. d. Tauber: Peter 1970, S. 100–126.

8 Michael A. Meyer: Die problematische Aneignung der deutschen Kultur. In: Ders.: *Deutsch-jüdische Geschichte in der Neuzeit*, Bd. 2, S. 208–217, hier S. 212.

9 Vgl. Sybille Schönborn: „Die Possenreißer sind längst abgereist“. Heines *Briefe aus Berlin* und die Kulturpoetik der Moderne. In: Henriette Herwig / Volker Kalisch / Bernd Kortländer / Joseph A. Kruse / Bernd Witte (Hrsg.): *Übergänge. Zwischen Künsten und Kulturen. Internationaler Kongress zum 150. Todesjahr von Heinrich Heine und Robert Schumann.* Stuttgart / Weimar: Metzler 2007, S. 507–520; Sabina Becker: Heine und die Moderne. In: Dietmar Goltschnigg / Charlotte Grollegg-Edler / Peter Revers (Hrsg.): *Harry … Heinrich … Henri. Heine. Deutscher, Jude, Europäer.* Berlin: Schmidt 2007, S. 289–299; dies.: „… fortgerissen in Bewegung“. Heinrich Heine und die Moderne. In: Werner Frick (Hrsg.): *Heinrich Heine. Neue Lektüren.* Freiburg i. Br. / Berlin / Wien: Rombach 2011, S. 297–311; Robert Krause: Auf dem Weg zum urbanen Intellektuellen. Heines Berliner Identitätskrise und ihre Deutung durch Ludwig Marcuse. In: *Heine Jahrbuch* 53 (2014), S. 82–98.

10 Vgl. die Beiträge in Ezra Mendelsohn (Hrsg.): *People of the City. Jews and the Urban Challenge.* New York / Oxford: Oxford UP 1999.

11 Vgl. Peter Pulzer: Mobilität und Urbanisierung, aus d. Engl. v. Holger Fliessbach. In: Meyer: *Deutsch-Jüdische Geschichte in der Neuzeit*, Bd. 3: 1871–1918, S. 28–38; Steven M. Lowenstein: Probleme der Urbanisierung, aus d. Engl. v. Holger Fliessbach. In: Ebd., S. 124–127.

12 Joachim Schlör: *Das Ich der Stadt. Debatten über Judentum und Urbanität 1822–1938.* Göttingen: Vandenhoeck & Ruprecht 2005.

Jahre zurück weist Conrad Wiedemann, der schon im „Bündnis der beiden Zuwanderer“ Gotthold Ephraim Lessing (1729–1781) und Moses Mendelssohn (1729–1786) „etwas entschieden Städtisches“ erkennt und für ihr Denkmal in Berlin plädiert.[13]
In Zusammenhang mit Mendelssohns Wirken in Berlin wäre auch an seine Kinder zu erinnern, etwa an den Bankier Joseph Mendelssohn (1770–1848), der die Tradition der Haskala in der Gesellschaft der Freunde von 1792 fortführte, sodann 1812 die Gesellschaft zur Beförderung der Industrie unter den Juden im Preußischen Staate gründete und der auch das Lesezimmer der eingangs erwähnten „neuen Börsenhalle“ stiftete.[14] Die dort ausliegenden deutschen und ausländischen Journale interessierten Heine und seinen Mentor Varnhagen von Ense (1785–1858) sehr:[15] „Die hiesige Börsenhalle wird äußerst zahlreich besucht, besonders wegen der öffentlichen Blätter, die nirgends so zahlreich sind“, notiert Varnhagen.[16] Mit deren Schenkung durch Mendelssohn bestand eine reale Verbindung zwischen einem bekannten Repräsentanten des Berliner Judentums und der neuen Börse. Heines eingangs zitierter Zeitungsartikel konnte also beide parallelisieren, ohne implizit das antisemitische Stereotyp des ‚Geldjuden‘ zu bedienen. Mit Mendelssohn und Varnhagen sind darüber hinaus schon zentrale Bezugspersonen des Judentums in Berlin benannt, wo zu Heines Zeit in der Reformbewegung und im Konversionsdiskurs verschiedene Schüler Moses Mendelssohns und im Salonwesen Varnhagens Frau, die Brief- und Tagebuchautorin Rahel Varnhagen (1771–1833), wichtige Rollen innehatten. Um diese drei Konstellationen, um die jüdischen Reformbewegungen (I), die christlichen Bekehrungsgesellschaften (II) und Varnhagens Salon (III), geht es im Folgenden.[17]

13 Conrad Wiedemann: Die Leerstelle. Plädoyer für ein Lessing-Mendelssohn-Denkmal in Berlin. In: *Süddeutsche Zeitung*, 12.03.2012, S. 13.

14 Heine: *Briefe aus Berlin*, S. 30. – Zur Familie Mendelssohn vgl. die von Sebastian Panwitz erstellte Enzyklopädie und besonders seinen Artikel zu Joseph Mendelssohn. http://www.panwitz.net/person/mendel/joseph.htm (Zugriff am 11.10.2014).

15 Zur neuen Berliner Börsenhalle und dem dortigen Lesezimmer vgl. den Kommentar in *DHA*, Bd. IV, S. 432.

16 Karl August Varnhagen von Ense: *Blätter aus der preußischen Geschichte*, Bd. 2, aus dem Nachlasse Varnhagen's von Ense. Leipzig: Brockhaus 1868, S. 88.

17 Andere wichtige Konstellationen, v. a. der Verein für Cultur und Wissenschaft des Judentums, finden nur am Rande Erwähnung. Wie wichtig für diesen der Standort Berlin war, geht bereits aus dem kurzen Online-Artikel des Leopold-Zunz-Archivs hervor. Archiv des „Vereins für Cultur und Wissenschaft der Juden“.

I. Distanz zum Tempel. Heine und die jüdischen Reformbewegungen

Zu Beginn des 19. Jahrhunderts gab es in Deutschland zwar „kein klar definiertes Reformjudentum“, doch wurden „in den größeren Gemeinden bestimmte Juden als ‚die Neuen‘ und andere als ‚die Alten‘“ bezeichnet, wobei „die Trennungslinie unscharf“ war.[18] Unterschiede bestanden hauptsächlich im Grade der Akkulturation,[19] in der Auslegung der religiösen Gebote und Bräuche und hinsichtlich der Frage, inwieweit die Liturgie in den Synagogen veränderungsbedürftig sei.[20] Zu erwähnen ist diesbezüglich der Neue Israelische Tempelverein, der 1817 in Hamburg gegründet wurde,[21] und zwar u. a. von Henry Heine (1774–1855), dem Onkel Heinrich Heines.[22] Auch letzterer war dort eingetragenes Mitglied und nahm mehrfach am Gottesdienst teil.[23]

Dem Berliner *Tempelverein* hingegen war Heine weniger verbunden, bekundet er doch im eingangs zitierten „Zweyten Brief aus Berlin“ vom 16. März 1822, den „neuen mosaischen Gottesdienste“ bislang immer versäumt zu haben.[24] Das gewählte Adjektiv ‚mosaisch‘ war ebenso wie die Bezeichnung ‚israelisch‘ von David Friedländer

http://www.jewish-archives.org/nav/classification/11204 (Zugriff am 12.10.2014): „Die meisten der insgesamt 81 ordentlichen und außerordentlichen Mitglieder – unter ihnen so prominente wie David Friedländer, Lazarus Bendavid und Heinrich Heine – stammten aus Berlin, das das Zentrum der Aktivitäten bildete.“ Ausführlichere Informationen bieten die bereits zitierten Monografien, Lutz: *Der „Verein für Cultur und Wissenschaft der Juden“ und sein Mitglied H. Heine*; Grundmann: *Judentum, Dichtertum, Schlemihltum in Heinrich Heines Werk*.

18 Michael A. Meyer: Die ersten religiösen Reformen, aus d. Engl. v. Holger Fliessbach. In: Ders. (Hrsg.): *Deutsch-jüdische Geschichte in der Neuzeit*, Bd. 2, S. 125–134, hier S. 127.

19 Dass die Annahme einer Akkulturation indes kein allgemeiner Konsens ist, exemplifizieren die Studien von Shulamit Volkov und Till van Rahden. Vgl. Shulamit Volkov: Jüdische Assimilation und jüdische Eigenart im Deutschen Kaiserreich. Ein Versuch, aus d. Englischen v. Lisa Heermann. In: *Geschichte und Gesellschaft* 9,3 (1983), S. 331–348; Till van Rahden: *Juden und andere Breslauer: die Beziehungen zwischen Juden, Protestanten und Katholiken in einer deutschen Großstadt von 1860 bis 1925*. Göttingen: Vandenhoeck & Ruprecht 2000.

20 Vgl. Meyer: Die ersten religiösen Reformen, S. 127–130.

21 Vgl. ebd., S. 131–133.

22 Vgl. Grundmann: *Judentum, Dichtertum, Schlemihltum in Heinrich Heines Werk*, S. 99.

23 Vgl. ebd., S. 100.

24 Heine: *Briefe aus Berlin*, S. 30. – M. W. stimmen alle Studien darin überein, dass Heines zitierter Artikel sich auf den progressiven Tempelverein bezieht. Vgl. dazu den Kommentar in *DHA*, Bd. IV, S. 432; Grundmann: *Judentum, Dichtertum, Schlemihltum in Heinrich Heines Werk*, S. 100.

(1750–1834), Schüler Moses Mendelssohns und Sprecher der jüdischen Emanzipation, „eingeführt worden, um zu demonstrieren, dass die textliche Grundlage der Reformbewegung auf die Hebräische Bibel beschränkt sein sollte“, erläutert Regina Grundmann.[25] Zu Friedländers Person und seinen Konzepten finden sich in Heines Privatkorrespondenz explizite Äußerungen, die näheren Aufschluss darüber geben, warum Heine dem Berliner Reformgottesdienst fernblieb.

> Einige Hühneraugenoperateurs (Friedländer & Co) haben den Körper des Judenthums, von seinem fatalen Hautgeschwür, durch Aderlaß zu heilen gesucht, und durch ihre Ungeschicklichkeit und spinnwebige Vernunftbandagen muß Israel verbluten. Möge bald die Verblendung aufhören daß das Herrlichste in der Ohnmacht, in der Entäußerung aller Kraft, in der einseitigen Negazion, im idealistischen Auerbachthum bestehe. Wir haben nicht mehr die Kraft einen Bart zu tragen, zu fasten, zu Hassen, und aus Haß zu dulden; das ist das Motiv unserer Reformazion.[26]

So schreibt Heine am 1. April 1823 an den Berliner Freund Immanuel Wohlwill (1799–1847). Mit der Metapher der „fatalen“ Entzündung diagnostiziert er dem Judentum eine bereits von außen erkennbare schicksalhafte Erkrankung. Diese habe der Reformerkreis um Friedländer zwar ‚kurieren‘ wollen, dabei aber ‚ungeschickt‘ und mit aufklärerischer Rationalität („Vernunftbandagen“) den ‚Lebenssaft‘ des Judentums aufs Spiel gesetzt, dem mit seinem ‚Blut‘ auch die „Kraft“ abhandenkomme.[27] An Kraft fehle es allenthalben, so auch bei Isaac Levin Auerbach (1791–1853), einem Reformprediger, auf dessen irrigen ‚Idealismus‘ Heine hier und in weiteren Briefen anspielt.[28]

25 Vgl. Grundmann: *Judentum, Dichtertum, Schlemihltum in Heinrich Heines Werk*, S. 92–118, hier S. 100. – Seit 1818 gab es auch ein nichtorthodoxes Gebetsbuch in hebräisch-deutscher Sprache, das den Juden vermittelte, ihre Heimat sei in Deutschland und eine Rückkehr mit dem Messias nach Israel nicht vorgesehen, vgl. Meyer: Die ersten religiösen Reformen, S. 131.

26 *HSA*, Bd. XX, S. 71–72.

27 Ebd. – Zu dieser Metaphorik und ihren Kontexten vgl. Caspar Battegay: *Das andere Blut: Gemeinschaft im deutsch-jüdischen Schreiben 1830–1930*. Köln / Weimar / Wien: Böhlau 2011, insbes. S. 56–121 (Kap. II: „‚Die Weltblutfrage‘ – Heinrich Heine“).

28 „Heines Beziehungen zu den Predigern des Reformjudentums“ im Allgemeinen und speziell zu Auerbach stellt Lutz: *Der „Verein für Cultur und Wissenschaft der Juden“ und sein Mitglied H. Heine*, S. 218–220, dar. Vgl. außerdem Geiger: *Geschichte der Juden*, S. 166, und Grundmann: *Judentum, Dichtertum, Schlemihltum in Heinrich Heines Werk*, S. 101. – Auerbachs fehlende Kraft und seinen negativen Einfluss auf das Judentum kritisieren auch Heines Briefe an Moses Moser: 19.03.1824 (*HSA*, Bd. XX, S. 153); 25.10.1824 (*HSA*, Bd. XX, S. 179); 23.04.1826 (*HSA*, Bd. XX, S. 239).

Er gehörte zu dem Kreis um Israel Jacobson (1768–1828), der seit 1815 in seiner Berliner Wohnung regelmäßig Gottesdienste mit deutschen Predigten veranstaltete, die von Universitätsstudenten gehalten wurden und viel Publikum anzogen.[29]
Vor diesem Hintergrund hätte Heine durchaus Gründe haben können, „dem neuen mosaischen Gottesdienste einmal beyzuwohnen“,[30] ob aus persönlich-religiösen Motiven oder einfach aus journalistischer Neugier. Doch stattdessen distanzierte er sich sowohl von Jacobsons als auch Friedländers genannten Reformversuchen und spottete:

> Die Einen, die durch Comödianten ihre Bildung und Aufklärung empfangen, wollen dem Judenthume neue Dekorazionen geben, und der Souffleur soll ein weißes Beffchen statt eines Bartes tragen; [...]. Andere wollen ein evangelisches Christenthümchen unter jüdischer Firma, und machen sich ein Talles aus der Wolle des Lamm Gottes, machen sich ein Wams aus den Federn der heiligen-Geiststaube und Unterhosen aus christlicher Liebe, und sie falliren und die Nachkommenschaft schreibt sich: Gott, Christus & Co.[31]

Während erstere nur Makulatur und keine wirkliche Modernisierung des Judentums betrieben, wird den zweiten eine übertriebene Anpassung ans Christentum vorgeworfen. Auch dieses wird sodann scharf attackiert und als Niedergangphänomen begriffen.[32] Für seine Polemik bittet Heine den Adressaten Wohlwill daraufhin um Verzeihung und erklärt:

> Dich hat der Schlag des aufgehobenen Edikts nicht getroffen. Auch ist alles nicht so ernst gemeint, sogar das frühere nicht; auch ich habe nicht die Kraft einen Bart zu tragen, und mir Judenmauschel nachrufen zu lassen, und zu fasten etc. Ich habe nicht mahl die Kraft ordentlich Mazzes zu essen. Ich wohne nemlich jetzt bey einem Juden (Mosern und Gans gegenüber) und bekomme jetzt Mazzes statt Brod und zerknacke mir die Zähne. Aber ich tröste mich und denke wir sind ja im Gohles.[33]

29 Vgl. Meyer: Die ersten religiösen Reformen, S. 132: „Da diese Art des Gottesdienstes neu war und für viele Berliner Juden auch eine religiöse Lücke ausfüllte, nahm die Zahl der Besucher am Sabbatmorgen ständig zu; manchmal waren es mehr als 400.“

30 Heine: *Briefe aus Berlin*, S. 30.

31 Heinrich Heine: Brief an Immanuel Wohlwill, 01.04.1823. In: *HSA*, Bd. XX, S. 71–73, hier S. 72. Vgl. dazu Grundmann: *Judentum, Dichtertum, Schlemihltum in Heinrich Heines Werk,* S. 101.

32 Vgl. Heines zuvor zitierten Brief an Immanuel Wohlwill, 01.04.1823. In: *HSA*, Bd. XX, S. 72.

33 Ebd.

Hier zeigt sich Heine persönlich betroffen, dass das im Edikt vom 11. März 1812 explizit eingeräumte Recht der Juden, akademische Lehr- und Schulämter zu bekleiden, zehn Jahre später, am 18. August 1822, per Kabinettsordre Friedrich Wilhelms III. zurückgenommen wurde.[34] Ihm selbst, so Heine, fehle es nun ebenfalls an Kraft, um die jüdischen Sitten und Gebräuche zu achten und sich öffentlich diffamieren zu lassen, doch tröste ihn die Vorstellung, im Exil bzw. in der Diaspora zu sein. Wie im Falle des kurz erwähnten Nachbarn Eduard Gans (1798–1839), der als jüdischer Rechtsphilosoph und Historiker nach Aufhebung des besagten Edikts keine ordentliche, sondern im März 1826 nur eine außerordentliche Berliner Professor erhielt,[35] könnten lediglich die Narren Heine „zum Professor extraordinarius, oder zum Präsidenten einer Bekehrungsgesellschaft“ machen, witzelt dieser in den *Ideen* aus dem *Buch Le Grand* (1827).[36]

II. Narrenstreiche. Die Bekehrungsgesellschaft in Heines und Varnhagens Sicht

Nach englischem Vorbild war im Winter 1821/22 eine solche Gesellschaft zur Beförderung des Christenthums unter den Juden gegründet worden.[37] Initiator und Vorstandsmitglied war der pietistische Theologe Friedrich August Tholuck (1799–1877), der als Professor an der Berliner Universität über orientalische und rabbinische

34 Vgl. Stefi Jersch-Wenzel: Rechtliche Einschränkungen. In: Meyer (Hrsg.): *Deutsch-jüdische Geschichte in der Neuzeit*, Bd. 2, S. 46–49, hier S. 47.

35 „So ließ sich bald Gans taufen, der Vorkämpfer im ‚Verein für Wissenschaft und Kultur des Judentums‘, nachdem der Minister Hardenberg vergeblich beim König versucht hatte, dem talentvollen jungen Gelehrten die Universitäts-Laufbahn auch ohne Übertritt zum Christentum zu öffnen.“ (Marcuse: *Heine*, S. 121.) Zu dieser und Heines folgender Taufe im Jahr 1825 siehe außerdem Lutz: *Der „Verein für Cultur und Wissenschaft der Juden“ und sein Mitglied H. Heine*, S. 193–201; Grundmann: *Judentum, Dichtertum, Schlemihltum in Heinrich Heines Werk*, S. 86–91.

36 Heinrich Heine: Reisebilder. Zweyter Theil. Ideen. Das Buch Le Grand. In: *DHA*, Bd. VI, S. 169–222, hier S. 214.

37 Vgl. den Kommentar in *DHA*, Bd. IV, S. 432. – Diese Gesellschaft ging auf die Londoner Society for Promoting Christianity amongst the Jews zurück, deren 1818 publizierte, von Hannah Adams verfasste Geschichte der Juden ein Jahr später in deutscher Übersetzung erschien. Es war „die erste Geschichte der Juden in deutscher Sprache, die bis in die Gegenwart reichte“. (Michael A. Meyer: Christentum gegen Judentum, aus d. Engl. v. Holger Fliessbach. In: Ders.: *Deutsch-jüdische Geschichte in der Neuzeit*, Bd. 2, S. 178–186, hier S. 185.) Am Schluss forderte das Buch dazu auf, „oft und eifrig für die verheißende Bekehrung [der Juden] zu beten“ (zit. n. ebd.)

Literatur las und einige jüdische Studenten zum Konvertieren brachte. Von diesem „alten, neu aufgewärmten Projekte der Judenbekehrung" berichten nicht nur Heines *Briefe aus Berlin*,[38] sondern auch Artikel verschiedener anderer Zeitungen.[39] Wie rege und emotional aufgeladen es gerade in Berlin diskutiert wurde, bezeugen wiederum die Aufzeichnungen Varnhagens von Ense. Varnhagen, der nach seinem Ausscheiden aus der Diplomatie als liberaler Publizist und an der Seite seiner Frau Rachel als Salonherr in Berlin tätig war,[40] stand seit 1821 in enger freundschaftlicher Verbindung zu Heine.[41] Am 2. März 1822 schreibt Varnhagen:

> Die Leute sprechen scharf und bitter gegen den Judenbekehrungsverein. Gegen Witzleben's Theilnahme u.s.w. Der König hat 200,000 Rthlr. dazu gegeben. Man sagt, es werde jetzt alles Schwärmerische, Sektirerische u.f.m. geduldet und lebhaft befördert von obenher, man wisse nicht, was man damit sich für Uebel bereite. Die Traktatengesellschaft streut ihre Schriften in Dörfern und auf Landstraßen aus, Soldaten finden die Blätter in den Patronentaschen, Reisende in ihren Taschen; die Gesellschaft ist von obenher genehmigt.[42]

Im Zentrum des öffentlichen Interesses stehen die prominenten Schirmherren der Bekehrungsgesellschaft, König Wilhelm III. (1770–1840) und der Kriegsminister, Generalmajor Wilhelm von Witzleben (1783–1837). Problematisch erscheint ihre finanzielle und ideelle Unterstützung der Gesellschaft, außerdem werden der nebulöse Charakter und das überbordende Schrifttum des Vereins moniert. Dieser wird zum beliebten Spottobjekt, wie Varnhagens folgende Aufzeichnung belegt: „Ueber die Judenbekehrungs-Gesellschaft scherzt man fortwährend; Herr Geh. Rat Better sagte unter andern: ‚Wenn nun so ein Bekehrer z.B. zu Bendavid kommt, und den überzeugen will, was kann herauskommen? Ich wette, da geht der

38 Heine: *Briefe aus Berlin*, S. 30.

39 Der Kommentar (*DHA*, Bd. IV, S. 432) weist Berichte aus den Zeitungen *Elegante* (25.03.[1822], Sp. 479–480) und *Morgenblatt* (12.04.[1822], S. 352) nach.

40 Vgl. Werner Greiling: *Varnhagen von Ense – Lebensweg eines Liberalen. Politisches Wirken zwischen Diplomatie und Revolution.* Köln / Weimar / Wien: Böhlau 1993.

41 Heine nannte ihn 1835 einen „der außerordentlichsten Menschen" (Heinrich Heine: Brief an Heinrich Laube, 23.11.1835. In: *HSA*, Bd. XXI, S. 125–128, hier S. 127), 1846 erscheint Varnhagen gar als „wahlverwandtester Waffenbruder" Heines, der „die alte Zeit begraben helfen und bei der neuen Hebammendienste geleistet" habe (Heinrich Heine: Brief an Varnhagen, 03.01.1846. In: *HSA*, Bd. XXII, S. 180–182, hier S. 181).

42 Varnhagen: *Blätter*, Bd. 2, S. 49.

Bekehrer beschnitten weg.'"[43] Zitiert wird eine Scherzrede, nämlich der hypothetische Fall eines Bekehrungsversuchs bei Lazarus Bendavid (1768–1832), der als Philosoph ebenfalls ein Schüler Moses Mendelssohns sowie Anhänger Immanuel Kants und seit kurzem, nämlich seit dem Jahr 1822, auch Ehrenmitglied des Vereins für die Cultur und Wissenschaft der Juden war.[44] Tatsächlich verlief die Judenmission zunächst wenig erfolgreich: „Die Liberalen waren gegen sie; die meisten Christen zeigten sich kaum interessiert."[45] Nur etwa ein Dutzend Konversionen im Jahr resultierten aus der Missionstätigkeit.[46] Von einem besonderen Fall weiß der liberale Varnhagen zu berichten:

> Die erste Probe in der Judenbekehrung ist schlecht ausgefallen. Ein angeblicher Rabbiner aus Polen ließ sich taufen; Herr General von Witzleben erwirkte vom Könige das Versprechen, jedem ein kleines Haus hier zu schenken, und eine Kabinetsordre, wodurch der Stadtmagistrat aufgefordert wird, dem Neubekehrten unentgeldlich das Bürgerrecht zu erteilen. Der Magistrat aber forscht dem Menschen nach, findet, daß er ein Spitzbube sei, der im Zuchthaus gesessen, und dem neuerdings vieles zur Last falle, zeigt dies beim Polizeiministerium an, und dieses stellt beim Könige die Sache vor, mit der Bitte, die Kabinetsordre zurückzunehmen. Der König nimmt die Kabinetsordre zurück, und der Bekehrte soll aus der Stadt gewiesen werden.[47]

Friedrich Wilhelm III. hatte zeitweilig persönlich als Pate bei der Taufe von Juden mitgewirkt und ihnen sodann Geschenke offeriert. Doch ein „großer Teil der Konvertiten entschloß sich allein aus finanziellen Gründen zur Taufe, und manche von ihnen kehrten später zum Judentum zurück"; aus dem Bildungsbürgertum, „bei jüdischen Ärzten, Malern, Musikern, Juristen und Mathematikern", erzielte die *Gesellschaft zur Beförderung des Christentums unter den Juden* erst in den folgenden Jahren Erfolge, bilanziert Meyer.[48]

Über die Motive der Berliner Christen und Juden sinniert Heine in den *Reisebildern*. Aufgrund der psychologischen Raffinesse ist der

43 Varnhagen: *Blätter*, Bd. 2, S. 52.

44 Vgl. die Schreiben des Vereins, des dortigen Instituts und die Briefe von Zunz an Bendavid, die abgedruckt sind im Anhang von Lutz: *Der „Verein für Cultur und Wissenschaft der Juden" und sein Mitglied H. Heine*, S. 300–302.

45 Meyer: Christentum gegen Judentum, S. 185.

46 Vgl. ebd., S. 186.

47 Varnhagen: *Blätter*, Bd. 2, S. 82–83.

48 Meyer: Christentum gegen Judentum, S. 185–186.

entsprechende Passus aus dem zwölften Kapitel der *Stadt Lukka* hier in voller Länger wiederzugeben:

> Sind die Berliner denn Christen? [...] Es hat eine eigene Bewandtniß, mit ihrem Christenthum. Dieses fehlt ihnen im Grunde ganz und gar, und sie sind auch viel zu vernünftig, um es ernstlich auszuüben. Aber da sie wissen, daß das Christenthum im Statte nöthig ist, damit die Unterthanen hübsch demütig gehorchen, und auch außerdem nicht zu viel gestohlen und gemordet wird, so suchen sie mit großer Beredsamkeit wenigstens ihre Mitmenschen zum Christenthume zu bekehren, sie suchen gleichsam Remplaçants in einer Religion, deren Aufrechterhaltung sie wünschen und deren strenge Ausübung ihnen zu mühsam wird. In dieser Verlegenheit benutzen sie den Diensteifer der armen Juden, diese müssen jetzt für sie Christen werden, und da dieses Volk, für Geld und gute Worte alles aus sich machen läßt, so haben sich die Juden schon so ins Christenthum hineinexerziert, daß sie ordentlich schon über Unglauben schreyen, auf Tod und Leben die Dreyeinigkeit verfechten, in den Hundstagen sogar daran glauben, gegen die Razionalisten wüthen, als Missionare und Glaubensspione im Lande herumschleichen und erbauliche Traktätchen verbreiten, in denen Kirchen am besten die Augen verdrehen, die scheinheiligsten Gesichter schneiden, und mit so viel Beyfalle frömmeln, daß sich schon hie und da der Gewerbsneid regt, und die älteren Meister des Handwerks schon heimlich klagen: das Christenthum sey jetzt ganz in den Händen der Juden.[49]

Den Berlinern, so Heine, mangele es nicht an Vernunft, wohl aber an konsequenter christlicher Praxis, da eine solche selbst irrational und mühselig sei. Doch komme dieser bekanntlich eine gesellschaftsstabilisierende Funktion zu. Aus Staatsraison und zur persönlichen Entlastung böten sich daher Bekehrungen der schlechter gestellten Juden zu ‚Ersatz'-Christen und Moralpraktikern an. Deren Willfährigkeit erleichtere den Vorgang zwar, führe jedoch letztlich zu einer Überkompensation, die einigen ursprünglichen Christen wiederum unlieb sei. Damit spielt Heine vermutlich auf Friedrich Ernst Daniel Schleiermacher an (1768–1834), der trotz seiner liberalen Überzeugung „vor der Judaisierung des Christentums“ gewarnt hatte.[50] Den protestantischen Theologieprofessor und Philosoph, der in den *Briefen aus Berlin* namentlich erwähnt wird,[51] traf Heine im Hause Varnhagen persönlich. Auf diesen Berliner Salon ist nun abschließend

49 Heinrich Heine: Die Stadt Lukka. In: *DHA*, Bd. VII/1, S. 157–205, hier S. 190–191.

50 Zit. n. dem Kommentar, *DHA*, Bd. VII/2, S. 1609. Vgl. dazu auch Siegbert Salomon Prawer: *Heines Jewish Comedy. A Study of His Portraits of Jews and Judaism.* Oxford: Clarendon 1983, S. 159.

51 Vgl. etwa Heine: *Briefe aus Berlin*, S. 31.

kurz einzugehen, denn dort, und eben nicht im „neuen mosaischen Gottesdienste“,[52] fand sich Heine oft ein und erfuhr Zuspruch, Unterstützung und gesellschaftliche Anerkennung als junger Dichter.[53]

III. Die Salonnière und ihr ‚Erbe‘. Rahel Varnhagen und Heine in Hannah Arendts Deutung

Zugang zu Rahel und August Varnhagens berühmtem Salon, den Heine seit Mai 1821 häufig aufsuchte, erhielt er auf Empfehlung von Friedrich Gubitz (1786–1870), Herausgeber des Blattes *Der Gesellschafter*. Das Haus in der Französischen Straße 20 war in den 1820er Jahren Treffpunkt zahlreicher Gelehrter und Literaten, deren Salongespräche meist um künstlerische Themen kreisten und nicht zuletzt dem Goethe-Kult Rahels folgten.[54] Als „die geistreichste Dame, die ich je kennen gelernt“, hat Heine sie gerühmt.[55]

Mit Esprit, dem unbedingten Willen nach gesellschaftlicher Anerkennung und Dank der späten Heirat mit Varnhagen hatte sich die geborene Jüdin Rahel Levin zwar im Berliner Bildungsbürgertum etabliert. Doch „aus dem Judentum herauszukommen“, wie es der „zentrale[] Wunsch[] ihres Lebens“ war, so Hannah Arendt, konnte Rahel schlechterdings nicht gelingen.[56] Neben „der von außen bestimmten Unmöglichkeit, als Jude ein normaler Mensch zu werden“, dem „Judenhaß ihrer Umgebung“, erklärt Arendt dies auch mit Rahels selbsteingestandener „Scham“, mit dem „Verzicht auf Zugehörigkeit“ und „Solidarität mit dem kleinen Kollektiv

52 Heine: *Briefe aus Berlin*, S. 30.

53 Das belegt ein „Widmungs-Exemplar“ von Heines Tragödien, in dem dieser Rahel bittet, ihn in aller Zukunft „wie einen alten Bekannten zu begrüßen“, und ergänzt: „Sie tun es gewiß; haben Sie ja schon Anno 1822 und 1823 Ähnliches getan, als sie mich kranken, bittern, mürrischen, poetischen und unausstehlichen Menschen mit einer Artigkeit und Güte behandelt, die ich gewiß in diesem Leben nicht verdient“ (zit. n. Marcuse: *Heine*, S. 103).

54 Vgl. Herbert Scurla: *Begegnungen mit Rachel Varnhagen. Der Salon der Rahel Levin.* Berlin: Verlag der Nation 1963; Peter Seibert: Der Salon als Formation im Literaturbetrieb zur Zeit Rahel Levin Varnhagens. In: Barbara Hahn / Ursula Isselstein (Hrsg.): *Rahel Levin Varnhagen. Die Wiederentdeckung einer Schriftstellerin.* Göttingen: Vandenhoeck & Ruprecht 1987, S. 164–172.

55 Heinrich Heine: Brief an Karl Immermann, 14.01.1823. In: *HSA*, Bd. XX, S. 64–66, hier S. 66.

56 Hannah Arendt: *Rahel Varnhagen. Lebensgeschichte einer deutschen Jüdin aus der Romantik.* München / Frankfurt am Main: Piper 1981, S. 201.

preußischer Ausnahmejuden, aus dem sie stammte und dessen Schicksal sie teilte“.[57] Nicht die Adäquanz dieser Interpretation ist hier zu beurteilen,[58] sondern lediglich der Deutungsrahmen anzuzeigen, aus dem Arendt im letzten Kapitel ihres *Varnhagen*-Buchs auch auf Heine zu sprechen kommt. Dort führt sie „Heines Ja zum Judentum, das erste und letzte entschiedene, das auf lange Zeit von einem assimilierten Juden gehört wurde“, auf den „gleichen Grunde […] wie Rahels Nein“ zurück: „Beide haben sich nie zu beruhigen vermocht über ihr Schicksal, […] haben immer Rechenschaft gefordert“.[59] In diesem Zusammenhang zitiert Arendt auszugsweise Heines Brief an Moses Moser (1796–1838) vom 23. August 1823, in dem er versichert: „Daß ich für die Rechte der Juden und ihre bürgerliche Gleichstellung enthousiastisch sein werde das gestehe ich, und in schlimmen Zeiten, die unausbleiblich sind, wird der germanische Pöbel meine Stimme hören daß es in deutschen Bierstuben und Palästen widerschallt.“[60] Damit, so Arendt, sei Heine zu Rahels „Erben“ geworden und habe „‚das Bild ihrer Seele‘ gerettet“.[61]

Ob Heine wirklich so entschieden „Ja zum Judentum“ sagte und gar „als das einzige große Beispiel geglückter Assimilation, das die gesamte Geschichte der Assimilation aufzuweisen hat“,[62] gelten kann, wäre mit Blick auf seine weitere Biografie eingehender zu prüfen, wobei seiner religiösen Rückbesinnung aus den letzten Pariser Lebensjahren sicherlich besondere Bedeutung zukäme.[63] In der frühen Berliner Zeit jedoch, die hier erörtert wurde, finden sich kaum entsprechende

57 Ebd., S. 202.

58 Zu den Hintergründen, Ausgaben und ‚Lesarten‘ des Varnhagen-Buchs vgl. Barbara Hahn: Jüdische Existenzen. In: Wolfgang Heuer / Bernd Heiter / Stefanie Rosenmüller (Hrsg.): *Arendt Handbuch. Leben, Werk, Wirkung.* Stuttgart / Weimar: Metzler 2011, S. 23–28, insbes. S. 23–25; Claudia Christophersen: *„… es ist mit dem Leben etwas gemeint“. Hannah Arendt über Rahel Varnhagen.* Frankfurt am Main: Helmer 2002.

59 Arendt: *Rahel Varnhagen*, S. 210–211.

60 Heinrich Heine: Brief an Moses Moser, 23.08.1823. In: *HSA*, Bd. XX, S. 106–110, hier S. 107.

61 Arendt: *Rahel Varnhagen*, S. 211.

62 Hannah Arendt: Heinrich Heine. Schlemihl und Traumweltherrscher. In. Dies.: *Die verborgene Tradition. Essays.* Frankfurt am Main: Jüdischer Verlag 1976, S. 52–60, hier S. 58.

63 Dies ist m.E. noch ein Desiderat der Forschung und dürfte sowohl mit Blick auf Heine als auch auf Arendts Verständnis der jüdischen Tradition erhellend sein.

Belege. Das dürfte auch und gerade an Heines damaliger assoziativer Schreibweise liegen, die „das äußere und das innere Leben Berlins andeuten“, aber eben „nicht ausmalen“ soll, so die dezidiert urbane Programmatik der *Briefe aus Berlin*.[64] Auskunftsfreudiger ist Heine hingegen in seiner Privatkorrespondenz der frühen 1820er Jahre. Briefe an die Freude, vor allem die zitierten an Wohlwill und Moser, an Christian Sethe (1798–1857) und an den Schwager Moritz Embden (1789–1866),[65] zeugen von einer kontroversen Auseinandersetzung mit dem Deutschtum, Christentum und Judentum und mit der eigenen Akkulturation. Galt ihm letztere früher vornehmlich als individuelles Problem, beschäftigt sich Heine in Berlin erstmals intensiver mit den verschiedenen Repräsentanten und Strömungen des Judentums und mit der deutsch-jüdischen Kultur. Zwar identifizierte er sich mit keiner Gruppierung dauerhaft, nicht einmal mit dem *Verein für Cultur und Wissenschaft der Juden*, dessen aktives Mitglied Heine immerhin war. Doch gerade seine Ambivalenz als distanzierter Beobachter und als persönlich betroffener Akteur zugleich charakterisiert Heines zwiespältiges Verhältnis zum Berliner Judentum und zur preußischen Hauptstadt allgemein, in der er neben diversen Vergnügungen und literarischen Anregungen auch die hier beschriebenen religions- und soziopolitischen Missstände vorfand.[66]

64 Heine: *Briefe aus Berlin*, S. 9.

65 Vgl. etwa Heinrich Heine: Brief an Christian Sethe, 14.04.1822. In: *HSA*, Bd. XX, S. 49–51, hier S. 50; ders.: Brief an Moritz Embden, 03.05.1823. In: *HSA*, Bd. XX, S. 82; ders.: Brief an Moses Moser, 18.06.1823. In: *HSA*, Bd. XX, S. 96–99, hier S. 97.

66 Weitere Berliner Missstände, wie die herrschende Zensur, soziale Ungleichheiten, die offenkundige Armut und Heines ironische sowie genuin moderne Kritik an diesen erläutert mein 2014 im *Heine-Jahrbuch* erschienener Aufsatz, Krause: Auf dem Weg zum urbanen Intellektuellen.

Arnold Schönbergs Aufenthalte in Berlin oder die Erfahrung des intensiven Auslands[1]

Laure Gauthier

Bevor er 1934 ins Exil in die Vereinigten Staaten geht, hält sich der Wiener Komponist Arnold Schönberg drei Mal in Berlin auf: Während seines ersten Aufenthalts von Dezember 1901 bis Sommer 1903 komponiert er die „Brettellieder" für das Kabarett Überbrettel; der zweite Aufenthalt von Herbst 1911 bis Anfang 1915 entspricht der Entstehungszeit des *Pierrot lunaire*, der seinem Komponisten europaweites Renommee einbringt; schließlich weilt Schönberg von Januar 1925 bis Februar 1933 ein weiteres Mal in der Hauptstadt der jungen Weimarer Republik, eine lange Periode, in der er seine serielle Theorie weiterentwickelt, die er zwei Jahre zuvor in Wien begründet hatte und nun zu einem vielseitigen Repertoire ausarbeitet. Der Vormarsch des Antisemitismus drängt den Komponisten zur Reflexion über mögliche Wege, der Gefahr zu entkommen: In Berlin verfasst er seine ersten pro-zionistischen Texte und engagiert sich für die Sache.

Diese drei Aufenthalte Arnold Schönbergs in Berlin zwischen 1901 und 1933 wurden von der Forschung nur fragmentarisch untersucht. Sie werden zwar in mehreren Monographien erwähnt, geben aber keinen Anlass zu einer differenzierteren Auseinandersetzung,[2] ebenso wenig wie die Monographien, die der Analyse des Judentums im Werk

1 Anspielung auf einen Satz Schönbergs auf der ersten Seite seines *Berliner Tagebuchs*, datiert auf den 10. Januar 1912: „Immerhin beginnt doch heuer das Ausland sehr intensiv sich mit mir zu befassen" (Arnold Schönberg: *Berliner Tagebuch*. Frankfurt am Main / Berlin / Wien: Propyläen 1974, S. 9).

2 Man denke unter den zahlreichen Monographien etwa an jene von Alexander L. Ringer: *Arnold Schönberg. Das Leben im Werk*. Kassel: Bärenreiter 2002.

und Denken Schönbergs gewidmet sind, den Einfluss der Berlin-Aufenthalte auf die Entwicklung seines Denkens näher behandeln.[3] Erst im Jahr 2000 wird die Tätigkeit Schönbergs sowohl als Pädagoge als auch Komponist in einem zur Gänze der Berliner Zeit gewidmeten Sammelband berücksichtigt.[4] Es bleibt hingegen zu erörtern, was Berlin für den Wiener Komponisten – für sein Werk und sein Denken – bedeutet, ebenso wie die Erwartungen, die er hegte, als er Wien, seine Heimat(stadt), drei Mal verließ, mit dem zu kontrastieren, was er tatsächlich vor Ort vorfand, in dieser städtischen Kultur, die er im Januar 1933 überstürzt verlassen musste, als Hitler die Macht übernahm. In der Tat war jede Abreise aus Wien für ihn mit der Schwierigkeit – oder mehr sogar – der Unmöglichkeit verbunden, in den Besitz von institutioneller, pädagogischer oder kompositorischer Wertschätzung zu gelangen.

Es wird hier darum gehen, die drei Aufenthalte in ihrer Singularität wie in ihren Gemeinsamkeiten zu untersuchen: Bei jedem seiner Aufenthalte in Berlin ist zu beobachten, dass sich der Komponist radikaler als in Wien von den Kriterien, die die Beurteilung eines musikalischen Werks leiten, befreit, aber auch, dass er versucht, die im Unverständnis seiner Herkunftsstadt entwickelten Kompositionstechniken wie den Sprechgesang und dann die 12-Ton-Theorie zu radikalisieren. In Berlin gibt er sich zudem einer intensiven Herausgebertätigkeit hin, die er später in den Vereinigten Staaten fortsetzen wird, in der Hoffnung, seinen LeserInnen für den Wandel der Musikwelt, die er verkörpern möchte, zu sensibilisieren, sowie den Zionismus zu fördern, den er als die einzige mögliche Antwort auf den aufkommenden Antisemitismus und dann auf den Aufstieg des Nazismus 1933 betrachtet. Es ist die Machtübernahme Hitlers, die

3 So erwähnt Ringer Berlin mehrfach als Aufenthaltsort, ohne die Besonderheiten des Berliner Umfelds eingehender zu beleuchten (Alexander L. Ringer: *Arnold Schoenberg. The Composer as Jew.* Oxford: Clarendon 1993). Auch Michael Mäckelmann erwähnt in einem Kapitel die „erste Phase intensiver Auseinandersetzung mit dem Judentum", die dem dritten Berlin-Aufenthalt entspricht, ohne die Stadt in die Betrachtungen miteinzubeziehen: Michael Mäckelmann: *Arnold Schönberg und das Judentum.* Hamburg: Wagner 1984, S. 62–196.

4 Darin finden sich vor allem Beiträge zu seiner Tätigkeit als Komponist und Professor, aber ebenso eine Einführung, die den letzten Aufenthalt des Komponisten in Berlin evoziert (Peter E. Gradenwitz: Schönbergs Berlin 1926–1933. In: Christian Meyer (Hrsg.): *Arnold Schönberg in Berlin. Bericht zum Symposium 18.–30. September 2000.* Wien: Arnold Schönberg Center 2001, S. 9–17).

ihn dazu drängt, zunächst ins Exil nach Paris zu fliehen, wo er im Juli 1933 zum Judentum zurückkehrt, und später in die Vereinigten Staaten.

Die ersten zwei Berlin-Aufenthalte: Berlin oder das musikalische Andere

Seit Beginn seiner Tätigkeit als Komponist in Wien wird Schönberg mit der Ablehnung von Seiten der Musikkritiker, die seine ersten Schöpfungen schlecht aufnahmen, konfrontiert. Dennoch versucht der junge Wiener Komponist den Königsweg zu verfolgen und lässt am 17. März 1898 sein erstes Werk, das *Streichquartett D-Dur*, durch das berühmte Quartett des Tonkünstlervereins aufführen. Diesmal wird das Werk gut aufgenommen. Drei Tage später konvertiert der Jude Schönberg zum Protestantismus, was für die Wiener Juden damals den Hauptweg zur Integration darstellte. Die Eintracht mit Publikum und Kritik hält allerdings nicht lange an. Die Musikkritiker verstehen die späteren Partitionen Schönbergs nicht, angefangen bei dem Sextett *Die verklärte Nacht* (1899). Essentiell geprägt durch eine Hanslicksche und post-Brahms'sche Strömung, werfen die Wiener Kritiker Schönberg das Schwanken zwischen Programmmusik und absoluter Musik vor.[5] Nun ist *Verklärte Nacht* zwar ein Streichsextett, das auf Brahms'sche Verfahren zurückgreift, außerdem aber auch eine einzigartige und einsätzige Kammermusik, die Programmelemente aufweist.[6] Schon zu dieser Zeit wirft man dem Komponisten vor, zu stark gegen das Gesetz der Tonalität zu verstoßen und vor allem, sich eines Quartakkords zu bedienen, was die Kritik an Richard Wagners *Tristan*-Akkord erinnert.[7] Im Januar 1901 übernimmt Richard Strauss

5 In dem Essay „Vom Musikalisch-Schönen" (1854) positioniert sich Eduard Hanslick gegen jegliche Gefühlsästhetik sowie gegen die sog. Programmmusik, jene Instrumentalmusik, die einem Programm folgt, das dem außermusikalischen Bereich (Malerei etc.) entnommen wird. Dagegen entwickelt er den Begriff ‚Absolute Musik', eine ‚reine' Instrumentalmusik, die keinem Programm folgt und die Brahms in Wien verkörperte. Siehe dazu Jean-François Candoni: *Penser la musique au siècle du romantisme. Discours esthétiques dans l'Allemagne et l'Autriche du XIXe siècle.* Paris: PUPS 2012.

6 Zur Ablehnung der ersten Werke Schönbergs siehe insbes. Esteban Buch: *Le cas Schönberg. Naissance de l'avant-garde musicale.* Paris: Gallimard 2006, S. 56–58.

7 Dieser Akkord, der erste Akkord von Richard Wagners *Tristan und Isolde*, besteht aus den Noten f, h, dis (d♯) und gis (g♯). Er bezeichnet im weiteren Sinne jeden Akkord, der aus den drei gleichen Intervallen über einem Basston besteht: übermäßige

den Vorsitz des Tonkünstlervereins, jenes Vereins, der das musikalische Leben Wiens dominiert. Diesmal wird Schönberg, der bis dahin Teil des Auswahlkomitees war, davon ausgeschlossen.[8] Der Komponist wird sich bewusst, dass er seine Karriere ausgehend von einer Institution, die die Wiener Tradition hütet und jedem Komponisten, der sich von dieser Doxa entfernt, feindlich gegenüber steht, nicht wird vorantreiben können. Und wie insgesamt drei Mal in seinem Leben reagiert er auf diese Wand des Unverständnisses mit der Flucht ins freiwillige Exil: Ende 1901 fährt er nach Berlin.

Der erste Aufenthalt in Berlin führt zu einer Reihe ungeplanter Treffen, die auf andere Weise verlaufen als in Wien. Weniger an das lokale musikalische Leben gebunden, tritt Schönberg spontan in Dialog mit dessen Hauptakteuren, die ihm gegenüber nicht jene Vorurteile der Anhänger der Wiener Musik hegen. Die in Wien noch sehr aktuelle Frage der Gegenüberstellung von Wagnerianern und Hanslickianern, mit anderen Worten von Programmmusik und absoluter Musik, beschäftigt die Berliner Kritik nicht in selbigem Ausmaß. Schönberg, der in Berlin weniger bekannt ist als in Wien, wird in der deutschen Stadt gut aufgenommen und versucht, von seiner Musik zu leben. Er entdeckt dort Kabaretts als dynamische und subversive Orte, an denen die Künste vor einem zahlreichen und populären Publikum miteinander in Dialog treten. Die literarischen Kabaretts Berlins werden von Komponisten und Theatermännern wie allen voran Max Reinhardt besucht.[9] Das Jahr 1901 markiert die Geburtsstunde dieser populären Kultur, die später durch den Nazismus vernichtet wurde.[10] Schönberg beschäftigt sich so eine Zeit lang mit dem musikalischen Schaffen des im Januar 1901 von Ernst von Wolzogen gegründeten Kabarett Überbrettl. Er arbeitet mit dessen musikalischem Leiter, Victor Hollaender, sowie mit dem Komponisten und Interpreten Oscar Strauss zusammen. Für Schönberg stellt die Kabarett-Kultur

Quarte, übermäßige Sixt und übermäßige Sekunde. Man verdächtigte diesen Akkord als Anzeichen für Atonalität. Siehe dazu Martin Vogel: *Der Tristan-Akkord und die Krise der modernen Harmonie-Lehre*. Düsseldorf: Verlag der Gesellschaft zur Förderung der systematischen Musikwissenschaft 1962.

8 Ebd., S. 62.

9 Zu diesem Kabarett siehe insbes. Hans Heinz Stuckenschmidt: *Arnold Schoenberg*. Paris: Fayard 1993, S. 49–65.

10 Zur Entstehung dieser Kabarettkultur in Berlin zwischen 1901 und 1933 siehe Peter Jelovich: *Berlin Cabaret*. Cambridge / London: Harvard UP 1993.

einen Weg dar, einem populären Publikum, das weniger dem Diktat der Musikkritiker unterworfen ist, zu begegnen, und auch ein Mittel, um mangels institutioneller Unterstützung von seiner Musik leben zu können.

Gleichzeitig ist Berlin auch der Ort, an dem er ersten institutionellen Rückhalt bekommen wird. Ermutigt durch Richard Strauss, interveniert Victor Hollaender, um ihm eine Lehrtätigkeit am Stern'schen Konservatorium zu vermitteln.[11] Strauss beschließt, den Wiener Komponisten zu fördern, indem er ihm hilft, das Liszt-Stipendium des Allgemeinen Musikvereins zu erhalten. Zu dieser Zeit lenkt er auch Schönbergs Aufmerksamkeit auf die Geschichte von *Pelleas und Melisande*. Dieser fühlt sich in Berlin frei und trifft, die Wiener Vorwürfe, die den programmatischen Charakter eines solchen musikalischen Genres anprangerten, vergessend, die Entscheidung, daraus keine Oper, sondern eine sinfonische Dichtung zu machen. Schönbergs Dialog mit der Lisztschen Form zielt vor allem auf deren grundlegende Erneuerung ab: So benützt er Quartakkorde, die andere akustische Horizonte öffnen und arbeitet insbesondere an der Entwicklung der Farben der Instrumente, womit er vorwegnimmt, was er später als Klangfarbenmelodie bezeichnen wird. Dennoch beschließt er 1903, nach Wien zurückzukehren, in der Hoffnung, diese Arbeit dort radikaler fortsetzen zu können. Trotz der Unterrichtsstunden, die er letztendlich geben durfte, lebt der junge Komponist in relativ prekären Verhältnissen, die ihn dazu nötigen, häufig sein Domizil zu wechseln. Wir wissen, dass er zunächst eine Unterkunft in der Lettestraße 9 (Prenzlauer Berg), dann in der Augsburger Straße 48 (Charlottenburg), bewohnte.

Zwischen Berlin und Wien (1903–1911)

Nach seiner Rückkehr in Wien versucht Schönberg, das Musikleben der Stadt neu zu gestalten. Dieses war seiner Meinung nach viel zu

11 Siehe folgende Anmerkung im Brief von Richard Strauss an Arnold Schönberg vom 5. Dezember 1902: „Lieber Herr Schönberg! Ich war heute bei Direktor Holländer: er versprach, sich Ihres Wunsches anzunehmen. Er will Ihnen schon jetzt eine kleine Klasse einrichten (damit Sie sich wenigstens Lehrer am Sternschen Conserv. nennen können). Vom 1. Januar ab hofft er, Ihnen eine größere Klasse zu geben: er hat auch Copiaturarbeiten für Sie." (Arnold Schönberg Center, Archiv. Signatur: ID 22382.)

sehr um Institutionen, die aufkommenden Musikformen feindlich gesinnt gegenüber stehen und mit omnipotenten Musikkritikern verbandelt sind, zentriert. 1904 gründet er mit Alexander von Zemlinsky die Vereinigung schaffender Tonkünstler. Es ging darum, an einer ‚musikalischen Sezession' nach dem Modell der Sezession von 1897 (Vereinigung bildender KünstlerInnen Wiener Secession) mitzuwirken, wobei dem Publikum die Möglichkeit geboten wird, zeitgenössische musikalische Werke, die von der Kritik nicht gebührend geschätzt worden waren, und auch das berufliche Interesse der Mitglieder dieser Gesellschaft entgegen der mangelnden Wertschätzung durch die Wiener Institutionen zu unterstützen, indem man ihnen die notwendigen Mittel gab. Innerhalb dieser Gesellschaft wurden besonders die Werke von Gustav Mahler, Richard Strauss und Max Reger aufgeführt. Sie vereinte 19 Komponisten und unterschiedliche Ästhetiken, Gustav Mahler war ihr Ehrenpräsident. Trotz einiger nicht unbemerkt gebliebener Konzerte endet das Vorhaben aber mangels ausreichender finanzieller Ressourcen vorzeitig im April 1905.

Schönberg scheitert also ein erstes Mal in seinem Versuch, sein Handlungsfeld durch die Veränderung der örtlichen Institutionen auszuweiten. Schlimmer noch: Die Kritik ergoss sich nun noch intensiver über sein Werk. Man beginnt, von Schönberg als Totengräber der musikalischen Tradition zu sprechen, so wie es Wagner zu seiner Zeit gewesen wäre. Es gab nun einen „Fall Schönberg", wie es zuvor einen „Fall Wagner" gegeben hatte: Die Diskussion um Schönberg entfachte sich anhand eines Artikels in der Zeitung *Die Zeit* vom 31. Dezember 1905, bevor sie am 7. März 1907 im *Illustrierten Wiener Extrablatt* vom Musikkritiker Hans Liebstöckl wiederaufgenommen und vervollständigt wird.[12] Zu den rein musikologischen Argumenten, die sich alle um die als exzessiv beurteilte Verwendung der Dissonanz drehen, mischen sich die ersten antisemitischen Vorbringungen. Man spricht allmählich von einer „Clique" der Freunde Schönbergs und beschuldigt ihn der Skandalsucherei zu Zwecken der Existenzsicherung. Als Echo auf den „Fall Wagner", jenem Komponisten, dem man vorgeworfen hat, die Musik krank zu machen, wird Schönbergs Musik, die sich zunehmend von der Dissonanz emanzipiert und den tonalen Sockel ins Wanken bringt, von den Kritikern als Phänomen der

12 Buch: *Le Cas Schönberg*, S. 139–145.

sozialen wie moralischen Dekadenz wahrgenommen. Die Flut von Protesten, die die Aufführung der *Kammersymphonie*, die Uraufführung des *Zweiten Quartett* im berühmten Börsendorfer Saal am 21. Dezember 1908 oder jene des Opus 16 (*Fünf Orchesterstücke*) begleitete, verletzt den Komponisten zwar tief, bestätigt ihn aber in der Tatsache, dass er eine etablierte musikalische und moralische Ordnung berührt, deren Überwindung er anstrebt. Schönberg reagiert mit Rechtfertigungen: Er veröffentlicht in der Presse einige Artikel wie etwa „Über Musikkritik", in denen er die Kenntnislosigkeit der Musikkritik verurteilt. Indem er diese selbst als degeneriert und schädlich verdammt, dreht er das Argument der „degenerierten" Musik um und versucht zu verhindern, dass mit Rückgriff auf obsolete und unangemessene Urteile über eine neue Musik geurteilt wird.[13] Gegen diese Vorurteile versucht er 1911 als Pädagoge anzukämpfen, indem er die *Harmonielehre* veröffentlicht, in der er unterschiedliche Kompositionsprinzipien erläutert.

Die Skandale, die jede einzelne seiner Schöpfungen sowohl bei den Uraufführungen wie auch durch die Presse begleiten, und das Aufkommen antisemitischer Kritiken behindern seine Bewerbung um eine Professorenstelle an der Königlichen Musikakademie.[14] Schönberg war dort zunächst ab 1910 in einem unsicheren Arbeitsverhältnis als Privatdozent tätig. Im darauffolgenden Jahr, 1911, erhält er ein Angebot des Präsidenten der Akademie, Karl Wiener, bezüglich der begehrten Professur für Komposition. Es geht Schönberg darum, offizielle Anerkennung zu erlangen und der Musikkritik eine Art institutionelles Dementi entgegenzustellen. Letztendlich wird er nicht für die Stelle gewählt, woraufhin er Wien verlässt und nach Berlin geht. Er flüchtet vor den bis in die Institutionen hinein gegen ihn geführten Kabalen. Karl Wiener, der später versuchen wird, ihn nach Wien zurückzuholen, indem er ihm eine Professorenstelle an der Wiener Musikakademie anbietet, eröffnet er in einem Brief vom

13 Arnold Schönberg: Über Musikkritik. In: *Der Merker* 1,2 (1909), S. 59–64. In diesem Artikel erstellt Schönberg eine historische Kritik der Kritik von Wagner aufwärts bis zu sich selbst. Nach einer gelehrten Periode, sagt Schönberg, ist eine andere, seine, gekommen, die das Wissen verachtet und in der alle denken, rein intuitiv urteilen zu können. Siehe Laure Gauthier: Les articles de presse d'Arnold Schönberg ou comment juger de l'objet musical. De Vienne à Berlin (1909–1933). In: Timothée Picard et al. (Hrsg.): *La critique musicale au XXe siècle*. Rennes: PUR (erscheint 2016).

14 Siehe Buch: *Le cas Schönberg*, S. 338.

29. Juni 1912 die Gründe für seine erneute Abfahrt und erwähnt die ungeheilte Verletzung:

> [I]ch kann augenblicklich noch nicht in Wien leben. Ich habe noch nicht verschmerzt, was man mir dort angetan hat, ich bin noch nicht ausgesöhnt. Und ich weiss, ich hielte es nicht zwei Jahre aus. Ich weiss ich hätte in kürzester Zeit dieselben Kämpfe vor mir denen ich entgehen wollte. Nicht weil ich den Kampf suchte. Sondern, weil ich seinen Ausgang hasse, den Ausgang, den jede Bewegung in Wien hat: die Verflachung!
> Es kommt noch anderes dazu: die Stellung die Sie mir angeboten haben, ist nicht die, die ich mir gewünscht habe. Ich wäre gezwungen, mein ganze[s] Leben hindurch, bis zu meinem 64. Jahr Harm[onie] u. Ktrpt [d.i. Kontrapunkt] aufzusagen. Und das kann ich nicht. Da ich es nicht ohne Schamröte über mich bringe, mich zu wiederholen, ein so jahrelanger Unterricht aber ausschliesst, dass man jedes Jahr ganz Neues findet, so könnte ich der unvermeidlichen Erstarrung kaum entgehen. Und die Gefahr muss ich vermeiden; auch nicht, weil ich sie fürchte, sondern weil ich sie unstandesgemäss finde.[15]

Zweiter Berlin-Aufenthalt (1911–1915)

Berlin bietet dem sich verfolgt fühlenden und vor den Demütigungen durch die „tausend Nadelstiche“[16] der Presse flüchtenden Komponisten also eine zweite Atempause. Dieses Gefühl der Verfolgung wird ihn zeitlebens nicht mehr verlassen.[17] Die Hauptstadt des Deutschen Reiches ist ihm eine zweite Heimat, ein Ort des Zur-Ruhe-Kommens, an den er sich zurückzieht, bis die Wunden heilen. Er hofft auf stärkere Unterstützung und eine Musikwelt zu treffen, die seiner Musik und seiner Person weniger feindlich gesinnt ist. Berlin muss ihm also ein Anti-Wien sein. Aber diesmal versucht Schönberg, sich dauerhafter in der Stadt einzurichten. Er lebt in der Villa Lepke, Machnower Chaussee, im Viertel Zehlendorf, in der Nähe von Lichterfelde.[18] Vom Beginn seines Aufenthalts erfahren wir in seinem einzigen Tagebuch, dem *Berliner Tagebuch*[19], das der Komponist zwischen

15 Arnold Schönberg: Brief an Karl Wiener, 29.06.1912. Arnold Schönberg Center, Wien. Archiv, Signatur: ID 267.

16 Die gesamte Passage lautet: „Aber, es summiert sich, und tausend Nadelstiche lähmen vielleicht ebenso sicher, wie ein Dolchstich tötete.“ (Schönberg: Über Musikkritik, S. 63.)

17 Jérôme Dayan: Entre obsession et harcèlement. In: Danielle Cohen-Levinas (Hrsg.): *Le siècle de Schoenberg*. Paris: Hermann 2010, S. 330–355.

18 Siehe Eberhard Freitag: *Schönberg. Mit Selbstzeugnissen und Bilddokumenten*. Reinbek: Rowohlt 2004, S. 79.

19 Schönberg: *Berliner Tagebuch*, S. 9–36.

1911 und 1912 führte und aus Zeitmangel abbrach. Darin enthalten sind jedoch viele Notizen über den Aufenthalt, die Abende, zu denen er eingeladen ist, über die Verbindungen, die er in der Musik- und Kunstszene knüpft: Er verkehrt etwa mit Michel Calvocoressi, der dem, was man später Neue Musik nennen wird, zugeneigt ist, aber auch mit neuen Schülern wie Victor Krueger, Karl Horwitz oder Paul Cassirer, dem berühmten Kunsthändler, Verleger und Leiter der Zeitschrift *Pan.*

Die positivere Aufnahme, die er in Berlin erfährt, vergisst den ihm zugefügten Schaden nicht, den er in seinem Tagebuch am 13. Februar 1912 noch einmal erwähnt, als er seine Weigerung, in Wien einen Vortrag über seinen kürzlich verstorbenen Freund Gustav Mahler zu halten, begründet:

> Morgens bespreche ich mit Mathilde die Frage des Wiener Vortrags und des Konzerts. Meine Unlust wächst. Ich kann mich nicht dazu entschließen. Und wie ich mir immer mehr die Wiener Verhältnisse vorstelle, wird mir so ekelhaft, dass ich mir vornehme, den Vortrag abzusagen und das Konzert abzulehnen. [...] Den Mahler Vortrag werde ich bestimmt anderswo halten. Vielleicht in München oder sogar in Berlin. Oder als Aufsatz schreiben. Aber ich will von Wien nichts wissen. Ich bin froh, dass ich weg bin.[20]

Schönberg scheint also ausschließlich an seine Aufgabe als Komponist zu denken. In einer Rede aus dem Jahr 1910, die er in Wien im Rahmen einer Veranstaltung des Vereins für Kunst und Kultur hält, erklärt er in seiner Einführung der *15 Gedichte aus dem „Buch der hängenden Gärten"*, op. 15, auch *George-Lieder* genannt, der *Drei Klavierstücke*, op. 11, sowie des vierten Teils der *Gurre-Lieder*, dass er sich dessen bewusst sei, „alle Schranken einer vergangenen Ästhetik durchbrochen zu haben"[21]. In Berlin wird er versuchen, diese neue von den bestehenden Gesetzen der Tonalität sehr weit emanzipierte Richtung auf noch radikalere Weise zu verfolgen. Er vollendet dort die Errungenschaften dieser als atonal bezeichneten Periode, die in *Pierrot lunaire* am Werk sind und ihm die bisher versagte internationale Wertschätzung bringen wird. Es ist die Bestellung von *Pierrot lunaire* durch die Kabarettsängerin Albertine Zehme, die ihm die Lust am Komponieren zurückgibt. 1911 hatte er für den dritten Teil der

20 Ebd., S. 23–24.

21 Arnold Schönberg: Vorwort zum Programm. Verein für Kunst und Kultur, 14.01.1910. Arnold Schönberg Center, Bildarchiv. Signatur: CP 5498.

Gurre-Lieder eine Interpretation an der Kreuzung zwischen Gesang und *Sprechgesang* entwickelt, die es ihm ermöglicht, die klassische Gegenüberstellung der beiden Teile zu überwinden und die er 1912 radikalisiert: Am 28. Januar schlägt ihm Albertine Zehme vor, ausgehend von *Pierrot lunaire* (1884) des belgischen parnassischen Poeten Albert Giraud – in der Übersetzung von Otto Erich von Hartlebens (1896) – einen musikalischen Zyklus zu komponieren. Dieser Auftrag kommt für Schönberg zur rechten Zeit, gewährleistet er doch nicht nur die unverhoffte materielle Sicherheit, sondern ermöglicht ihm zudem, die seit dem Opus 11 begonnenen Kompositionsexperimente zu Ende zu führen.

Als er am 12. März 1912 das erste Melodram komponiert, schreibt Schönberg: „Und ich gehe unbedingt, das spüre ich, einem neuen Ausdruck entgegen."[22] Der unerhörte Charakter des *Pierrot* ist zweifellos darauf zurückzuführen, dass es sich um ein Werk handelt, das sich am Übergang zwischen einer atonalen Periode, deren Errungenschaften er zusammenträgt, und einer kommenden seriellen befindet, die er durch seine organisatorischen Bestrebungen und seine komplexen Architekturen – Ausdruck der Intention, dem möglichen Chaos eines zu freizügigen atonalen Felds zu entgehen – andeutet.

Pierrot verschafft Schönberg ein angemessenes Gehalt; es ist eines der bestbezahltesten Werke des Komponisten, der auf Tournee in unterschiedliche europäische Länder fährt. Die Aufnahme durch das Publikum und die Presse ist gemischt: Der Komponist ist nach wie vor zahlreichen Kritiken[23] ausgesetzt, andererseits erheben sich auch viele positive Stimmen. Das Werk gefällt oder missfällt, aber in ganz Europa beginnt man, über Schönberg und sein Werk zu sprechen.[24] Man weiß nicht, ob Schönberg in Wien geblieben wäre, wäre der Erste Weltkrieg nicht ausgebrochen. Es ist jedenfalls sein Einzug in die Armee am 15. Dezember 1915, der ihn nach Wien zurückführt.[25]

22 Schönberg: *Berliner Tagebuch*, S. 34.

23 Schönberg wirft den Berliner Kritikern Arroganz und Streitsucht vor. Siehe ebd., S. 23.

24 François Lesure (Hrsg.): *Dossier de Presse sur Pierrot Lunaire*. Genève: Minkoff 1985.

25 Freitag: *Schönberg*, S. 79.

Die Rückkehr nach Wien: Zwischen dem zweiten und dritten Berlin-Aufenthalt (1915–1925)

Schönberg kann in der Tat eine gewisse Monarchentreue attestiert werden. Als Konservativer engagiert er sich bereitwillig unter der Fahne und ist gegen den Kommunismus. Die Jahre nach dem Krieg stellen für den Komponisten eine besonders schmerzhafte Zeit dar: Der Krieg bedeutet das Ende eines pazifistischen Ideals, dem er 1907 in dem A-capella-Chorwerk *Frieden auf Erden*, op. 13 Ausdruck verleiht. Der Ausruf der Republik am 12. November 1918, den er mit Skepsis betrachtet, lässt dennoch die Hoffnung auf eine künstlerische Neuerung, eine neue Sezession zu.

1919 arbeitet Arnold Schönberg zusammen mit Adolf Loos an den *Richtlinien für ein Kunstamt*[26]. Zudem verfasst er eine Reihe von Forderungen für den Musikunterricht ab der Grundschule, die das Problem der Fähigkeit eines Zuhörers, ein musikalisches Werk auf autonome Weise zu beurteilen behandeln. Um die Macht der Musikpresse zu umgehen, muss der Wiener, zu dem Schönberg damals wieder wurde, aber allen voran den Einfluss der Konzertgesellschaften kontern. Zu diesem Zweck gründet er 1919 den Verein für Musikalische Aufführungen.[27] In dieser Konzertgesellschaft herrscht die Vorstellung des Komponisten als überdurchschnittlichem Menschen, dem Genie, von dem alles abhängt.[28] Die Interpretation soll ein Modell sein; die Kritiker werden als penetrante Mittelsmänner dargestellt, die sich zwischen Werk und Publikum schalten. Um das Verhältnis von Publikum und Werk zu schützen, sucht der Komponist in dieser neuen Konzertgesellschaft einen ‚Ort ohne Filter',

26 *Richtlinien für ein Kunstamt*, hrsg. v. Adolf Loos. Wien: Lanyi 1919, wieder abgedr. in *Der Friede* 3,62 (1919), S. 232–240.

27 Der Prospekt der Gesellschaft, Verein für musikalische Privataufführungen in Wien, wurde von Alban Berg in Zusammenarbeit mit Arnold Schönberg verfasst: *Prospectus de février et décembre 1919*, wiederaufgenommen in Alban Berg: *Écrits*. Paris: Bourgeois 1985, S. 42–50. Das entsprechende Autograph befindet sich in der Österreichischen Nationalbibliothek, Musiksammlung. Signatur: fonds 21 berg 447. Siehe auch die Reproduktion im Arnold Schönberg Center, Bildarchiv. Signatur: MP 4986-Projekt.

28 Siehe ebd.; Alain Poirier: La ‚Société viennoise d'exécutions privées': antériorité et principes. In: Françoise Escal / François Nicolas (Hrsg.): *Le concert. Enjeux, fonctions, modalités*. Paris: L'Harmattan 2000, S. 111–135, hier S. 119–125.

eine Gesellschaft, die der Musikkritik nicht ausgesetzt wird.[29] Die Hoffnung, ein neues, von Kritik und Institutionen unabhängiges Repertoire dargestellt und zum Vorschein kommen zu sehen, wird allerdings schnell enttäuscht: Die Gesellschaft konnte zwar monographische Abende und abwechslungsreiche Programme, die vor allem Werke von Claude Debussy, Maurice Ravel, Igor Stravinsky, Anton Webern und Arnold Schönberg umfassten, organisieren, sieht sich jedoch gezwungen, ihre Aktivitäten nach dem letzten Konzert vom 5. Dezember 1921, bei dem auch *Pierrot lunaire* gespielt wurde, mangels Ressourcen einzustellen.[30]

Diese erneute Attacke fällt in die Phase des Aufstiegs des Antisemitismus in Wien. Die Monarchie, multiethnisch und plurireligiös, wie sie war, garantierte für Juden Unabhängigkeit und schützte sie gegen jene antisemitischen Tendenzen, die seit dem Ende des letzten Jahrhunderts zunahmen. Am 12. November 1918 wird die Republik ausgerufen, die Kluft zwischen den Nationalitäten verstärkt sich, ebenso das Ressentiment gegenüber der jüdischen Gemeinschaft. Im Oktober 1920 schwächen die Wahlen im Nationalrat die Sozialdemokraten und verstärken die antisemitischen Parteien.[31] Es ist bekannt, dass ein unvorhergesehenes Ereignis im Juni 1921 für Schönberg eine Art symbolische Wendung markiert: Mit Schülern macht er einen Spaziergang am Ufer des Mattsee, einem Badeort in der Nähe von Salzburg,[32] als die politischen Verantwortlichen der Gemeinde alle Juden dazu auffordern, die Ufer des Sees zu verlassen und alle anderen zu beweisen, dass sie keine Juden sind.[33] Aufgrund seiner Konversion zum Protestantismus ist der Komponist nicht dazu verpflichtet, den Ort zu verlassen, macht es jedoch aus Protest: Diese

29 „Die dritte Bedingung zur Erreichung der Ziele des Vereins wird dadurch erfüllt, dass die Aufführungen in jeder Hinsicht nicht öffentlich sind, dass Gäste […] jede öffentliche Berichterstattung über die Aufführungen und Tätigkeit des Vereins zu unterlassen, insbesondere Rezensionen, Notizen und Besprechungen in periodischen Druckschriften weder zu verfassen noch zu inspirieren." (Prospectus de février et décembre 1919. Arnold Schönberg Center, Bildarchiv. Signatur MP4986, S. 3.)

30 Siehe Poirier: La ‚Société viennoise d'exécutions privées', S. 132–134.

31 Siehe Francis Ludwig Carsten: *Fascist Movements in Austria: from Schoenerer to Hitler*. London: Beverly Hills 1977, S. 42; Mäckelmann: *Arnold Schönberg und das Judentum*, S. 35–40.

32 Diesbezüglich spricht Mäckelmann vom „Mattsee-Ereignis" (ebd., S. 13–18).

33 Siehe ebd., S. 13; Freitag: *Schönberg*, S. 110.

Diskriminierung hatte sehr tiefe Wirkung auf ihn. Die Ausweisung der assimilierten Juden markiert seine erste symbolische Rückkehr zum Judentum, die sich anschließend bis zu seiner Konversion 1933 fortsetzen wird. Zu dieser Zeit bricht Schönberg in den Briefen vom 20. April und dem 4. Mai 1923 mit seinem Freund Wassily Kandinsky, dem er darin vorwirft, nicht gegen die antisemitischen Äußerungen der Bauhausgruppe vorzugehen. Er spricht zum ersten Mal seinen Willen aus, mit der deutschen und europäischen Kultur zu brechen und seine Zugehörigkeit zum jüdischen Volk und seiner Kultur zu festigen:

> dass ich nämlich kein Deutscher, kein Europäer, ja vielleicht kaum ein Mensch bin […], sondern dass ich Jude bin. Ich bin damit zufrieden: […] Es war ein Traum. Wir sind zweierlei Menschen. Definitiv![34]

Das Ende des Wiener Aufenthalts ist sehr schmerzhaft und Schönberg macht es sich zur Aufgabe, Artikel zu verfassen, die das jüdische Volk und die jüdische Kultur verteidigen: Er skizziert das Projekt eines Artikels mit dem Titel „Israeliten und Juden“[35], die Kritik eines antisemitischen Artikels, der am 5. Juli in München erschienen war; am 23. Dezember 1923 veröffentlicht er unter dem Titel „Der Geldjude“[36] einen weiteren Text gegen antisemitische Vorurteile. Und kurz bevor er beschließt, Wien zu verlassen, nähert er sich in „Stellung zum Zionismus“[37], einen Beitrag, den sein Freund Rudolf Seiden in der neuen Zeitschrift *Pro Zion!* veröffentlicht, zionistischen Positionen an. Der Komponist verkündet dort die Notwendigkeit, einen jüdischen Staat und eine jüdische Armee oder Verteidigung zu gründen.

34 Siehe Arnold Schönberg: Brief an Wassily Kandinsky, 20.04.1923. In: Arnold Schönberg: *Briefe*, ausgew. u. hrsg. v. Erwin Stein. Mainz: Schotts Söhne 1958, S. 90.

35 Arnold Schönberg: Israeliten und Juden: Siehe „Nachgelassene Kleine Schriften. 5.3.5.7. (1923)“. In: Harmut Krones (Hrsg.): *Arnold Schönberg in seinen Schriften. Verzeichnis – Fragen – Editorisches*. Wien / Köln / Weimar: Böhlau 2011, S. 517–518 [Arnold Schönberg Center, Archiv. Signatur: Typoskript T 39.04].

36 Arnold Schönberg: Der Geldjude. In: Ebd., S. 522 [Arnold Schönberg Center, Archiv. Signatur: Typoskript T 02.03].

37 Arnold Schönberg: Stellung zum Zionismus. In: Krones (Hrsg.): *Arnold Schönberg in seinen Schriften*, S. 458. Siehe auch die Veröffentlichung in *Pro Zion! Vornehmlich nichtjüdische Stimmen über die jüdische Renaissancebewegung* (1924), S. 33–36.

Der dritte Berlin-Aufenthalt (1926–1933)

Als er Wien im Winter 1925 verlässt, weigert sich Schönberg, auf das Interviewgesuch eines Wiener Journalisten zu antworten und evoziert erneut die Hetzkampagne, der er in seiner Heimatstadt ausgesetzt war:

> Denn es ist mein dringendes Bedürfnis, von Wien so unbeachtet zu scheiden, wie ich es in der Zeit gewesen bin, die ich hier zugebracht habe. Ich wünsche keine Anklagen, keine Angriffe, keine Verteidigung, keine Reklame, keinen Triumph!![38]

Mit dem Tod Ferrucio Busonis im Juli 1925 wird Arnold Schönberg zum Professor für Komposition an der Berliner Akademie ernannt, vor allem dank der Unterstützung Leo Kestenbergs.[39] Nach umfangreichem Briefverkehr mit Kestenberg bezüglich der Modalitäten des Berliner Auftrags tritt Schönberg die Stelle im Januar 1926 an. Er hofft durch diese Anerkennung, endlich einen Rahmen zu finden, der es ihm ermöglicht, sich seinem Werk und seiner Intention, die Musik seiner Zeit zu erneuern, zu widmen:

> Anerkennung tut wohl und ich habe gesehen, dass Sie selbst mit grosser Freude an diese Sache herangetreten sind, und Ihre Freude und die Wärme, mit der Sie mir alles darlegten, hat sich auf mich übertragen und, wie Sie ja wohl bemerkt haben müssen, mir sofort Lust gemacht, alle meine vorgefassten Meinungen fallen zu lassen, und die Stellung anzunehmen.[40]

In Berlin findet er hervorragende Arbeitsbedingungen vor: Er unterrichtet sechs Monate im Jahr und kann so die andere Hälfte des Jahres nutzen, um sich dem Komponieren zu widmen. Diese Freiheit erklärt die große Produktivität Schönbergs während dieses langen Berliner Aufenthalts. Hat der Komponist in Wien mit den

38 Arnold Schönberg: Brief an Herrn J. Bistron, Redaktion des Neuen Wiener Journals, 26.09.1925. In: Ders.: *Briefe*, S. 118.

39 1918 war Kestenberg als Wissenschaftlicher Mitarbeiter ins Preußische Kultusministerium eingetreten. Ab 1920 leitete er die Musikabteilung des Zentralinstituts für Erziehung und Unterricht, wobei er sich für die Modernisierung der schulmusikalischen Bildung engagierte und auch die preußische Berufungspolitik für die Berliner Theater und Orchester leitete. Er verfasste auch Essays wie zum Beispiel *Musikerziehung und Musikpflege* (1921). Schönberg und Kestenberg schrieben sich regelmäßig zwischen 1925 und 1944, siehe Schönberg: *Briefe*, S. 88, 106, 137, 139, 141, 180. Zu Kerstenberg, siehe Suzanne Fontaine (Hrsg.): *Leo Kestenberg. Musikpädagoge und Musikpolitiker in Berlin, Prag und Tel Aviv.* Freiburg: Rombach 2008.

40 Arnold Schönberg: Brief an Leo Kerstenberg, 24.09.1925. In: Ders.: *Briefe*, S. 124.

Fünf Klavierstücken op. 23 bereits eine Art serielle Matrize eingeführt, wird er diese in Berlin erproben und sein neues musikalisches Zwölftonsystem tatsächlich begründen. Erscheint der vierte Satz des Opus 23 in seiner formalen Strenge noch wie eine etwas rigide Anwendung der Zwölfton-Methode, weisen die nachfolgenden Werke eine größere Freiheit in der Handhabung der Zwölftontechnik und eine erstaunliche Formenvielfalt auf. Schönberg dekliniert darin alle möglichen Variationen der seriellen Technik, wie er sie dann in *Structural Functions of Harmony*[41] und diversen Artikeln ausführt, vor allem in „Zur Kompositionslehre" (1931)[42], der gewisse Prinzipien des Artikels „Komposition mit 12 Tönen"[43] wieder aufgreift. Am Beginn der 1920er Jahre komponiert er zugleich Kammermusik-Stücke (*Bläserquintett* op. 26; *Drittes Streichquartett* op. 30) und klassische Vokalwerke (*Vier Stücke für gemischten Chor* op. 27; *Drei Satiren für gemischten Chor* op. 28) mit dem Versuch, ihnen eine ‚unsichtbare' innere Einheit zu verleihen, die von der Serie ausgeht. Der Komponist wird in den *Drei Satiren* so weit gehen, tonal komponierte Kanons zu integrieren, um zu beweisen, dass er die Tradition beherrscht und zu jedem beliebigen Zeitpunkt die geeignetste Methode frei wählen kann. Er will unter Beweis stellen, dass er die Musik erneuert, indem er das Klanguniversum variiert, und sie nach anderen Prinzipien organisiert, ohne dabei aber die Tradition zu zerstören; Vielmehr überwindet er die Dialektik von tonalem und atonalem Universum durch die serielle Reorganisation.

In Berlin wird der Komponist darüber hinaus erste Unterstützung durch große international bekannte Dirigenten finden: Zu diesen zählt vor allem Wilhelm Furtwängler, der damals das Berliner Philharmonische Orchester leitet. Mit diesem prestigereichen Ensemble will Furtwängler das Opus 31 von Schönberg, *Variationen für Orchester*, uraufführen. Das Projekt scheitert jedoch geräuschvoll: Das Konzert wird zwar nicht unterbrochen, am Ende aber teilweise ausgepfiffen. Es wird keine zweite Aufführung geben, was für den Komponisten,

41 Arnold Schönberg: *Structural Functions of Harmony*. London: Faber and Faber 1983.

42 Arnold Schönberg: Zur Kompositionslehre. In: *Die Musik* 23,8 (1931), S. 571–574.

43 Arnold Schönberg: Komposition mit 12 Tönen [1923]. Arnold Schönberg Center, Archiv. Signatur: Typoskript T 34.10. Der Beitrag wurde später in Amerika wieder aufgenommen in Arnold Schönberg: *Stil und Gedanke*, hrsg. v. Ivan Vojtech. Frankfurt am Main: Fischer 1992, S. 104–137.

der dem Publikum zum ersten Mal ein serielles Werk für ein großes Orchester präsentierte, eine Niederlage darstellt. Dennoch wird Schönberg infolge dieses Konzerts nicht zum Opfer einer Welle von Feindseligkeiten. Im Gegenteil, man gibt ihm die Gelegenheit, sein Werk zu erklären: Er wird vom Dirigenten Hans Rosbaud zu einer Vorlesung beim Frankfurter Rundfunk eingeladen, um über den Aufbau seines Opus 31 zu sprechen.[44] Auch die *Revue Musicale* lädt ihn ein, die Kompositionsprinzipien, die die Schöpfung der *Variationen für Orchester* leiten, darzulegen: Es handelt sich um ein Interview, das Schönberg sich selbst gibt, die „Idées d'Arnold Schönberg sur la musique", die anschließend in Deutschland unter dem Titel „Interview mit mir selbst"[45] publiziert wurden und offenlegen, was der Komponist von dem Fachjournalismus und der Musikkritik erwartete. Es ist der Wert der musikalischen Idee seines Orchesterwerks selbst, dem der Komponist in den Fragen, die er sich selbst stellt, Gehör verschaffen will. Es geht darum, zu verstehen, warum er, der seit mehreren Jahren vorwiegend mit einem begrenzten Ensemble von Instrumentalisten arbeitete, sich nun dazu entschlossen hat, mit zwölf Tönen ein ausschweifendes Orchesterwerk zu komponieren. Schönberg hinterfragt sein orchestrales Schweigen seit den *Orchesterliedern*, op. 22, und evoziert die Frage der Oktavverdopplung, die er bisher vermeiden wollte, indem er auf zu große Ensembles verzichtete. Er stellt sich also die Fragen, die er gerne von den Journalisten gestellt bekommen würde:

> Wieso ist es Ihnen möglich geworden, doch so viele Stimmen zu schreiben, als selbst der magerste Orchestersatz erfordert? Wie aber haben Sie es insbesondere ermöglicht, alle die vielen Instrumente eines großen Orchesters so zu beschäftigen, daß ihre Verwendung vom Gesichtspunkt künstlerischer Oekonomie aus gerechtfertigt erscheint?[46]

Bleiben die Kritiker selbst in Berlin zahlreich, genießt der Komponist bereits eine gewisse Anerkennung und Berühmtheit, die andere

44 Den Vortrag zu den Orchestervariationen, op. 31, der am 22. März 1931 aufgenommen wurde, ist im Archiv des Arnold Schönberg Center zu hören, siehe Arnold Schönberg Center, Archiv. Schönberg spricht, Signatur 58/R7, 59/R7, 98/R7, 103/R7-104/R7). Publiziert wurde das Interview als Vortrag über op. 31 in Schönberg: *Stil und Gedanke*, S. 255–271.

45 *Deutsche Allgemeine Zeitung*, 16.12.1928.

46 Arnold Schönberg: Interview mit mir selbst. In: *Deutsche Allgemeine Zeitung*, 16.12.1928 [Arnold Schönberg Center, Archiv, Signatur: T 20.29].

Dirigenten dazu bringt, sein Werk spielen zu wollen: 1930 wird Otto Klemperer die Premiere von *Begleitmusik zu einer Lichtspielszene* geben. Diese Musik in Erwartung eines Films, die ohne audiovisuelle Begleitung interpretiert wurde, erfährt bei der Premiere einen unerwarteten Erfolg.[47]

Schönberg wird in Berlin die Möglichkeit bekommen, einige seiner Kompositionsprinzipien in den Medien, vor allem in der Presse, aber auch im Radio, darzulegen. Er wird eine nicht unbedeutende Anzahl von Presseartikeln verfassen, mit der Intention, den Beurteilungskriterien für musikalische Werke eine andere Richtung zu geben und gegen die Vorurteile, die damals gegen seine Musik und die atonale oder serielle Musik zirkulierten, anzukämpfen. Er versucht, die Gegenüberstellungen vor allem zwischen romantischer und klassischer Musik, zwischen Tonalität und Atonalität, Melodie und Harmonie, die bei der Verfassung der Mehrzahl der Pressekritiken gebraucht wurden, für ungültig zu erklären. Zu dieser Zeit entwickelt er das Konzept des ‚musikalischen Gedankens', ein *a priori* strukturierendes, das Werk organisierendes und erhellendes Prinzip, und arbeitet ein Jahrzehnt lang daran, den Zugang zu ihm in einem Essay zu definieren.[48]

Festzuhalten ist, dass sich Schönberg in Berlin bewusst wird, inwieweit sich die Strukturen des musikalischen Lebens weiterentwickeln. Er erlebt wie in Europa und insbesondere im Deutschland der Weimarer Republik, Zeitschriften das Licht erblicken, die der musikalischen Neuerung gegenüber positiver gestimmt sind. Der Komponist will also an der Erneuerung der musikalischen Landschaft Deutschlands und Österreichs, aber auch Europas mitwirken. So bietet er Zeitschriften, vor allem Fachzeitschriften, die sich an die musikalische Fachwelt richten, Beiträge an. Für die *Deutsche Tonkünstlerzeitung* schreibt er einen Artikel „Zur Frage des modernen

47 Schönberg wundert sich über jenen einmaligen Erfolg und ironisierte: „Das Stück scheint ja zu gefallen: soll ich daraus Schlüssel auf seine Qualität ziehen" (Arnold Schönberg: Brief an Heinrich Jalowetz, 01.02.1931. In: Ders.: *Briefe*, S. 159).

48 Der Text *Der musikalische Gedanke und die Logik, Technik und Kunst seiner Darstellung* erscheint später auf Englisch, siehe Arnold Schönberg, *The Musical Idea and the Logic, Technique and Art of its Presentation*, aus d. Dt. v. Patricia Carpenter / Severine Neff. Bloomington: Indiana UP 1995. Zu diesem zentralen Essay im Denken Schönbergs siehe insbesondere Christian Reineke: *Der musikalische Gedanke und die Fasslichkeit als zentrale musiktheoretische Begriffe Arnold Schönbergs*. Kassel: Bosse 2007.

Kompositionsunterrichtes“ und für die Zeitschrift *Pult und Taktstock*, geleitet von seinem Freund Erwin Stein, liefert er einen Beitrag über „Die Zukunft der Orchesterinstrumente“[49] sowie einen weiteren über „Mechanische Musikinstrumente“[50]. Diesmal erkennt Schönberg den Nutzen, den er aus dem Fachjournalismus ziehen kann. Er versucht, seine Vorstellung des Orchesters und der modernen Instrumente zu verbreiten, welche die treibende Kraft der Erneuerung der deutschen und europäischen Musik werden sollten. So richtet er sich in „Die Zukunft der Orchesterinstrumente“, veröffentlicht 1924, direkt an die Dirigenten. Er reflektiert darin über die Klangfarbe, die jene Überlegungen vertiefen, die er am Ende der *Harmonielehre* im Entwurfsstadium belassen hatte. Die Klangfarbe sei kein einfaches impressionistisches Farbenspiel, sondern eine strukturierende Dimension, die der Erhellung jenes Gedankens dient, der die Komposition leitet.

Parallel zu diesen praktischen und ästhetischen Reflexionen über Instrumente, Klangfarbe und Notation erläutert Schönberg seine seriellen Kompositionsprinzipien in der Presse. Besonders in zwei Artikeln aus dieser Periode, „Tonality and Form“ von 1925,[51] dann 1926 in „Gesinnung oder Erkenntnis“[52] versucht er, den Ideen, die die seiner Meinung nach von der Kritik manipulierte Öffentlichkeit dominieren, entgegenzuarbeiten: Er schreibt eine Reihe von Beiträgen, mit dem Ziel, die etablierten, beschränkten Polaritäten von Tonalität und Atonalität oder auch Form und Idee, Tradition und Moderne, alter und Neuer Musik, wie er sie in den späteren in den USA verfassten Artikeln präzisieren wird, zu überwinden. In „Tonality and Form“, erschienen am 19. Dezember 1925 in der amerikanischen Zeitung *Christian Science Monitor*, entfaltet der Komponist seine Argumentation ausgehend von der Feststellung, dass die Journalisten und

49 Arnold Schönberg: Die Zukunft der Orchesterinstrumente. In: *Pult und Taktstock. Fachzeitschrift für Dirigenten* 1,8 (1924), S. 131–134.

50 Arnold Schönberg: Mechanische Musikinstrumente. In: *Pult und Taktstock. Fachzeitschrift für Dirigenten* 3,3/4 (1926), S. 71–75.

51 Arnold Schönberg: Tonality and Form. In: *Christian Science Monitor*, 19.12.1925, S. 10, wiederabgedr. in ders.: *Style and Idea. Selected Writings*, hrsg. v. Leonard Stein. Berkeley / Los Angeles / London: Belmont Music Publishers 1975.

52 Arnold Schönberg: Gesinnung oder Erkenntnis. In: Hans Heinsheimer / Paul Stefan (Hrsg.): *25 Jahre Neue Musik*. Wien: Universal Edition 1926, S. 21–30.

Musikwissenschaftler eine falsche Meinung verbreiten:[53] Indem die wissenschaftliche Community sowie die Journalisten die Atonalität der Tonalität einander gegenüberstellt, schaffe sie eine Nebelwand, welche die durch die Komposition aufgeworfenen neuen Fragen, verschleiere. Die von Wagner gestellte Frage nach den Grenzen der Tonalität fordere, so Schönberg, zu Beginn der 1920er Jahre neue Antworten. In den Augen des Komponisten beruhe der propagierte Irrtum auf der Tatsache, dass sich die Kritik, eher als zu versuchen, den von einem Werk ausgehenden musikalischen Gedanken und die neuen Klanghorizonte, die sich eröffnen, zu verstehen, in Technik und Stil verbohre und dabei so weit gehe zu glauben, dass die Harmonie der Determination der Form diene. Vertieft er hier bereits in der *Harmonielehre* ausgeführte Gedanken, stellt er den musikalischen Gedanken, die Idee, die das Werk von innen heraus strukturiert, der Frage des Stils und der Form gegenüber, die seiner Meinung nach nie mehr als äußere Einwirkungen darstellen. Um die Opposition zwischen Tonalität und Atonalität genauso wie jene zwischen traditioneller und Neuer Musik zu überwinden, müsse man sich der Vergangenheit zuwenden und dort die Keime der Zukunft suchen: Diese Haltung gegenüber der Zeit lässt Reinhold Brinkmann an eine Analogie zwischen den ästhetischen Positionen Schönbergs und dem Engel der Geschichte von Walter Benjamin denken.[54]

Schönberg will also nicht als ‚Totengräber der Tonalität' bezeichnet zu werden, sondern im Gegenteil als jemand, der die Geschichte besser kennt, die Regeln und die Gebräuche, der weiß, wie die Widersprüche zu überwinden sind, um eine musikalische Zukunft zu erfinden. Er beschreibt sich als der letzte Komponist, der dazu in der Lage sei, den musikalischen Horizont wirklich zu erneuern, weil er sich nicht wie zahlreiche seiner Zeitgenossen damit begnüge, tonale Sequenzen ohne wirkliche Verbindung oder ununterbrochen Verstöße gegen die Tonalität aneinanderzureihen, vielmehr verstehe er

53 „I read in a newspaper that a group of modern composers has decreed that tonality must be restored, as, without it, form cannot exist. That tonality must be reestablished [...] For the belief in technique and its material accompagniments is so deeply rooted that the "Faiseurs" would certainly sooner move fountains than risk adventures in more mental regions." (Schönberg: Tonality and Form, S. 275.)

54 Reinhold Brinkmann: *Arnold Schönberg und der Engel der Geschichte*. Wien: Picus 2001.

den Sinn der tonalen Harmonie und könne folglich versuchen, sie zu überwinden.[55]

Im darauffolgenden Jahr prangert Schönberg in seinem im Jahrbuch *25 Jahre Neue Musik* erschienenen „Gesinnung oder Erkenntnis" erneut die Mehrheitsmeinung an, die ihm zufolge keine Frage des Denkens, des kritischen Geistes mehr sei, sondern vielmehr von simplen Slogans, die der Öffentlichkeit über die Presse aufgezwungen werden. Einige Jahre später, 1931, veröffentlicht er den bereits zitierten Artikel „Zur Kompositionslehre"[56], in dem er seine Anschauung der Wiederholung in der Musik entfaltet. Im Gegensatz zu der von Hugo Riemann vorgenommenen Annäherung geht er in seinem Text von einer Unterscheidung zwischen dem literarischen und dem musikalischen Rondo aus und formuliert dort 12 Kompositionsprinzipien, die er später in *Der musikalische Gedanke* und anschließend in den *Structural Functions of Harmony* wieder aufnimmt. In dem Buch erläutert Schönberg seinen zentralen Gedanken, demzufolge ein musikalisches Werk der Ausdruck einer klaren und verständlichen Idee ist, einer globalen Vision ohne zu viele sekundäre Entwicklungen.[57]

Aber gerade als Schönberg beginnt, die in Wien fehlende institutionelle Unterstützung sowie mediale Vermittler in Berlin zu finden, um seine kompositorischen Prinzipien zu erklären, sieht er sich mit dem Aufkommen der antisemitischen Ausfällen und dem Aufstieg der NSDAP konfrontiert. Seit dem ‚Mattsee-Ereignis' und den antisemitischen Angriffen um seine Nominierung für das Wiener Konservatorium beschäftigte sich Schönberg zunehmend mit jüdischer Geschichte, Kultur und Religion. Bis dahin war das Judentum Schönbergs ein biblisches und kein talmudisches und pharisäisches. Er hatte so wenig Kenntnis von der jüdischen Gemeinschaft wie die meisten emanzipierten Juden Wiens und Deutschlands am Ende des 19. und in den ersten Jahrzehnten des 20. Jahrhunderts und bezog sein Wissen aus der Bibel, so wie es der Fall bei Sigmund Freud, Walter Benjamin

55 „I am probably the last of the modern composers who has occupied himself with tonal harmony in the sense of the oldest masters." (Schönberg: Tonality and Form, S. 256).

56 Schönberg: Zur Kompositionslehre.

57 Entsprechend heißt es bei Schönberg: „Je compose à partir d'une vision d'ensemble, m'attachant ensuite aux détails [...]" (Arnold Schönberg: La musique savante. In: Ders. *Le Style et l'idée*. Paris: Buchet / Chastel 2002, S. 88–89, hier S. 89).

oder Karl Kraus war.[58] Der Komponist erweitert also ab diesem Zeitpunkt seine Kenntnisse über jüdischen Kultur und Geschichte vor allem durch jene Bücher, die er damals in Berlin kauft oder geschenkt bekommt und mit zahlreichen Anmerkungen versieht. Dazu zählen u. a. Johannes Kreppels *Juden und Judentum*, Friedrich Muckles *Der Geist der jüdischen Kultur und das Abendland*, Jakob Schönbergs *Die traditionellen Gesänge der israelitischen Gottesdienste in Deutschland* und auch Arnold Klatzkins Werke wie *Probleme des moderne Judentums* und *Die Judenfrage der Gegenwart*.[59]

Die Frage, die sich Schönberg dann in Berlin stellt, ist jene des Handelns und des Engagements. Er stellt sein musikalisches Werk nicht in den Dienst einer Sache, aber die Frage des Handelns zugunsten der jüdischen Gemeinschaft und vor allem des Zionismus beschäftigt ihn und findet Nachklang in den Libretti einiger in Berlin komponierter Vokalwerke. Arnold Schönbergs letzte, unvollendete Oper in drei Akten, die er zwischen 1930 und 1935 komponierte,[60] inszeniert einen wortkargen, beinahe sprachunfähigen Moses, der Gottes Gedanken empfängt, ihn aber nicht zu vermitteln vermag, und einen wortgewandten und tatkräftigen Aron, der zwar mit dem auserwählten Volk Israel kommunizieren kann, dafür aber die Idee Gottes ‚verunreinigt'. Die Dialektik von unreiner Tat und reinem absolutem Gedanken erstreckt sich über drei Akte und mündet in eine Aporie: Wer die Reinheit des Gedankens an Gott aufbewahren will, ist von der Welt abgeschieden und wird so wie Moses am Ende des 2. Aktes von den Seinigen nicht verstanden. Wer dagegen im Namen seiner Liebe zu Gott und seinen Mitmenschen handelt und sich auf Kompromisse einlässt – so wie Moses in der Episode mit dem Goldenen Kalb – kompromittiert den Gedanken Gottes. Dieses komplexe Werk beschäftigt sich mit der Frage der Musik und des Sakralen,[61] stellt

58 Siehe Enrico Fubini: Herméneutique et judaïsme chez Schoenberg. In: Cohen-Levinas (Hrsg.): *Le siècle de Schoenberg*, S. 177–193, hier S. 192–193.

59 Diese Ausgaben sind heute in Schönbergs Bibliothek im Schönberg Center in Wien aufbewahrt.

60 Den ersten Akt komponierte Schönberg zwischen 17. Juli 1930 und 14. Juli 1931, den 2. Akt zwischen 20. Juli 1931 und 10. März 1932, während er den dritten Akt in Amerika zwischen 21. Juni 1934 und 5. Mai 1935 entwarf.

61 Siehe Laure Gauthier: Arnold Schönbergs *Moses und Aron*: Vertiefung oder Aufhebung der kunstreligiösen Dialektik? In: Albert Meier / Alessandro Costazza / Gérard Laudin (Hrsg.): *Kunstreligion*, Bd. 2: Die Radikalisierung des Konzepts nach 1850. Berlin / New York: de Gruyter 2012, S. 155–184.

aber auch jene der Zerrissenheit zwischen Idealismus und Engagement, Tat und Gedanken, was die Lage des vom Aufstieg des Nazismus bedrohten Jüdinnen und Juden Deutschlands und Österreichs spiegelt.
Im zwischen 1926 und 1927 verfassten und unvollendet gebliebenen zionistischen Drama *Der biblische Weg* spielt die Dialektik von Tat und Gedanke ebenfalls eine strukturgebende Rolle.[62] Das Oberhaupt einer zionistischen Bewegung in Wien, Max Aruns, der sich zum Ziel setzt, in Afrika ein neues Palästina zu gründen,[63] will zugleich Moses und Aron sein. Der Versuch, sowohl kompromissbereit und unnachgiebig zu handeln, kann nur scheitern. Wenn man aber das Ideal auf Erden nicht realisieren kann, so besteht am Ende doch ein Schimmer Hoffnung auf eine Verwirklichung im Jenseits. Der Mensch soll lernen, an den einzigen, ewigen, unvorstellbaren Gott der Thora zu denken. Er soll sich ‚vergeistigen', das Materielle hinter sich lassen, sich ‚reinigen'. Der Gedanke an Gott ersetzt seine Präsenz oder gar seine Existenz, von denen nirgends die Rede ist – wohl aber von einem Traum Gottes. Was übrig bleibt, ist also ein Gebet, ein Gedanke. Das Absolute soll nicht unbedingt Wahrheitscharakter besitzen, sondern kann auch womöglich nur Fiktion sein:

> Asseino[64]: […] Wir wollen uns geistig vervollkommnen, wollen unsern Gottestraum träumen dürfen -- wie alle alten Völker, die die Materie hinter sich haben.[65]

62 Der Text liegt als Manuskript im Arnold Schönberg Center in Wien vor, siehe Arnold Schönberg: Der Biblische Weg. 4. Fassung. Schauspiel in 3 Akten von Arnold Schönberg. Manuskript, Signatur: T 11.01. Er wurde 1994 veröffentlicht, siehe Arnold Schönberg: Der biblische Weg. In: *Journal of the Arnold Schoenberg Institute* 17,1/2 (1994), S. 162–328.

63 Siehe vor allem Jost Hermand: „Der biblische Weg", Zur Radikalität von Schönbergs zionistischer Wende. In: Rudolph Stephan / Siegrid Wiesmann (Hrsg.): *Bericht über den 3. Kongress der Internationalen Schönberg-Gesellschaft. Arnold Schönberg – Neuerer der Musik. Duisburg, 24. bis 27. Februar 1993*, unter Mitarb. v. Matthias Schmidt. Wien: Lafite 1996, S. 195–206; Olivier Revault d'Allones: *Aimer Schönberg*. Paris: Bourgois 1992, S. 118–126.

64 Fungiert im Text als Rabbiner im laizistischen Sinne.

65 Es handelt sich um eine Replik aus der Abschlussrede von Asseino (*Der biblische Weg*, III, 10). Der Text liegt als Manuskript im Arnold Schönberg Center in Wien vor (Der Biblische Weg. 4. Fassung. Schauspiel in 3 Akten von Arnold Schönberg. Signatur: T 11.01). Er wurde 1994 veröffentlicht in *Journal of the Arnold Schoenberg Institute* 17,1 (1994), S. 162–328.

Schönbergs Hinwendung zum Judentum löst Kritiken in der Presse aus, auf die er reagiert: 1925 veröffentlicht Alfred Heuss einen der Person wie Musik des Komponisten gegenüber feindlichen Artikel.[66] Der Journalist spricht vom Desaster für die deutsche Musik und spielt auf die jüdischen Wurzeln Schönbergs an:

> Denn darüber ist sich jeder, der in die Rassenunterschiede einen Einblick hat, klar, dass der Fanatismus Schönbergs, darin bestehend, auf einer engen Grundlage rücksichtslos die allerletzten Konsequenzen zu ziehen, mit deutschem Wesen nichts gemein hat.[67]

Zu seiner Verteidigung verfasst Schönberg 1926 eine Skizze über die Nächstenliebe, in der er die katholischen Kritiker beim Wort nimmt, indem er bereits im Titel das Neue Testament notiert: „Liebe deinen Nächsten wie dich selbst"[68]. Er erinnert dort an die Notwendigkeit des Selbsterhaltungstriebs der Juden, die Notwendigkeit, sich zu verteidigen und zeigt sich pessimistisch gegenüber einer Menschheit, die die Nächstenliebe zu verkünden weiß, ohne diesem Wort je selbst gerecht zu werden.

Auch wenn sich Schönberg für die zionistische Sache interessiert, die er als die einzige betrachtet, die dazu in der Lage ist, dem bedrohten jüdischen Volk zu helfen, verkehrt der Komponist nicht in den zionistischen Kreisen Berlins.[69] Er scheint relativ isoliert, nähert sich dem Zionismus nur durch seine Lektüren und einige Freundschaften an, etwa zu Rudolf Seiden, dem österreichischen Publizist und Herausgeber der Zeitschrift *Pro Zion.*[70] Bis zu seiner überstürzten, durch die Machtübernahme der Nazis provozierten Abreise aus Berlin scheint Schönberg vor allem in den musikalischen Kreisen verkehrt und versucht zu haben, so viel wie möglich zu komponieren.

Am 30. Januar 1933 wird Schönberg von der Geschichte eingeholt. Hitler wird zum Kanzler ernannt, am 23. März wird das

66 Alfred Heuß: Arnold Schönberg – Preußischer Kompositionslehrer. In: *Zeitschrift für Musik* 92 (1925), S. 583–585. Siehe dazu Mäckelmann: *Arnold Schönberg und das Judentum*, S. 63–69.

67 Ebd., S. 67.

68 Arnold Schönberg: Liebe deinen Nächsten wie dich selbst, 19.07.1926. Arnold Schönberg Center, Archiv. Signatur: Manuskript, T08:07.

69 Zu den zionistischen Kreisen in Berlin siehe insbesondere Barbara Schäfer: *Berliner Zionistenkreise. Eine vereinsgeschichtliche Studie.* Berlin: Metropol 2003.

70 Siehe Rudolf Seiden: Brief an Arnold Schönberg, 08.03.1924. Arnold Schönberg Center, Archiv. Signatur: Briefe T 02.05.

Ermächtigungsgesetz unterzeichnet. In diesem Zusammenhang wird auch Max von Schelling, der Präsident der Preußischen Akademie der Künste, auf einer Sitzung darauf bestehen, dass dem jüdischen Einfluss auf die Kultur ein Ende bereitet werde. Schönberg verlässt die Versammlung und beantragt bezahlten Urlaub bis zum Ende seines Vertrags.[71] Er begründet seine Handlung wie folgt:

> Einer, der wie ich, in politischer und moralischer Hinsicht unangreifbar dasteht, der durch den Verzicht auf seinen Wirkungskreis in seiner künstlerischen und menschlichen Ehre aufs Tiefste gekränkt wird, sollte nun nicht noch dazu auch in seiner wirtschaftlichen Lebensmöglichkeit gefährdet, ja mit dem Untergang bedroht werden.[72]

Trotz seiner treuen Dienste wird Schönberg also von einer kulturellen Institution ausgeschlossen. Von diesem Moment an denkt der Komponist daran, ins Exil zu gehen. Im Mai 1933 schließlich unternimmt er diesen Schritt, als Otto Klemperer ihn davor warnt, zu bleiben. Am 17. Mai, dem Tag, an dem er das Telegramm von Klemperer erhält, verlässt er Berlin mit seiner Frau und seiner Tochter. Sie fahren nach Paris, dann nach Arcachon. Schönberg bleibt bis Oktober 1933 in Frankreich. In Paris konvertiert er unter der Zeugenschaft von Marc Chagall zum Judentum. In Paris und Arcachon wird sich Schönberg auch der zionistischen Sache widmen. In dieser Periode des Exils in Frankreich und zu Beginn seines amerikanischen Exils nimmt er Kontakt zu zionistischen Institutionen auf und versucht, die Öffentlichkeit zu warnen. Er verfasst mehrere Textskizzen, u. a. eine Erklärung, die er im Radio und auf dem Zionistenkongress in Prag verlesen wollte:

> Ich halte das für wichtiger als meine Kunst, und ich bin entschlossen, wenn ich für solche Tätigkeit geeignet bin – nichts anderes mehr zu machen, als für die nationale Sache des Judentums zu arbeiten.[73]

Die Konsequenzen daraus äußern sich vor allem in seinem Brief an Anton Webern vom 4. August 1933, den er in Arcachon verfasst:

71 Eberhard Freitag: *Schönberg. Mit Selbstzeugnissen und Bilddokumente,* S. 132; Josef Rufer: *Das Werk Arnold Schönberg.* Kassel: Bärenreiter 1971, S. 201.

72 Siehe Arnold Schönberg: Brief an die Preußische Akademie der Künste, 20.03.1933. Arnold Schönberg Center, Archiv. Signatur: Manuskript, T 80.21.4.

73 Zit. n. Willi Reich: *Arnold Schoenberg, oder der konservative Revolutionär.* Wien / Frankfurt am Main / Zürich: Molden 1968, S. 244.

> Es ist meine Absicht, mich aktiv an solchen Bestrebungen zu beteiligen. Ich halte das für mich für wichtiger, als meine Kunst und ich bin entschlossen – wenn ich für solche Tätigkeit geeignet bin, nichts anderes mehr zu machen, als für die nationale Sache des Judentums zu arbeiten. Ich habe damit auch bereits begonnen und habe in Paris für meine Ideen fast überall Zustimmung gefunden. Mein nächster Plan ist eine grosse Tournee durch Amerika zu machen, aus welcher vielleicht eine Weltreise werden wird, um Hilfe für die Juden in Deutschland zu werben. Man hat mir wichtige Unterstützung zugesagt. Es geht etwas langsam vorwärts. Denn, wie es immer bei mir gewesen zu scheint: wer von dem was ich ihm gesagt habe, einen Eindruck empfangen und mir geglaubt hat, ist selten imstande, diesen Eindruck einem Dritten zu vermitteln und ihn zu glauben zu bewegen; denn es liegt wohl nicht nur am Wortlaut, sondern auch am Vortrag, dass sich so schwer wiedergeben lässt, was ich gesagt habe; und so bleibt der Dritte skeptisch, solange, bis er mich selbst gesprochen hat. Ich werde eben in grossen Versammlungen (Lautsprecher) und im Radio sprechen müssen.[74]

Schönberg verfasste unterschiedliche Notizen, Skizzen auf Briefrändern und -rückseiten, Entwürfe von Rundfunkansprachen über die Notwendigkeit der Unterstützung der europäischen Juden und der Vereinigung der Juden im Exil rund um eine Einheitspartei, eine einzige politische Partei, um mehr Gewicht im politischen Leben zu haben.[75] Auch in seinem Werk, vor allem in *A Survivor from Warsaw*, op. 46, knüpft er weiter Verbindungen zur jüdischen Kultur. Nach Auschwitz komponiert Schönberg noch, schreibt aber seltener in deutscher Sprache. Noch 1951 verleiht er in einem wenige Monate vor seinem Tod verfassten Brief seinem Glauben Ausdruck, dass die Musiker und Komponisten Israels die neuen „Priester" seien, die die Welt verbessern könnten. Diese Utopie eröffnet er Frank Pelleg, der ihm vorschlug, die Stelle als Direktor des Israel Academy of Music in Jerusalem anzunehmen:

> Aus einem solchen Institut müssen wahre Priester der Kunst hervorgehen, die der Kunst mit der selben Weihe entgegentreten, wie der Priester Gottes Altar. Denn wie Gott Israel als das Volk auserwählt hat, dessen Aufgabe es ist, trotz

74 Arnold Schönberg: Brief an Anton Webern, 04.08.1933. Arnold Schönberg Center, Briefarchiv, Signatur: ID 2398.

75 Hier denke ich vor allem an „Pläne zur Einwanderung" (1933), Notizen auf der Vorder- und Rückseite eines Briefes von Hans Beer an Arnold Schönberg vom 18. Juli 1933 (Arnold Schönberg Center, Archiv. Signatur: Manuskript T 15.10) oder an das „A four Point Programm for Jewry", eine erste Entwurfsfassung des „Four Point Program" mit umfangreichen Anmerkungen und Korrekturen, am 17. Oktober 1938 im amerikanischen Exil geschrieben (Arnold Schönberg Center, Archiv. Signatur: T52.08).

> aller Verfolgungen, trotz aller Leiden den reinen, wahren mosaischen Monotheismus aufrecht zu erhalten, so ist es Aufgabe der israelitischen Musiker, der Welt als Vorbild zu geben, das allein imstande ist, unsere Seelen wieder funktionieren zu machen, wie es die Höhere Entwicklung der Menschheit erfordert.[76]

Obschon Israel für Schönberg eine hoffnungsvolle Zukunft hatte, siedelte er nach dem Krieg weder in den neu gegründeten jüdischen Staat über noch kehrte er in die alte Heimat zurück. Hingegen beschloss er, im Exil zu sterben, in dem Land, wo er weiterhin 18 Jahre lang schreiben und komponieren durfte.

Berlin ist für Arnold Schönberg also ein ‚Zwischenland' geblieben. Ein Zufluchtsort zwischen der Heimat Wien und dem ‚Adoptivland' Amerika. Auch wenn die Hauptstadt Deutschlands gefühlsmäßig nie zu seiner Heimat wurde, so wurde sie während des dritten Aufenthalts in den 1920er und frühen 1930er Jahren viel mehr als lediglich ein Anti-Wien. Berlin war für den Komponisten die mögliche Hauptstadt der Neuen Musik in Europa und sollte das Zentrum der seriellen Musik werden, von wo aus er in einem toleranteren musikalischen und journalistischen Umfeld seine theoretischen und musikalischen Werke verbreiten wollte.

76 Arnold Schönberg: Brief an Frank Pelleg, 26.04.1951. In: Ders.: *Briefe*, S. 297–298.

Eine weibliche Avantgarde

Jüdische Frauen in Berlin als Studentinnen und Akademikerinnen

Monika Richarz

In der modernen Historiographie gilt es als erstrebenswert, jüdische Geschichte nicht als separate Geschichte zu schreiben, sondern als Teil der allgemeinen Geschichte. Das ist nicht immer leicht zu verwirklichen, doch beim vorliegenden Thema verbinden sich die generellen Aspekte der Frauengeschichte und die speziellen der jüdischen Frauengeschichte von selbst. Untersucht man den Eintritt der jüdischen Frauen in die akademische Welt, zeigt sich schnell, dass der anhaltende Widerstand der deutschen Universität gegen das Frauenstudium sie stärker behinderte als der an den Hochschulen weit verbreitete Antisemitismus. Sie teilten die massiven Behinderungen, die alle Frauen bei der Durchsetzung ihres Anspruchs auf höhere Bildung erfuhren. Doch verhielten sie sich offensichtlich anders dazu, denn sie überwanden diese Barrieren eher und zahlreicher als die weiblichen Studierenden generell. Das zeigt sich besonders deutlich am Beispiel der Kaiser-Wilhelm-Universität in Berlin. Diese größte deutsche Universität, die internationalen Ruf genoss, wies prozentual den höchsten Anteil von jüdischen Studierenden beiderlei Geschlechts auf.

Die Zeitspanne zwischen der Erstzulassung von Studentinnen als Gasthörerinnen an der Berliner Universität (1896) bis zur Aufhebung der akademischen Berufsmöglichkeiten für jüdische Frauen 1933 betrug nur 36 Jahre. Doch bildeten diese Jahre für die jüdischen Studentinnen und Akademikerinnen in Berlin eine Epoche des höchst eindrucksvollen Aufbruchs. Sie wurden nicht nur eine weibliche

Avantgarde innerhalb der jüdischen Minderheit in Deutschland, sondern traten in Studium und Beruf auch als Pionierinnen unter allen deutschen Frauen hervor. Die Bedeutung dieser Avantgarde, die in Berlin am sichtbarsten konzentriert war, in ihren Ursachen, ihrer Entfaltung und ihren Folgen zu zeigen ist Ziel dieses Beitrags.

Die Schriftstellerin Hedwig Dohm, eine bedeutende Intellektuelle und Feministin, schrieb 1876: „Die Frau soll studieren, weil sie studieren will, weil die uneingeschränkte Wahl des Berufs, ein Hauptfaktor der individuellen Freiheit, des individuellen Glücks ist.“[1] Die Forderung nach dem Grundrecht auf freie Bildung und Berufswahl war eine Hauptforderung der gemäßigten wie der radikalen Frauenbewegung in Deutschland. Ihre Verwirklichung zog sich in Deutschland anders als in der Schweiz, Frankreich und England bis ins 20. Jahrhundert hin. Ein Beispiel zeigt dies sogar noch aus der Weimarer Republik: Als auf dem Deutschen Richtertag 1921 darüber beraten wurde, ob Frauen als Richterinnen zugelassen werden sollten, lehnten laut Protokoll die Richter mehrheitlich ab, weil die Frau zu sehr Gefühlseinflüssen unterworfen sei, um sachlich zu entscheiden. Im Übrigen widerspreche die Unterstellung des Mannes unter den Willen und den Urteilsspruch einer Frau der Stellung, die ihr die Natur dem Mann gegenüber angewiesen habe. Sie widerspreche auch dem natürlichen Charakter des Mannes und dem besonderen „deutschen Mannesgefühl“.[2] Dieser Beschluss allerdings entsprach nicht der neuen Verfassung und wurde daher nicht rechtskräftig, doch blieb diese Haltung sozial wirksam. – Die Frauenfeindlichkeit vieler deutscher Professoren und Akademiker hatte sich zuvor bereits Jahrzehnte lang in zahlreichen Polemiken und Pamphleten gegen Frauen als Studentinnen und Akademikerinnen niedergeschlagen. Die Verfasser fürchteten um ihre Exklusivität, ihr Ansehen und ihre Standesehre, sollten Frauen, obgleich ungeeignet, in die Hallen der Alma Mater vordringen. Dies verhinderte jedoch nicht, dass zwischen 1900 und 1909 die deutschen Universitäten schrittweise Frauen die Immatrikulation ermöglichten.

1 Hedwig Dohm: *Der Frauen Natur und Recht* (1876), zit. n. Luise Hirsch: *Vom Schtetl in den Hörsaal: Jüdische Frauen und Kulturtransfer*. Berlin: Metropol 2010, S. 11.

2 Bericht über den 4. Richtertag, 22. Mai 1921 in Leipzig. Tagesordnungspunkt: Die Zulassung der Frau zum Richteramte- In: *Deutsche Richterzeitung* 13 (1921), Sp. 96–106. – Ich danke Frau Dr. Ladwig-Winters für den Nachweis des Protokolls.

Von der Höheren Tochter zur Studentin

Jungen Mädchen fehlte im Kaiserreich als Voraussetzung des Studiums zunächst sogar das Abitur. Die Schulpflicht endete mit 14 Jahren. Mädchen waren vom Gymnasium ausgeschlossen, konnten aber auf Wunsch der Eltern bis zum Alter von 16 Jahren die höhere Mädchenschule besuchen, das sogenannte Lyzeum. Besonders das Bürgertum legte Wert auf diese Schulen, die jedoch nur das lehrten, was für Mädchen als nützlich galt. Unter den bildungsbewussten jüdischen Familien erfreute sich das Lyzeum größter Beliebtheit. In Berlin waren zwischen 1897 und 1906 nicht weniger als ein Drittel der Schülerinnen an den höheren Mädchenschulen jüdisch.[3]Anschließend jedoch mussten sie als sogenannte „höhere Töchter" die Wartezeit bis zur Eheschließung jahrelang mit Sticken, Klavierspielen und Ballbesuchen ausfüllen. Aus den Erinnerungen vieler Akademikerinnen wissen wir, dass nicht wenige höhere Töchter gegen diese Lebensform rebellierten. Ein Beispiel: Marie Munk, aus jüdischer Familie stammend, wurde 1885 in Berlin geboren und war später die erste Anwältin und auch die erste Richterin in Berlin. Sie schrieb in ihren Memoiren:

> Ich wollte nicht ziellos herumsitzen. Ich brannte darauf etwas zu lernen, so dass ich auf eignen Füßen würde stehen können, falls nötig. Selbst wenn mir klar gewesen wäre – was nicht der Fall war – dass meine Eltern in wohlhabenden Verhältnissen lebten, die mir völlige finanzielle Unabhängigkeit ermöglichten, war es mir wichtig, meinem Leben einen Sinn zu geben.[4]

Ein Mädchen aus besserem Hause konnte damals eigentlich nur eins tun: ehrenamtlich in der Wohltätigkeit arbeiten. Geld zu verdienen, wäre nicht standesgemäß gewesen, hätte bei einer Kaufmannsfamilie sogar den Kredit ruinieren können und damit zugleich die Chancen der Töchter auf dem Heiratsmarkt gemindert. Denn die Heirat war das eigentliche Ziel der Mädchenbildung.

Marie Munk jedoch gab nicht auf. Sie ließ sich zur Kindergärtnerin ausbilden, was damals einer der neuen Frauenberufe war, und begann, ehrenamtlich in der sozialen Fürsorge zu arbeiten. Inzwischen aber

3 Jacob Segall: Schulbesuch christlicher und jüdischer Kinder in Berlin von 1897 bis 1906. In: *Zeitschrift für Demographie und Statistik der Juden* 5,8 (1909), S. 113–121, hier S. 117.

4 Marie Munk: Ungedruckte Memoiren, ohne Seitenzahl (Beginn Kap. III). Landesarchiv Berlin (Helene Lange Archiv) / Leo Baeck Institute, Memoirs Coll. ME 332.

hatten sich mehrere deutsche Länder zur Immatrikulation von Frauen an den Universitäten entschlossen – zuerst Baden 1900 und fast zuletzt Preußen 1909. Marie Munk plante um und besuchte die von der Frauenbewegung durch Helene Lange seit 1893 in Berlin eingerichteten Gymnasialklassen für Mädchen. Nach drei Jahren legte sie als Externe das Abitur in einem Jungengymnasium ab. Dieser Weg zur Hochschulreife war damals für Frauen, abgesehen von einer Ausbildung zur Lehrerin, der einzig mögliche. Ähnliche Gymnasialkurse gab es gleichzeitig nur in Karlsruhe. Nach der Zulassung von Studentinnen an deutschen Universitäten entstanden dann spezielle Frauengymnasien.

Männliche jüdische Studenten hatten sich bereits seit Ende des 17. Jahrhunderts an zahlreichen deutschen Universitäten immatrikulieren können – allerdings bis Ende des 18. Jahrhunderts nur für Medizin.[5] Unter ihnen waren von Anfang an auch Juden aus Osteuropa, für die Berlin seit den Tagen Moses Mendelssohns als Zentrum der jüdischen Aufklärungsbewegung besondere Anziehungskraft besaß. Im Kaiserreich genoss die Berliner Universität international das höchste Ansehen und zog auch deshalb viele jüdische Studenten an, die primär aus dem östlichen Deutschland und aus den osteuropäischen Ländern kamen. Im Jahr 1892/93 gab es an den preußischen Universitäten zehn Prozent jüdische Studenten aus dem In- und Ausland, von denen nicht weniger als zwei Drittel in Berlin studierten.[6] Wegen des Geburtenrückgangs der deutschen Juden nahmen die reichsdeutschen Studierenden in Preußen dann von neun auf 5,6 Prozent (1911) ab, doch war dies im Vergleich zum Anteil der Juden an der deutschen Bevölkerung von nur einem Prozent weiter eine starke Überrepräsentation.[7]

Der Widerstand der deutschen Universitäten gegen die Zulassung von Frauen zum Studium war lang und hinhaltend trotz des erfolgreichen Vorbildes der Schweizer Hochschulen. Doch wurden schließlich 1896

5 Monika Richarz: *Der Eintritt der Juden in die akademischen Berufe. Jüdische Studenten und Akademiker in Deutschland 1678–1848*. Tübingen: Mohr 1974.

6 Arthur Ruppin: Die Juden auf den preußischen Universitäten. In: *Zeitschrift für Demographie und Statistik der Juden* 1,9 (1905) S. 14, 16.

7 Norbert Kampe: *Studenten und „Judenfrage" im Deutschen Kaiserreich. Die Entstehung einer akademischen Trägerschicht des Antisemitismus*. Göttingen: Vandenhoeck & Ruprecht 1988, S. 79.

die preußischen Universitäten erst einmal für Gasthörerinnen geöffnet. Diese mussten von jedem Professor einzeln die Genehmigung erbitten, an seinen Veranstaltungen teilnehmen zu können – und nicht selten lehnte dieser ab. Dennoch gab es an der Berliner Universität in dieser Periode der Gasthörerinnen (1896–1908) – nach Forschungen von Luise Hirsch – über 3.000 eingeschriebene Frauen, von denen 982 jüdisch waren, also 29 Prozent. Erstaunlicher noch als dieser extrem hohe Anteil von Jüdinnen ist die Tatsache, dass 42 Prozent dieser jüdischen Gasthörerinnen aus dem Zarenreich kamen.[8]

Insgesamt 43 Frauen gelang es als Gasthörerinnen sogar mit einer Sondergenehmigung zu promovieren, zumal Frauen keine andere Abschlussprüfung als die Promotion offenstand. Die erste von ihnen war 1899 die jüdische Physikerin Elsa Neumann, es folgte 1906 Alice Salomon, ebenfalls Jüdin, die bekannt wurde als Begründerin der modernen Sozialarbeit in Deutschland. In der Medizinischen Fakultät wurden 21 Frauen promoviert, davon 20 russische Jüdinnen. Gut die Hälfte der 43 promovierenden Frauen waren also jüdische Studentinnen, unter denen die russischen Jüdinnen wiederum die große Mehrheit bildeten. Diese Epoche der Gasthörerinnen an der Berliner Universität zeigt die Pionierrolle jüdischer und vor allem osteuropäisch-jüdischer Studentinnen in Berlin besonders deutlich. In der öffentlichen Polemik wurde daher die Studentin manchmal mit der Jüdin gleichgesetzt. Die *Deutsche Zeitung* lehnte das Frauenstudium in einem Artikel von 1899 ab, weil dies „ausschließlich die Geschäfte des Judentums" fördere.[9] In den Jahren 1909–1918, als Frauen sich bereits regulär immatrikulieren konnten, betrug der Anteil jüdischer Studentinnen an der Friedrich-Wilhelms-Universität noch immer durchschnittlich etwa ein Viertel aller immatrikulierten Frauen. Berlin war unter jüdischen Studentinnen weiter die bevorzugte Universität.

Wie kam es zu dieser extremen Überrepräsentation von jüdischen Frauen unter den weiblichen Studierenden? Sicherlich ist hier neben der Anziehungskraft Berlins und seiner Universität eine Vielzahl von sozialen Ursachen zu bedenken, die zudem für deutsche und ausländische Studentinnen unterschiedlich waren. Einmal besaß Berlin mit

8 Hirsch: *Vom Schtetl in den Hörsaal*, S. 194.

9 *Deutsche Zeitung*, April 1899, zit. n. Hirsch: *Vom Schtetl in den Hörsaal*, S. 169.

172.000 Mitgliedern (1925) die größte jüdische Gemeinde Deutschlands, da hier in der Weimarer Zeit ein Drittel aller deutschen Juden ansässig war. Viele Studentinnen kamen also genau wie die männlichen Studierenden aus Berlin selbst oder hatten Verwandte in Berlin, bei denen sie leben konnten. Zweitens spielte besonders für die weiblichen Studierenden aus Deutschland die spezielle soziale Schichtung der jüdischen Bevölkerung eine große Rolle. Im späten Kaiserreich gehörten deutsche Juden in großem Umfang zum jüdischen Bürgertum, aus dem die meisten der deutsch-jüdischen Studentinnen kamen. Dieses jüdische Bürgertum hatte seine Kinderzahl durch Geburtenkontrolle früher gesenkt als die Gesamtbevölkerung, so dass es sich den wenigen Kindern und ihrer Bildung stärker widmen konnte. Das kam den Mädchen deutlich zugute. Gab es in einer Familie nur Töchter und der Vater war Akademiker, erhöhten sich die Chancen dieser Töchter auf ein Studium deutlich. Fast 40 Prozent aller deutsch-jüdischen Studentinnen kamen aus Akademikerfamilien.[10] Diese Töchter wählten auch zumeist das gleiche Studienfach wie der Vater. Nirgendwo aber gab es so viele jüdische Akademiker wie in Berlin. Ebenso besuchten aber auch Töchter des in Berlin konzentrierten jüdischen Wirtschaftsbürgertums die Universität.

Drittens spielte die Hochschätzung von Bildung in der jüdischen Tradition wie auch später im jüdischen Bürgertum eine hervorragende Rolle. Bildung im Sinne von Lernen und Studieren war im Judentum ursprünglich religiöse Bildung, aber schon jüdische Aufklärer wie Moses Mendelssohn hatten diesen Bildungsbegriff erweitert um die zeitgenössische Wissenschaft und Kultur. Das entstehende jüdische Bürgertum eignete sich die Bildungskultur seiner Umwelt an und wurde bald selbst zum kreativen Element deutscher Kultur. Bildung erwies sich auch für Juden als ein wichtiges Medium sozialen Aufstiegs und führte sie vielfach aus dem Kaufmannsstand in die höher angesehenen akademischen Berufe. Sicher, dies galt in erster Linie für Männer. Im traditionellen Judentum war Maskulinität definiert durch religiöses Lernen, während Frauen nur ein begrenzteres jüdisches Wissen vermittelt wurde. Frauen durften sich aber anders als junge Männer mit nichtjüdischer Kultur beschäftigen, lasen beispielsweise

10 Claudia Huerkamp: Jüdische Akademikerinnen in Deutschland 1900–1938. In: *Geschichte und Gesellschaft* 19,3 (1993) S. 311–331, hier S. 313–314.

in der Oberschicht schon im 18. Jahrhundert deutsche Romane. Im Vergleich mit jüdischen Männern hatten sie also beim Eintritt in die Moderne einen gewissen Vorsprung in der Kenntnis der Umweltkultur. Mit der Verbürgerlichung der jüdischen Bildung verlor sich dieser Vorsprung der Frauen jedoch schnell, weil das bürgerliche deutsche Bildungsideal Frauen benachteiligte.

Im bildungsfreundlichen Klima der jüdischen Familien ermöglichten Eltern jedoch auch ihren Töchtern zunehmend weitere Bildungsmöglichkeiten, solange die jungen Frauen nicht ernsthaft einen Beruf ergreifen und Geld verdienen wollten. Das galt im Bürgertum als nicht standesgemäß und konnte sogar die Kreditfähigkeit des elterlichen Unternehmens beschädigen. Dementsprechend gab es nicht wenige deutsche Studentinnen, die allein aus Bildungsinteresse studierten und keinen Beruf anstrebten, sondern ihr Studium bei Auftreten des geeigneten Heiratskandidaten beendeten. Studieren wurde unter Juden bei jungen Frauen nicht als die Heiratschancen mindernd angesehen, im Gegenteil konnte es auch die Heirat mit einem gebildeten Mann ermöglichen. Zudem galt es als eine sinnvolle Beschäftigung, die falls eine Heirat nicht zustande kam, die Versorgung der Tochter sicherstellte.

Dieser Zusammenhang führt zu einem vierten Punkt: Es war wesentlich günstiger, der Tochter ein Studium zu finanzieren als eine Mitgift. Nur unter den osteuropäischen Studentinnen, die oft aus dem Kleinbürgertum kamen und sehr sparsam leben mussten, wurde offen gesagt, dass ein Studium die Mitgift ersetzen müsse, weil die Eltern nicht über ausreichende Mittel verfügten und zahlreiche Kinder hatten.[11] Nach dem Ersten Weltkrieg und der Inflation dürfte sich die zumindest teilweise Ersetzung der Mitgift durch eine akademische Ausbildung auch in der jetzt wirtschaftlich geschwächten deutsch-jüdischen Minderheit allmählich durchgesetzt haben.

Die Motivation der so zahlreichen Studentinnen aus dem Zarenreich, in Berlin zu studieren, hatte besondere Gründe. Die russische Regierung richtete im 19. Jahrhundert Mädchengymnasien für Töchter aus allen sozialen Schichten ein, wie sie so in Europa bisher nicht existierten. In vielen Städten war die Hälfte der Gymnasialschülerinnen jüdisch, konnte ein Studium aber meist nur im Ausland aufnehmen,

11 Hirsch: *Vom Schtetl in den Hörsaal*, S. 201–202.

weil auch an der medizinischen Ausbildungsstätte für Frauen in Sankt Petersburg der Numerus Clausus für Juden galt. Da Frauen im Zarenreich seit 1880 als Ärztinnen zugelassen wurden, erstrebten die jüdischen Abiturientinnen erzwungenermaßen in großer Zahl ein Studium im Ausland. Sie wandten sich zuerst an die Universität Zürich, die seit 1867 Frauen aufnahm, doch bald wurden alle Schweizer Universitäten für Studentinnen geöffnet. In der Schweiz kamen zwischen 1882 und 1913 durchschnittlich 62 Prozent aller weiblichen Studierenden aus dem Zarenreich, davon waren die allermeisten Jüdinnen.[12]

Nach Öffnung der Berliner Universität für Frauen immatrikulierten sich viele osteuropäische Jüdinnen an dieser dem Zarenreich näher gelegenen und hoch angesehenen Universität. Sie stammten aus nicht assimilierten Familien, die traditionell lebten, aber als Anhänger der jüdischen Aufklärung auch aufgeschlossen waren gegenüber der zeitgenössischen Bildung. Die Muttersprache dieser jungen Frauen war Jiddisch, was sie das Deutsche leichter erlernen ließ. Die jüdischen Studentinnen aus dem Zarenreich waren also ihrer sozialen Herkunft nach den deutsch-jüdischen Studentinnen in Berlin unterlegen und entstammten einer traditionelleren jüdischen Kultur. Vor allem kamen sie oft aus Familien, in denen die wirtschaftliche Tätigkeit der Mutter selbstverständlich war, wurden also durch ein anderes weibliches Rollenmodell geprägt, das eine weibliche Berufstätigkeit als normal akzeptierte. Das konnte eine starke Motivation für ein Studium sein, die westlichen Jüdinnen fast immer fehlte.

An der Universität

Wie die Motivation zum Studium war auch die Wahl des Studienfaches bei allen jüdischen Studentinnen von ihrer Herkunft geprägt. Da Juden in Deutschland entgegen der Verfassung auch im Kaiserreich de facto von staatlichen Anstellungen fast immer ausgeschlossen blieben, spielte der Antisemitismus bei der Wahl des Studienfaches auch für weibliche Studierende eine deutliche Rolle. Christliche Studentinnen besuchten vorwiegend die Philosophische Fakultät, wo sie sich vor allem auf den Beruf der Lehrerin vorbereiteten. Da jüdische

12 Daniela Neumann: *Studentinnen aus dem Russischen Reich in der Schweiz (1867–1914).* Zürich: Rohr 1987, S. 16–17, 25.

Lehrerinnen an öffentlichen Schulen nur ganz selten angestellt wurden und es kaum höhere jüdische Schulen gab, wählten Jüdinnen in der Philosophischen Fakultät meistens andere Fächer – vor allem Naturwissenschaften, Volkswirtschaft und Kunstgeschichte. In der Juristischen Fakultät studierten nur wenige, aber zumeist jüdische Frauen, da bis 1922 Frauen nicht zu den für Anwaltsberuf und Richteramt notwendigen Staatsexamen zugelassen waren. Wurden also jüdische Frauen bei den Juristen als Frauen diskriminiert, so in der Philosophischen Fakultät als Jüdinnen durch ihre beschränkten beruflichen Möglichkeiten. Das einzige Fach, das ihnen unbeschränkt offen stand und eine unabhängige berufliche Zukunft versprach, war die Medizin. Es ist also nicht zu verwundern, dass das Medizinstudium unter den jüdischen Studentinnen absolut dominierte: Zwischen 1905 und 1918 promovierten in Berlin 195 Frauen in Medizin, davon waren rund 70 Prozent jüdische Doktorandinnen.[13] Unter diesen aber machten die russisch-jüdischen Studentinnen wiederum über zwei Drittel aus, denn sie studierten fast ausschließlich Medizin, während die deutsch-jüdischen Studentinnen sich eher ein Studium ohne Rücksicht auf Berufsaussichten leisten konnten.

Das Verhalten der Professoren zu den ersten Studentinnen war recht unterschiedlich. Einige akzeptierten Studentinnen ganz selbstverständlich, viele nur widerstrebend, weil sie die Entwertung ihres Faches fürchteten, waren dann aber offensichtlich von Begabung und Leistung mancher jungen Frau beeindruckt. Es gab jedoch bis 1918 Professoren, die Frauen grundsätzlich nicht zu ihren Vorlesungen zuließen. Die männlichen Kommilitonen verhielten sich eher noch abweisender als die Professoren. Sie pflegten einen schroffen militärischen Ton untereinander, gehörten oft schlagenden Verbindungen an und waren von einem wachsenden Antisemitismus erfüllt. Selbst der Deutsche Verband akademischer Frauenvereine, der in Berlin 1909 gegründet wurde, schloss nach dem Vorbild der meisten Studentenverbindungen jüdische Frauen aus.[14] Ein Verein jüdischer Studentinnen an der Universität Berlin entstand erst 1916, war nationaljüdisch orientiert und existierte nur kurzfristig.

13 Hirsch: *Vom Schtetl in den Hörsaal*, S. 207.

14 Marion A. Kaplan: *Jüdisches Bürgertum. Frau, Familie und Identität im Kaiserreich*, aus d. Amerik. v. Ingrid Strobl. Hamburg: Dölling & Galitz 1997, S. 205.

Der Antisemitismus an der Universität richtete sich offen vor allem gegen die russisch-jüdischen Medizinstudentinnen, die durch einfachste Kleidung und sparsamste Lebensform von ihren eher damenhaften deutsch-jüdischen Kommilitoninnen stark abwichen. Diese zeigten ihnen wenig Solidarität, während die Russinnen ganz zurückgezogen in einer sich gegenseitig stützenden Gemeinschaft lebten, und oft die letzten Scheiben Brot miteinander teilten. Sie waren stark politisiert und diskutierten viel über die Verhältnisse im Zarenreich. Einige wenige hatten sich dort illegalen Gruppen angeschlossen, was ihnen allen das Klischee einbrachte, potentielle Anarchistinnen zu sein. Es wurden sogar Forderungen nach Ausweisungen jüdischer Studierender aus Osteuropa an der Universität erhoben. Andererseits gab es zumindest auf dem Gebiet der Wohltätigkeit eine Einrichtung der Selbsthilfe, nämlich den Verein zur Gewährung zinsfreier Darlehen an studierende Frauen.[15] Dieser war im Jahr 1900 von zwei jüdischen Frauen gegründet worden: der ersten Berliner jüdischen Doktorandin Elsa Neumann und der Bakteriologin Lydia Rabinowitsch-Kempner (1871–1935) aus Litauen. Es handelte sich also um eine Darlehenskasse, geschaffen von einer deutschen und einer russischen Jüdin, die vermutlich vor allem jüdische Studentinnen aus Osteuropa unterstützen sollte.

Frauen im Beruf

Zu der interessanten Frage, wie weit die jüdischen Studentinnen ihr Studium abschlossen und dann auch wirklich einen akademischen Beruf ergriffen, gibt es auch wegen des häufigen Universitätswechsels keine Möglichkeiten der Quantifizierung. Es war zweifellos nur eine Minderheit der deutsch-jüdischen Studentinnen, die berufstätig wurde. Eine sicher nicht unbeträchtliche Zahl der jungen Frauen heiratete während oder direkt nach dem Studium und strebte dann keine Berufstätigkeit an. Familie und Beruf zu vereinen, galt im Bürgertum noch lange als ausgeschlossen und bildete eher die Ausnahme. Die meisten jüdischen Akademikerinnen, die tatsächlich einen Beruf ergriffen, blieben dagegen unverheiratet oder kinderlos.

Die russisch-jüdischen Studentinnen, oft kleinbürgerlicher Herkunft, beabsichtigten alle, im Zarenreich als Ärztinnen zu arbeiten, was für

15 Hirsch: Vom *Schtetl in den Hörsaal*, S. 237.

sie eine Familiengründung keineswegs ausschloss. Eine der wenigen Absolventinnen, die in Deutschland blieben, war die eben genannte Lydia Rabinowitsch-Kempner,[16] die aus einer wohlhabenden Familie in Kowno stammte und 1894 in Bern in Biologie promovierte. Anschließend wurde sie Mitarbeiterin Robert Kochs am Institut für Infektionskrankheiten in Berlin und heiratete ihren Kollegen Walter Kempner. In schneller Folge bekam sie drei Kinder, widmete sich aber weiter am Pathologischen Institut der Charité der Tuberkuloseforschung und erhielt 1912 als erste Frau in Berlin den Professorentitel. 1920 bis 1934 leitete sie die bakteriologische Abteilung des Krankenhauses in Berlin-Moabit und gab die *Zeitschrift für Tuberkulose* heraus. 1933 entlassen, starb sie 1935. Eine solche Karriere war zweifellos außergewöhnlich und sicher nicht zufällig auch außeruniversitär. Die Verbindung von Mutterschaft und Beruf mag sowohl der osteuropäischen Tradition geschuldet sein als auch dem Leben in einem bürgerlichen Haushalt mit Personal und in dieser Kollegenehe wohl nicht zuletzt dem Verständnis ihres Mannes für ihren Wunsch nach Berufstätigkeit. Ihr ältester Sohn war Robert Kempner, der in die USA emigrierte und nach Kriegsende stellvertretender Hauptankläger im Nürnberger Prozess wurde.

Das selbstbewusste Streben jüdischer Frauen – und nicht nur der Akademikerinnen – nach mehr Selbständigkeit, nach Unabhängigkeit und öffentlicher Wirksamkeit manifestierte sich nicht zuletzt durch die Gründung des Jüdischen Frauenbundes in Berlin im Jahr 1904. Dieser Zusammenschluss lokaler jüdischer Frauenvereine wurde mit bis zu 50.000 Mitgliedern schon bald zur zweitgrößten jüdischen Organisation.[17] Zwar gehörte der Bund der gemäßigten deutschen Frauenbewegung an, doch forderte auch er das allgemeine Wahlrecht für Frauen und – durchaus revolutionär – auch das aktive und passive Wahlrecht bei den jüdischen Gemeindewahlen. Letzteres konnte bis zu ihrer Auflösung nicht in allen Gemeinden durchgesetzt

16 Katharina Graffmann-Weschke: *Lydia Rabinowitsch-Kempner (1871–1935). Leben und Werk einer der führenden Persönlichkeiten der Tuberkuloseforschung am Anfang des 20. Jahrhunderts.* Herdecke: GCA 1999; Eberhard Neumann-Redlin von Meding / Hella Conrad: *Ärzte unter dem Hakenkreuz. Die Berliner Medizinische Gesellschaft im Nationalsozialismus.* Berlin: Jaron 2013, S. 36–41.

17 Marion A. Kaplan: *Die jüdische Frauenbewegung in Deutschland. Organisation und Ziele des Jüdischen Frauenbundes 1904–1938*, aus d. Amerik. v. Hainer Kober. Hamburg: Christians 1981.

werden. Unter anderem widmete sich der Jüdische Frauenbund auch der weiblichen Bildung und Berufserziehung und der Fürsorge für erwerbstätige jüdische Frauen aus der Unterschicht. Zahlreiche jüdische Akademikerinnen waren im Frauenbund aktiv.

Die Verfassung der Weimarer Republik verbesserte die berufliche Situation für Frauen, und die Not der Inflationsjahre erzwang jetzt oft ihre Berufstätigkeit. Die Einführung des Frauenwahlrechts im November 1918 brachte auch einen rechtlichen und sozialen Modernisierungsschub für Frauen mit sich. Selbständige berufstätige Frauen wurden zahlreicher und sichtbarer in Berlin. Seit 1919 wurde Frauen an den Universitäten auch die Habilitation ermöglicht. Zwar konnten sich daraufhin sechs jüdische Frauen in Berlin habilitieren, doch blieben sie wie viele ihrer männlichen Kollegen unbezahlte Privatdozenten, unter ihnen auch Lise Meitner. Endlich 1920 und 1922 erfolgte die Zulassung von Frauen zur Ersten und Zweiten Juristischen Staatsprüfung, so dass sie jetzt erstmals Anwältinnen und Richterinnen werden konnten. Unter den 1925 in Berlin praktizierenden 19 Anwältinnen waren daraufhin 11 jüdische Juristinnen.[18] Viele jüdische Frauen zogen wie jüdische Männer die berufliche Selbständigkeit wegen des in der Gesellschaft verbreiteten Antisemitismus weiter einer abhängigen Beschäftigung vor. Diese konnten sich in der Weimarer Zeit als Ärztinnen, Journalistinnen oder Anwältinnen gerade in Berlin leichter eine unabhängige Existenz aufbauen. Anderen Frauen gelang es besonders in sozialdemokratischen Bezirken Berlins, als Medizinerinnen, Sozialarbeiterinnen und Gymnasiallehrerinnen im öffentlichen Dienst tätig zu werden. Waren die beruflichen Möglichkeiten für jüdische Frauen also nach 1918 zwar rechtlich gesichert, aber de facto in manchen Bereichen weiterhin durch Antisemitismus und Frauenfeindlichkeit begrenzt, so erreichten doch nicht wenige der Frauen Erstaunliches in ihren Karrieren.

Die meisten jüdischen Akademikerinnen Berlins waren als Ärztinnen tätig. In Berlin betrug 1925 der jüdische Bevölkerungsanteil 4,3 Prozent, da inzwischen ein Drittel aller Juden in der Reichshauptstadt lebte. Gleichzeitig praktizierten hier nicht weniger als 215 jüdische Ärztinnen, dies waren etwa 40 Prozent der insgesamt 532 weiblichen Medizinerinnen in Berlin.[19] Manche von ihnen waren als Angestellte

18 Huerkamp: *Jüdische Akademikerinnen*, S. 321.

19 Gleichzeitig gab es in Berlin 2357 männliche jüdische Ärzte, die ebenfalls fast 40 Prozent der Berliner männlichen Ärzte stellten (ebd., S. 319).

von Krankenkassen oder medizinischen Ambulatorien tätig oder arbeiteten in der Schwangeren – und Sexualberatung, jenen neu geschaffenen Einrichtungen des städtischen Gesundheitsdienstes. In mehreren Berliner Bezirken, besonders den sozialdemokratisch orientierten, waren jüdische Frauen als Stadt- und Schulärztinnen und als Leiterinnen der neuen Sexualberatungsstellen in der Gesundheitsverwaltung tätig. Ein herausragendes Beispiel dafür bildet Käthe Frankenthal (1889–1976).[20] Nach ihrer Promotion 1914 arbeitete sie im Krieg als österreichische Militärärztin und ließ sich dann in Berlin mit einer privaten Praxis nieder. Politisch engagiert, war sie von 1919 bis 1930 Stadtverordnete für die Sozialdemokratische Partei und ab 1930 Abgeordnete im Preußischen Landtag. Sie leitete als Stadtärztin das Gesundheitsamt in Berlin-Neukölln sowie die Ehe- und Sexualberatungsstelle dieses Arbeiterbezirks und kämpfte für die Legalisierung des Schwangerschaftsabbruchs. Käthe Frankenthal war auch aktiv im Vorstand des Vereins Sozialistischer Ärzte. Aufgrund ihrer politischen Tätigkeit musste sie schon im März 1933 aus Berlin nach Prag fliehen und gelangte 1936 nach New York, wo sie sich sehr mühsam eine neue Existenz als Psychiaterin aufbaute.
Es gab in Berlin zahlreiche jüdische Ärztinnen, die sich wie Käthe Frankenthal für das aktuelle, alle Frauen betreffende Thema von Sexualreform und Geburtenkontrolle einsetzen.[21] Dazu gehörte Hertha Nathorff (1895–1993), die ein Entbindungsheim des Roten Kreuzes leitete und gleichzeitig ein Frauen- und Eheberatungszentrum am Krankenhaus Berlin-Charlottenburg betrieb. Lydia Ehrenfried (1896–1989), eine überzeugte Sozialistin, ließ sich nach einer Zeit als Ärztin im Berliner Kinderkrankenhaus in eigner Praxis nieder und leitete daneben die Ehe- und Sexualberatungsstelle in

20 Käthe Frankenthal: *Der dreifache Fluch: Jüdin, Intellektuelle, Sozialistin. Lebenserinnerungen einer Ärztin in Deutschland und im Exil*, hrsg. v. Kathleen M. Pearle / Stephan Leibfried. Frankfurt am Main / New York: Campus 1981.

21 Atina Grossmann: Berliner Ärztinnen und Volksgesundheit in der Weimarer Republik. Zwischen Sexualreform und Eugenik. In: Ärztekammer Berlin / Bundesärztekammer (Hrsg.): *Der Wert des Menschen. Medizin in Deutschland 1918–1945*, bearb. v. Christian Pross / Götz Aly. Berlin: Edition Hentrich 1989, S. 103–113. Zu den genannten und weiteren jüdischen Ärztinnen, siehe Kurzbiographien mit Literaturangaben bei Hirsch: *Vom Schtetl in den Hörsaal*, S. 295–345 (Anhang); Rebecca Schwoch (Hrsg.): *Berliner Jüdische Kassenärzte und ihr Schicksal im Nationalsozialismus. Ein Gedenkbuch*. Berlin: Hentrich & Hentrich 2009; Jutta Dick / Marina Sassenberg (Hrsg.): *Jüdische Frauen im 19. und 20. Jahrhundert. Lexikon zu Leben und Werk*. Reinbek: Rowohlt 1993.

Berlin – Prenzlauer Berg. Charlotte Wolff (1897–1986) arbeitete tagsüber in einer Klinik für pränatale Medizin und verteilte abends gratis Verhütungsmittel an Arbeiterinnen. Beides schloss einander nicht aus, sondern war der Versuch, das Elend der kinderreichen Arbeiterfamilien zu lindern. In diesem Sinne wurden diese Ärztinnen zu Vertreterinnen der Sozialmedizin. Viele von ihnen gehörten dem 1924 gegründeten Bund Deutscher Ärztinnen an, der in Berlin gegen das Abtreibungsverbot kämpfte und 1930 vergeblich ein Gesuch an den Reichstag zur Abschaffung des Paragraphen 218 richtete. Diese Frauen und ihre gesundheitspolitische Haltung waren oft Angriffen jener konservativen deutschen Medizinprofessoren und Ärzte ausgesetzt, die die „Verjudung" der deutschen Medizin fürchteten und forderten, Frauen und Juden grundsätzlich vom überfüllten Medizinstudium auszuschließen. Die politische Polarisierung am Ende der Weimarer Republik hatte auch die Ärzteschaft erreicht.

Alle jüdischen Medizinerinnen verloren 1933 die Kassenzulassung, entschlossen sich daher oft schon früh zur Auswanderung. Das rettete jedoch nicht immer ihr Leben. Martha Ruben-Wolf (1887–1939), Mitglied der KPD, Mitbegründerin des Ärztekomitees für Geburtenregelung und aktiv in der Weltliga für Sexualreform, emigrierte mit ihrem Mann 1933 in die Sowjetunion. Als dieser dort zu Lagerhaft verurteilt wurde, nahm sie sich das Leben. Die Ärztin Else Weil (1889–1942), die erste Frau Kurt Tucholskys, war das Vorbild der Medizinstudentin Claire in seiner Erzählung *Rheinsberg. Ein Bilderbuch für Verliebte.* Sie schaffte die Flucht bis Südfrankreich, von dort wurde sie nach Auschwitz deportiert.

Als Gymnasiallehrerinnen hatten jüdische Absolventinnen der Philosophischen Fakultät nur wenig Erfolg. Die Gymnasien bevorzugten weiter Männer und stellten wegen des im Bürgertum zunehmenden Antisemitismus kaum jüdische Lehrerinnen an. Diese versuchten daher, auf private Unterrichtsanstalten und jüdische Schulen auszuweichen. 1933 wurden aus allen öffentlichen Schulen Preußens nur 135 „nichtarische" Studienrätinnen und Assessorinnen entlassen.[22]

22 Es handelte sich also um „Jüdinnen" nach rassistischer Definition (Huerkamp: *Jüdische Akademikerinnen*, S. 322).

Zahlreiche jüdische Studentinnen wählten von vornherein naturwissenschaftliche Fächer, von denen einige in Berlin als Forscherinnen am Kaiser-Wilhelm-Institut Erfolg hatten.[23] Als Genetikerinnen arbeiteten hier bis 1933 langjährig die aus Lemberg stammende Botanikerin Flora Alice Lilienfeld und die in Berlin promovierte Zoologin Käte Pariser. Esther Tennenbaum aus Warschau forschte am KWI für Hirnforschung und setzte ihre Arbeit später an der Universität Jerusalem fort. Marie Wrescher arbeitete am KWI für Physikalische Chemie zwölf Jahre lang über radioaktive Strahlung. Die berühmteste jüdische Wissenschaftlerin in Berlin überhaupt war die Kernphysikerin Lise Meitner (1878–1968).[24] Sie promovierte 1905 in ihrer Heimatstadt Wien in Physik und arbeitete dann von 1907 bis 1938 in Berlin. Zunächst durfte sie als Frau das Kaiser-Wilhelm-Institut nur über die Hintertreppe betreten. Später leitete Meitner mit Otto Hahn die Abteilung für Radioaktivitätsforschung im KWI und habilitierte sich 1922 an der Universität Berlin. Als weltweit anerkannte und ausgezeichnete Erforscherin der Kernphysik nannte Albert Einstein sie „unsere Frau Curie". Auch ihr wurde 1933 die Lehrbefugnis entzogen, wogegen Max Planck und Otto Hahn vergeblich Einspruch erhoben. Kurz vor dem Durchbruch zur Entdeckung der Kernspaltung, für die allein Otto Hahn den Nobelpreis erhielt, musste Lise Meitner 1938 nach Schweden fliehen.

Erfolgreich waren jüdische Akademikerinnen auch in anderen Fächern. In der Weimarer Zeit lebten in Berlin zwei bedeutende Historikerinnen: Hedwig Hintze (1884–1942) und Selma Stern (1890–1981). Hedwig Hintze,[25] als Kind getauft, studierte seit 1910 in Berlin Geschichte und heiratete ihren wesentlich älteren Professor Otto Hintze, den bekannten Verfassungshistoriker Preußens. Ihr wissenschaftliches Werk galt der Französischen Revolution und wird erst heute in seiner Bedeutung wiederentdeckt. Sie promovierte bei Friedrich Meinecke und habilitierte sich 1928 an der Berliner Universität.

23 Reinhard Rürup, unter Mitw. v. Michael Schüring: *Schicksale und Karrieren. Gedenkbuch für die von den Nationalsozialisten aus der Kaiser Wilhelm Gesellschaft vertriebenen Forscherinnen und Forscher*. Göttingen: Wallstein 2008.

24 Ebd., S. 262–268.

25 Robert Jütte / Gerhard Hirschfeld (Hrsg.): *„Verzage nicht und laß nicht ab zu kämpfen…". Die Korrespondenz Otto Hintze und Hedwig Hintze 1925–1940*, bearb. v. Brigitta Östreich. Essen: Klartext 2004.

Nach dem Tod ihres nichtjüdischen Mannes starb sie 1942 in den Niederlanden vermutlich durch Selbstmord.
Weniger tragisch verlief das Leben Selma Sterns,[26] die zusammen mit ihrem Mann Eugen Täubler in die USA auswandern konnte. Geboren in Baden, promovierte sie 1913 in München und beschäftigte sich zunehmend mit Problemen der jüdischen Identität in der deutschen Geschichte. 1919 berief der Historiker Eugen Täubler, ihr späterer Ehemann, sie an die neu gegründete und von ihm geleitete Akademie für die Wissenschaft des Judentums in Berlin. Beide strebten nicht weniger an als die Schaffung einer jüdischen Geschichte auf modernster wissenschaftlicher Grundlage. Selma Stern wurde eine herausragende Historikerin, die noch immer grundlegende Werke zur deutsch-jüdischen Geschichte veröffentlicht hat. Darunter sind ihre achtbändige kommentierte Quellenedition *Der Preußische Staat und die Juden* sowie Studien über das Hofjudentum, Jud Süss und Josel von Rosheim.
Zu den neuen Frauenberufen gehörten auch die Journalistin und die Sozialarbeiterin. Vor allem bei der liberalen Presse, die oft in jüdischen Verlagen wie Mosse und Ullstein erschien, arbeiteten auch jüdische Journalistinnen. Drei Beispiele[27] seien genannt: Die Publizistin Bertha Badt-Strauss (1885–1970), promoviert in Germanistik, schrieb für das *Berliner Tageblatt*, die *Vossische Zeitung*, den *Morgen* und die zionistische *Jüdische Rundschau*. Sie publizierte mehrere Biographien jüdischer Frauen und setzte ihre journalistische Tätigkeit auch in den USA fort. Lotte Eisner (1886–1983), promovierte Kunsthistorikerin, arbeitete für das *Berliner Tageblatt* und die *Literarische Welt*. Sie entwickelte sich dann zur ersten deutschen Filmjournalistin und veröffentlichte mehrere Standardwerke zur Filmgeschichte. Die Juristin Margarete Edelheim-Mühsam, geb. Meseritz (1891–1971), promovierte 1914 über Presserecht und arbeitete dann bis 1922 beim Ullstein Verlag. Anschließend war sie bis 1938 stellvertretende Chefredakteurin der *CV Zeitung*, dem Presseorgan des Centralvereins deutscher Staatsbürger jüdischen Glaubens. Auch sie setzte ihre Karriere

26 Marina Sassenberg: *Selma Stern (1890–1981). Das Eigene in der Geschichte. Selbstentwürfe und Geschichtsentwürfe einer Historikerin.* Tübingen: Mohr Siebeck 2004.

27 Zu den drei Journalistinnen und Literatur über sie, siehe Hirsch: *Vom Schtetl in den Hörsaal*, S. 295–296, 306–307, 322–323; Dick / Sassenberg: *Jüdische Frauen im 19. und 20. Jahrhundert.*

später in den USA bei jüdischen Zeitungen fort. In Berlin war sie stark politisch engagiert als Stadtverordnete der Deutschen Demokratischen Partei und Präsidentin der Demokratischen Frauenorganisation in Großberlin.

Unter den nicht wenigen Berliner jüdischen Sozialarbeiterinnen gab es auf der Führungsebene auch einige Akademikerinnen. Am bedeutendsten war zweifellos Alice Salomon (1872–1948)[28], die zu Recht als die Begründerin der professionellen Sozialarbeit in Deutschland angesehen wird. Alice Salomon hatte 1906 in Berlin in Nationalökonomie promoviert über ein noch immer aktuelles Thema: „Die Ursachen der ungleichen Entlohnung von Männer- und Frauenarbeit". Sie gründete 1908 in Berlin die Soziale Frauenschule, wurde 1929 Vorsitzende des Internationalen Komitees Sozialer Schulen und erhielt 1932 die Ehrendoktorwürde der Universität Berlin. Mit 65 Jahren musste sie in die USA emigrieren und konnte dort nicht mehr Fuß fassen. Doch ihr Lebenswerk wirkt fort: Ihre Fachschule in Berlin ist heute die Alice Salomon Hochschule für Sozialarbeit.

In Nationalökonomie hatten auch Cora Berliner (1890–1942) in Heidelberg und Frieda Wunderlich (1884–1965) in Freiburg promoviert. Die hochbegabte Cora Berliner[29] war seit 1923 in Berlin Regierungsrätin im Reichswirtschaftsministerium, Frieda Wunderlich[30] lehrte als Dozentin an der Berliner Handelshochschule. Beide Frauen wurden 1930 zu Professorinnen am staatlichen Berufspädagogischen Institut, einer Berliner Fachhochschule, ernannt. Nach ihrer Entlassung 1933 trennten sich ihre beruflichen Wege. Cora Berliner arbeitete in der Reichsvertretung der Deutschen Juden in verantwortungsvoller Stellung, zuletzt für die Emigration von Frauen und Kindern. Von 1934 bis 1937 war sie Zweite Vorsitzende des Jüdischen Frauenbundes. Für sich selbst lehnte sie um ihrer Aufgabe willen bis zuletzt jede Emigration ab. Sie wurde 1942 deportiert und vermutlich in Minsk

28 Alice Salomon: *Lebenserinnerungen: Jugendjahre, Sozialarbeit, Frauenbewegung, Exil*, hrsg. v. d. Alice Salomon Hochschule Berlin, aus d. Engl. v. Rolf Landwehr. Frankfurt am Main: Brandes & Apsel 2008.

29 Esriel Hildesheimer: Cora Berliner. Ihr Leben und Wirken. In: *Bulletin des Leo Baeck Instituts* 67 (1984), S. 41–70; Gudrun Maierhof: *Selbstbehauptung im Chaos: Frauen in der jüdischen Selbsthilfe 1933–1943*. Frankfurt am Main: Campus 2002, S. 77–87.

30 Theresa Wobbe: Frieda Wunderlich (1884–1965): Weimarer Sozialreform und die New Yorker Universität im Exil. In: Claudia Honegger / Theresa Wobbe (Hrsg.): *Frauen in der Soziologie. Neun Porträts*. München: Beck 1998, S. 203–225.

ermordet. Frieda Wunderlich war in Politik und Frauenbewegung aktiv. Sie lehrte Sozialpolitik an der Handelshochschule sowie an der Sozialen Frauenschule Alice Salomons und gab die Zeitschrift *Soziale Praxis* heraus. Wunderlich war von 1925 bis 1933 Mitglied der Berliner Stadtverordnetenversammlung für die Deutsche Demokratische Partei und vertrat diese auch zwischen 1930 und 1932 im Preußischen Landtag. Im Sommer 1933 wurde sie als einzige Frau an die berühmte New Yorker New School for Social Research berufen, der „University in Exile".

Als Juristinnen arbeiteten jüdische Frauen schon vor Zulassung zu den Staatsexamen, wie der Lebenslauf von Margarete Berent (1887–1965)[31] zeigt. Sie promovierte 1913 über „Die Zugewinngemeinschaft der Ehegatten", eine Arbeit die bis heute grundlegend ist. Danach war sie in verschiedenen Berliner Anwaltspraxen als Vertretung tätig, arbeitete an der Rechtsschutzstelle für Frauen und lehrte an der Sozialen Frauenschule. Sie gründete 1914 zusammen mit Margarete Meseritz (später: Edelheim-Mühsam) den Deutschen Juristinnenverein, legte in der Weimarer Republik die Staatsprüfungen ab und wurde 1925 als Anwältin zugelassen. Berent spezialisierte sich auf Ehe- und Familienrecht und war aktiv in der Jüdischen Gemeinde Berlin sowie im Jüdischen Frauenbund. 1933 aus der Rechtsanwaltskammer ausgeschlossen, arbeitete sie bis 1939 für die Jüdische Zentralwohlfahrtsstelle in Berlin. Sie emigrierte in die USA, wo sie nach erneutem Studium weiter als Juristin tätig war.

Kehren wir abschließend zu Marie Munk zurück, die wir zu Beginn als höhere Tochter kennengelernt haben. Dem Vorbild ihres Vaters folgend, studierte sie Jura, promovierte 1911, war dann Volontärin in einer Anwaltskanzlei und hielt auch juristische Kurse für Frauen ab. Sobald es möglich wurde, legte sie beide juristische Staatsexamen ab und war die erste Anwältin, die 1924 in Berlin zugelassen wurde. Zusammen mit Margarete Berent arbeitete sie Reformvorschläge für das Ehe- und Familienrecht aus, und beide entwickelten die Grundlagen zur „Zugewinngemeinschaft". Munk wurde 1930 zur Richterin am Landgericht Berlin ernannt und war damit in ganz Deutschland auch die erste Richterin überhaupt. 1933 verlor sie die Stellung und

31 Deutscher Juristinnenbund (Hrsg.): *Juristinnen. Lexikon zu Leben und Werk*, bearb. v. Marion Röwekamp. Baden-Baden: Nomos 2005.

wanderte 1936 in die USA aus, wo sie erneut als Anwältin praktizieren konnte und auch in Harvard lehrte.
Berlin, der beliebteste Studienort für jüdische Studentinnen, bot auch jüdischen Absolventinnen der Universität vielfältige berufliche Möglichkeiten, wenn sie wirklich entschlossen waren, berufstätig zu werden und eine Chance erhielten, ihre Talente zu entfalten. Absolventinnen, die vorwiegend zur Selbstbildung studiert hatten oder bald heiraten wollten, kehrten ebenso nach Hause zurück wie die jüdischen Medizinstudentinnen aus dem Zarenreich, die danach strebten, sich dort möglichst bald als Ärztinnen niederzulassen. Die Attraktivität Berlins für jüdische Akademikerinnen zeigte sich nicht zuletzt darin, dass auch Absolventinnen anderer deutscher und sogar ausländischer Universitäten in die Reichshauptstadt kamen, um hier eine Tätigkeit aufzunehmen in Berufen, die oft noch vor wenigen Jahren als undenkbar für Frauen – und vor allem jüdische Frauen – gegolten hatten. Auffallend oft engagierten sich Berliner jüdische Akademikerinnen für Frauenrechte und für politisch linksliberale und sozialistische Parteien. Sie verkörperten den neuen Typus der modernen emanzipierten Frau im akademischen und sozialen Leben und bildeten eine hoffnungsvolle Avantgarde, die nur zu bald aller Rechte beraubt, vertrieben, zerstört und vergessen wurde. An sie anzuknüpfen, gelang, wenn überhaupt, erst mehrere Jahrzehnte später. Ein großes Potential wurde vernichtet. Sein Fehlen blieb in der deutschen Frauengeschichte wie in der Geschichte Berlins bleibend spürbar.

Jüdisches und Humboldtianisches Berlin
Eine Allianz für die Wissenschaft?

Céline Trautmann-Waller

> (1859) in Berlin Alexander von Humboldt, er trug den berühmtesten Namen unserer Zeit und hat den Juden sich gleichgestellt; sein Wort wie sein Leben wurde zum Todesstoß für ausschließendes Pfaffentum und dünkelhaften Betteladel.
>
> (Leopold Zunz: *Die Monatstage des Kalenderjahres: ein Andenken an Hingeschiedene*)

Mit diesem Kommentar fügt der Gründer der Wissenschaft des Judentums Leopold Zunz den Todestag von Alexander von Humboldt in seine *Monatstage des Kalenderjahres* ein und macht aus dem deutschen Forschungsreisenden, der nach einer apokryphen Aussage von Simon Bolivar mehr für die Befreiung von Südamerika getan habe als viele Politiker und Revolutionäre, eine Ikone der emanzipatorischen Kraft der Wissenschaft.

Ein Blick auf die Jugend der Brüder Alexander und Wilhelm von Humboldt zeigt, wie sehr die Beziehungen zu jüdischen Kreisen in Berlin tatsächlich eine entscheidende Rolle für ihre intellektuelle Entwicklung spielten, selbst wenn diese Zeit in vielen Quellen und Berichten fast mythische Züge annimmt und wenn man die Figur des deutsch-jüdischen Dialogs im Berliner Salon, weder was den ‚Dialog' noch was den ‚Salon' betrifft, vorbehaltlos übernehmen kann. Auf jeden Fall führten die in der Jugend geknüpften Freundschaften und Beziehungen später bei beiden Brüdern zu einem Einsatz für die jüdische Emanzipation und für eine Öffnung der Berliner akademischen Welt für Juden, seien sie nun konvertiert oder nicht. Daher mag es auch nicht verwundern, dass die Brüder Humboldt in jüdischen

Kreisen und Zeitschriften bald als Helden der Wissenschaft und des Humanitätsideals sowie als Freunde der Juden gefeiert wurden. Beispielhaft sollen hier die von Aaron Bernstein, Alexander Kohut, Chaim Selig Słonimski und Julius Löwenberg verfassten Biographien Alexander von Humboldts untersucht werden. Im Namen von Wilhelm und Alexander von Humboldt wurden auch verschiedene Institutionen gegründet, die in Berlin Volksbildung und Popularisierung der Wissenschaften förderten und an denen jüdische Berliner aktiv beteiligt waren. Auffallend ist auch der Beitrag von jüdischen Wissenschaftlern, Gelehrten und Literaten zum Gedenken an die Brüder Humboldt im Rahmen der Berliner Fest-, Erinnerungs- und Denkmalkultur, die die Berliner Topographie und Architektur dauerhaft markiert.

Neben der zur Ikone gewordenen Freundschaft zwischen Mendelssohn und Gotthold Ephraim Lessing, der bekannten Verehrung der deutschen Juden für Johann Wolfgang von Goethe[1] und Friedrich Schiller,[2] bedeutet demnach das Engagement jüdischer Berliner für Volksbildung und Popularisierung der Naturwissenschaften, zusammen mit der Verehrung für die Brüder Humboldt und der Hoffnung auf eine Emanzipation durch Wissenschaft, einen wichtigen Aspekt der deutsch-jüdischen und darüber hinaus der deutschen Bildung – und insbesondere einer demokratischen linksliberalen Kultur, die unter anderem in Berlin wirksam war und zu der die Berliner Juden mit eigenen Akzenten einen wichtigen Beitrag lieferten. Weil die Berliner Juden in die Wissenschaften ihre Hoffnung auf soziale und politische Emanzipation legten, weil die Brüder Humboldt Berlin zu einem Hochort der Wissenschaft, Bildung und des Humanitätsideals machen wollten und dafür u.a. das Engagement der Juden Berlins als eine soziale Grundlage benutzten, verweben sich in der Berliner Kulturgeschichte und in den Spuren, die Fest-, Erinnerungs- und

1 Siehe Wilfried Barner: *Von Rahel Varnhagen bis Friedrich Gundolf. Juden als deutsche Goethe-Verehrer.* Göttingen: Wallstein 1992.

2 Hans-Otto Horch: Friedrich Schiller, die Juden und das Judentum. In: *Aschkenas* 16,1 (2006), S.17–36. Siehe auch Erik Lindner: Deutsche Juden und die bürgerlich-nationale Festkultur. Die Schiller- und Fichtefeiern von 1859 und 1862. In: Andreas Gotzmann / Rainer Liedtke / Till van Rahden (Hrsg.): *Juden, Bürger, Deutsche. Zur Geschichte von Vielfalt und Differenz 1800–1933.* Tübingen: Mohr Siebeck 2001, S.171–191.

Denkmalkultur in der Stadt hinterließen, jüdisches und Humboldtianisches Erbe.

Die Jugend der Brüder Humboldt, die Entstehung ihres wissenschaftlichen Programms und die Berliner Juden

Es besteht kein Zweifel, dass Beziehungen zu jüdischen Familien in Berlin in der Jugend der Brüder Humboldt eine entscheidende Rolle spielten. Dies zeigen u.a. die vor kurzem in kritischen Ausgaben erschienenen Briefwechsel aus Wilhelm von Humboldts Jugend einerseits[3] und zwischen Alexander von Humboldt und der Familie Mendelssohn andererseits.[4] Tatsächlich waren die Brüder, deren Erziehung seit dem Tode des Vaters zuerst Joachim Heinrich Campe, dann Gottlob Johann Christian Kunth anvertraut worden war, durch letzteren auch in die aufgeklärten Kreise Berlins eingeführt worden. Dort genossen sie in den Jahren 1785 und 1786 Privatunterricht bei Berliner Aufklärern, u.a. bei Christian Konrad Wilhelm von Dohm, der das aufgeklärte preußische Beamtentum verkörperte und 1781 seine Schrift *Über die bürgerliche Verbesserung der Juden* veröffentlicht hatte. Folgt man den Erinnerungen von Henriette Herz,[5] so waren die beiden Brüder zu dieser Zeit auch Mitglieder einer 1785 gegründeten Lesegesellschaft, zu der außer Dohm auch der Philosoph Johann Jacob Engel, der Jurist Ernst Ferdinand Klein, der Dichter Karl Wilhelm Ramler, der Schriftsteller und Kunsttheoretiker Karl

3 Wilhelm von Humboldt: *Briefe. Historisch-kritische Ausgabe*, Bd. 1: 1781–Juni 1791, hrsg. v. Philip Mattson. Berlin: de Gruyter 2014.

4 Alexander von Humboldt / Familie Mendelssohn: *Briefwechsel*, hrsg. v. Sebastian Panwitz / Ingo Schwarz, unter Mitw. v. Eberhard Knobloch. Berlin: de Gruyter 2011.

5 Diese fragmentarischen Erinnerungen haben eine komplexe Entstehungsgeschichte. Henriette begann mit der Niederschrift im Jahr 1818 während eines Aufenthalts in Rom, wo sie regelmäßig Wilhelm von Humboldt und seine Familie sah. Sie arbeitete 1823, 1824 und 1829 weiter an dem Manuskript, ohne es abschließen zu können. Sie zerstörte es schließlich, als 1833 das Erscheinen von Rahel Varnhagens Tagebüchern und Briefen nach deren Tod zu einer Reihe von Enthüllungen führte. Julius Fürst versuchte daraufhin, die verlorenen Erinnerungen zu retten, indem er Henriette Herz bat, sie ihm mündlich mitzuteilen, und auch ihre heute verschollenen Tagebücher benutzte. Das Buch wurde schließlich von Fürst im Jahre 1850 nach dem Tod von Henriette Herz herausgegeben (Julius Fürst: *Henriette Herz. Ihr Leben und ihre Erinnerungen.* Berlin: Wilhelm Hertz 1850). Die Fragmente von Henriette Herz sind auch ohne die von Fürst hinzugefügten Passagen und Kommentare erschienen, siehe Heinrich Hahn: Henriette Herz. In: *Mitteilungen aus dem Literaturarchiv Berlin* 1 (1896), S. 141–184.

Philipp Moritz, der Theologe Wilhelm Abraham Teller, der Pfarrer Johann Friedrich Zöllner, der Arzt und Philosoph Marcus Herz sowie ihre Ehefrauen gehörten.[6] So wurden die Brüder auch langsam in den Mikrokosmos der sogenannten Berliner Salons[7] eingeführt, in dem mehrere wohlhabende jüdische Familien eine besondere Rolle spielten. In diesem Zusammenhang werden oft die Beziehungen der Brüder Humboldt zu Mendelssohn, seinem Kreis und seiner Familie erwähnt. Wir wissen heute allerdings, dass es keinerlei Beweise gibt, dass die beiden Brüder wie oft behauptet an den *Morgenstunden* von Moses Mendelssohn,[8] einer Reihe von Vorträgen, die u. a. von den Beweisen für die Existenz Gottes handelten und die Mendelssohn im Jahr 1785 im privaten Kreis und vor allem für die ältesten seiner Kinder hielt, teilnahmen.[9] Es ist allerdings sicher, dass die beiden Brüder damals zu der Familie Mendelssohn enge Kontakte pflegten und dass zwischen Alexander, Joseph und Abraham Mendelssohn einerseits, zwischen Wilhelm und Dorothea (Brendel) Mendelssohn, mit der er eine Zeitlang zu dem Freundschaftsbund um H. Herz gehörte, andererseits, enge Freundschaften entstanden. Sicher ist auch, dass der damals siebzehnjährige Alexander von Humboldt im Jahr 1786 bei der Beerdigung von Mendelssohn gegenwärtig war.[10] Die Prägung der beiden Brüder durch Mendelssohn – und vor allem durch dessen *Phädon* –, die sie selbst regelmäßig hervorhoben[11] ist ebenfalls in vielen Kommentaren unterstrichen worden. Sie kann leicht durch den Kontakt mit mehreren Familienmitgliedern, Anhängern und Bewunderern Mendelssohns erklärt werden.

6 Henriette Herz: *Henriette Herz in Erinnerungen, Briefen und Zeugnissen*, hrsg. v. Rainer Schmitz. Leipzig / Weimar: Kiepenheuer 1984, S. 48–49.

7 Siehe Petra Wilhelmy: *Der Berliner Salon im 19. Jarhundert (1780–1914).* Berlin / New York: de Gruyter 1989.

8 Peter Honigmann: Der Einfluß von Moses Mendelssohn auf die Erziehung der Brüder Humboldt. In: *Mendelssohn Studien* 7 (1990), S. 39–76.

9 Siehe Moses Mendelssohn: *Morgenstunden oder Vorlesungen über das Dasein Gottes.* In: Ders.: *Gesammelte Schriften. Jubiläumsausgabe*, hrsg. v. Fritz Bamberger et al. Stuttgart / Bad Cannstatt: Fromann / Holzboog 1974, S. 1–175.

10 Sebastian Panwitz / Ingo Schwarz: Alexander von Humboldt und die Familie Mendelssohn. In: Dies. / Eberhard Knobloch (Hrsg.): *Alexander von Humboldt – Familie Mendelssohn Briefwechsel.* Berlin: Oldenbourg 2011, S. 9–30, hier S. 11.

11 Siehe u. a. Julius H. Schoeps: Im Kreise der Aufgeklärten. Der Einfluss Moses Mendelssohns und David Friedländers auf die Reformkonzepte Wilhelm von Humboldts. In: *Zeitschrift für Religions- und Geistesgeschichte* 62,3 (2010), S. 209–226, hier S. 211.

Eine besondere Rolle kommt hier David Friedländer zu, der zu den intimsten Freunden Mendelssohns gehörte und den beide Brüder sehr schätzten. Bereits 1871 hatte der Literatur- und Kulturhistoriker Ludwig Geiger in seiner *Geschichte der Juden in Berlin* auf die wichtige Rolle des Austauschs mit David Friedländer, der scheinbar so etwas wie eine Vaterfigur für die beiden Brüder darstellte, hingewiesen.[12] In ihren Briefen an Friedländer stellten beide die weitläufigen Perspektiven ihrer wissenschaftlichen Projekte, in der Zeit, wo sie sich noch herausbildeten, dar.

Durch die Vermittlung von Kunth, der wegen der Installierung eines Blitzableiters in Tegel mit Marcus Herz in Kontakt getreten war,[13] nahmen die beiden Brüder gegen 1795 zum ersten Mal auch bei Herz an einer philosophischen Abendgesellschaft teil. Die enge Beziehung, die daraufhin zwischen Herzens Frau Henriette und Wilhelm von Humboldt entstand und die sich zu einem Freundschaftsbund mit Dorothea (Brendel) Mendelssohn (Veit) und Carl von La Roche erweiterte, ist uns durch den Briefwechsel und durch die Erinnerungen von Henriette Herz bekannt. Interessant ist unter anderem, dass Wilhelm von Humboldt in diesen Jahren dasselbe Vokabular benutzt, um von seiner ‚Liebe' zu Henriette Herz, seinem Ideal der Bildung, seiner Theorie des weiblichen und des männlichen Prinzips oder der Assimilierung der Juden zu sprechen. Diese Bereiche und Erlebnisse scheinen sich in diesen Jahren in seinem Leben eng zu verweben.

Es mag demnach auch nicht verwundern, dass Wilhelm von Humboldt sich 1809 für eine vollständige und bedingungslose Emanzipation der Juden in Preußen einsetzte.[14] Über die Tatsache hinaus, dass dieser Text ungefähr zur selben Zeit wie der Plan der Berliner Universität (1809/10) entstand, scheint es, dass es in seinem Denken und Tun eine dreieckige Konfiguration gab zwischen den Überlegungen über die Grenzen der Wirksamkeit des Staates 1892,[15] in denen unter anderem auch von den Beziehungen zwischen Staat und Religion die

12 Ludwig Geiger: *Geschichte der Juden in Berlin*, 2 Bde. Berlin: Guttentag 1871.

13 Herz: *Henriette Herz in Erinnerungen, Briefen und Zeugnissen*, S. 28.

14 Wilhelm von Humboldt: Über den Entwurf zu einer neuen Konstitution für die Juden (17. Juli 1809). In: Ders.: *Gesammelte Schriften*, Bd. 10: Politische Denkschriften I: 1802–1810, hrsg. v. Bruno Gebhardt. Berlin: Behr 1903, S. 97–115.

15 Wilhelm von Humboldt: Ideen zu einem Versuch, die Grenzen der Wirksamkeit des Staates zu bestimmen. In: Ders.: *Gesammelte Schriften*, Bd. 1, hrsg. v. Albert Leitzmann. Berlin: Akademie der Wissenschaften 1903, S. 97–255.

Rede ist, den Überlegungen über die jüdische Emanzipation 1809,[16] und dem Plan einer Reform des gesamten preußischen Erziehungssystems, sowie der Gründung der Berliner Universität als Verkörperung des Bildungsideals.[17] Diese Texte und diese Pläne ergänzen einander und bilden zusammen einen umfassenden Versuch im preußischen Staat und in der preußischen Gesellschaft Korporatismus, religiöse Ausgrenzung und Intoleranz zu bekämpfen. Alexander von Humboldt hegte ähnliche Überzeugungen, setzte sich allerdings eher auf eine indirektere Weise für jüdische Freunde, Künstler und Wissenschaftler ein. Gegen den „ministerielle(n) Judenhass",[18] im preußischen Kultusministeriums – eine „feindliche Eisregion"[19] – und gegen „christliche Intoleranz"[20] kämpfte er für den Eintritt jüdischer Gelehrter und Wissenschaftler in Universität und Akademie. Als er im Jahr 1842 die Erschaffung eines Ordens *Pour le mérite* für Wissenschaften und Künste erreichte, setzte er sich dafür ein, dass sowohl der getaufte Felix Mendelssohn-Bartholdy als auch der nicht-getaufte Giacomo Meyerbeer ihn erhielten, indem er argumentierte, die preußische Regierung könne nicht kleinlich sein.[21]

Alexander von Humboldt hatte sich nach seiner Rückkehr aus Paris zum Ziel gesetzt, aus Berlin eine Hochburg der Wissenschaft zu machen. Er konnte für dieses Projekt die wissenschaftliche Kompetenz und Begabung mancher jüdischer Wissenschaftler sowie die finanzielle, soziale und symbolische Unterstützung jüdischer Berliner Familien gut gebrauchen. In dem Briefwechsel wird ein komplexes Geflecht von Leistungen und Gegenleistungen offenbar. Zwei

16 Humboldt: Über den Entwurf zu einer neuen Konstitution für die Juden.

17 Wilhelm von Humboldt: Über die innere und äußere Organisation der wissenschaftlichen höheren Anstalten in Berlin. In: Ders.: *Gesammelte Schriften*, Bd. 10, S. 250–260.

18 Brief von Alexander von Humboldt an Robert Remak, 10.02.1856, zit. n. Peter Honigmann: Alexander von Humboldts Verhältnis zu Juden. In: *Bulletin des Leo Baeck Instituts* 76 (1987), S. 4–34, hier S. 28.

19 Siehe Kurt-R. Biermann: Einleitung. In: Alexander von Humboldt: *Vier Jahrzehnte Wissenschaftsförderung. Briefe Alexander von Humboldts an das preussische Kultusministerium 1818–1859*, hrsg. v. Kurt Reinhard Biermann: Berlin: Akademie 1985, S. 13, zit. n. Peter Honigmann: Die Judenpolitik Friedrich Wilhelms IV. im Urteil Alexander von Humboldts. In: *Acta historica Leopoldina* 27 (1997): Natur, Mathematik und Geschichte, S. 21–30, hier S. 30.

20 Honigmann: Alexander von Humboldts Verhältnis zu Juden, S. 28.

21 Ebd., S. 54.

wichtige Momente in der langsamen *Implementation* der Naturwissenschaften in der preußischen Hauptstadt sind erstens die Kosmos-Vorlesungen, die Humboldt zuerst im engeren akademischen Rahmen, dann im Winter 1827/28 vor einem erweiterten Publikum in der Sing-Akademie hielt, zweitens die Versammlung deutscher Naturforscher und Ärzte, die er 1828 organisierte und die mehr als sechshundert Forscher in Berlin versammelte.

Hatte die Familie Mendelssohn und besonders die von Joseph Mendelssohn gegründete Bank Humboldt bereits für seine Forschungsreisen und für seine Publikationen finanziell unterstützt[22], so erweiterte sich dieses Mäzenatentum nach Humboldts Rückkehr aus Paris durch eine tägliche Einladung zum Mittagessen bei Joseph und Henriette Mendelssohn und zu seiner Anwesenheit bei ihren abendlichen Empfängen, denen er somit einen gewissen Glanz verlieh. Humboldt seinerseits verfolgte die Karrieren sämtlicher Familienmitglieder: die anderen Söhnen von Moses Mendelssohn, Abraham, der gelegentlich mit Joseph zusammenarbeitete, und Nathan, der wissenschaftliche Instrumente herstellte. Auch die dritte Generation genoss Humboldts Unterstützung, hier insbesondere Felix Mendelssohn Bartholdy, zu dem wir gleich kommen werden, und Alexander, Josephs Sohn, dem Humboldt in einem Brief mit Genuss beschrieb, welche Reaktionen die Benutzung der Übersetzung der Psalmen durch Moses Mendelssohn in seinem *Kosmos* verursachte.[23]

Für die Versammlung deutscher Naturforscher und Ärzte, deren Planung zu einer Reihe von Reibungen zwischen Humboldt, dem Hof und der Kirche führte,[24] bat Humboldt Felix Mendelssohn-Bartoldy eine Kantate zu komponieren. Diese Kantate *Begrüßung*, die heute oft als „Humboldt-Kantate“ bezeichnet wird und deren Text von Ludwig Rellstab stammt, feiert das Entstehen des Lichtes und einer kosmischen Ordnung aus dem Urchaos und endet mit einem Appell an Gott. Die Spezialisten von Felix Mendelssohn-Bartoldys

22 Sebastian Panwitz: Die Finanzbeziehungen zwischen Alexander von Humboldt und den Mendelssohns. In: *Zeitschrift für Religions- und Geistesgeschichte* 62,3 (2010), S. 248–260, hier S. 249–252.

23 Brief von Alexander von Humboldt an Alexander Mendelssohn, 19.11.1853, zit. n. Honigmann: Alexander von Humboldt und die Juden, S. 62.

24 Siehe Andreas W. Daum: *Wissenschaftspopularisierung im 19. Jahrhundert. Bürgerliche Kultur, naturwissenschaftliche Bildung und die deutsche Öffentlichkeit, 1848–1914*. München: Oldenbourg 1998.

musikalischem Schaffen haben sich gefragt, inwiefern die humboldtschen Theorien von der Einheit der Natur Mendelssohns Auffassung der musikalischen Formen und der Musik überhaupt beeinflusst haben könnten.[25] Mendelssohn hat allerdings keine Zeugnisse seiner Rezeption der Kosmos-Vorlesungen hinterlassen; man weiß nur, dass er die Werke des Geographen Carl Ritter, eines engen Freundes von Humboldt, sehr schätzte.[26]

Nach der Berliner Versammlung nahm Humboldt seine geomagnetischen Forschungen wieder auf. Er benötigte dafür eine ziemlich komplexe Einrichtung, und wieder half die Familie Mendelssohn. Im Garten von Abraham Mendelssohn in der Leipziger Straße 3 ließ Humboldt ein durch Friedrich Schinkel entworfenes Haus aus Backstein, dessen Metallteile aus unmagnetischem rotem Kupfer gefertigt waren, errichten. Im Frühjahr 1829 konnten die Messungen beginnen. Fanny Hensel, die Schwester von Felix Mendelssohn-Bartholdy, erzählt in ihrem Tagebuch am 31. Januar 1829, wie Humboldt, der zum Abendbrot eingeladen war, den Tisch verlassen musste, um seine Messungen durchzuführen.[27]

Auch im Bereich der Astronomie wurde Humboldt indirekt durch Berliner Juden unterstützt. Wilhelm Beer, Mitglied einer anderen prestigereichen jüdischen Familie Berlins,[28] zuerst Bankier und Geschäftsmann, wurde durch die Kosmos-Vorlesungen von 1827/28 begeistert, ließ im Dach seiner Berliner Villa im Tiergarten ein privates Observatorium errichten und begann mit seinem Freund, dem Astronomen Johann Heinrich Mädler, systematische Messungen und Beobachtungen durchzuführen. Im September 1830 konnten sie den Planeten Mars kartographieren. Besonders berühmt wurden die Beiden durch ihre Beobachtung des Mondes, ihre Karte desselben,

25 Siehe Larry Todd: *Mendelssohn. A Life in Music.* Oxford: Oxford UP 2005, insb. S. 3–11 (Kap. 1: „Humboldt, Mendelssohn, and Musical Unity").

26 Eduard Devrient: *Meine Erinnerungen an Felix Mendelssohn-Bartholdy und seine Briefe an mich.* Leipzig: Weber 1872.

27 Fanny Hensel: *Tagebücher*, hrsg. v. Hans-Günter Klein / Rudolf Elvers. Wiesbaden: Reichert 2002, S. 6.

28 Wilhelm Beer war der Sohn von Amalie Beer, die einen der berühmtesten Berliner ‚Salons' betrieb. Seine Brüder waren der Musiker Jakob Liebmann Meyer Beer (Giacomo Meyerbeer) und der jung verstorbene Dichter Michael Beer. Siehe u. a. Sven Kuhrau et al. (Hrsg.): *Juden-Bürger-Berliner. Das Gedächtnis der Familie Beer – Meyerbeer – Richter.* Katalog der gleichnamigen Ausstellung im Märkischen Museum. Berlin: Henschel 2004.

Mappa Selenographica (1834–36), und das begleitende 1837 erschienene Buch.[29] 1841 fand in der Villa Beer ein internationaler Astronomie-Kongress statt.

Es verwundert nicht, dass aus all diesen Gründen die Brüder Humboldt und ihre Biographie in den jüdischen Zeitschriften der zweiten Hälfte des 19. Jahrhunderts einen nicht unwichtigen Platz einnehmen. Meistens geht es darum, die freundschaftlichen Beziehungen zwischen den beiden jungen Männern und einigen jüdischen Familien der Berliner Hauptstadt zu unterstreichen, um die Vereinbarkeit oder sogar die Affinität des Judentums mit wissenschaftlicher Forschung und Bildung zu unterstreichen und den Beitrag der Juden zur Berliner Kultur,[30] zur deutschen Aufklärung und zur deutschen Kultur hervorzuheben. Störend ist nur die Mythisierung dieser Beziehungen, zu der Alexander von Humboldt manchmal selbst beigetragen zu haben scheint.[31] Dass es sich dabei um eine Art Geben und Nehmen, einen Austausch von Gefälligkeiten handelte, wurde in den

29 *Der Mond nach seinen kosmischen und individuellen Verhältnissen oder allgemeine vergleichende Selenographie mit besondrer Beziehung auf die von den Verfassern herausgegebene Mappa Selenographica von Wilhelm Beer und Dr. Johann Heinrich Mädler.* Berlin: Schropp 1837. Ein von ihnen entdecktes Meer nannten die beiden Astronomen „Mare Humboldtianum": „Zweckmäßiger erschien es uns, diesem Mare den Namen des Mannes zu geben, den beide Hemisphären unserer Erdwelt in allen kommenden Jahrhunderten als denjenigen bezeichnen werden, der sie zuerst durch das Band der Wissenschaft wahrhaft verknüpft." (Ebd., S. 208–209.)

30 „Die christlichen Häuser Berlins boten andererseits nichts, welches dem, was jene jüdischen an geistiger Geselligkeit boten, gleichgekommen oder nur ähnlich gewesen wäre. Allerdings gab es auch schon damals hier Männer der Wissenschaft, wenn gleich Berlin erst dreißig bis vierzig Jahre später eine Universität erhielt. Aber diese blieben, nachdem sie den größten Teil des Tages ihren Studien und ihren Amtsgeschäften gewidmet hatten, entweder zurückgezogen im engsten Kreise ihrer Familie oder trafen einander an irgendeinem öffentlichen Orte, wo sie bei einem Glase Bier sehr ernst und sehr pedantisch über gelehrte Gegenstände diskutierten; und ein sogenannter Montags-Club, dessen Teilnehmer aus den geistigen Notabilitäten der Stadt bestanden, brachte es damals selten nur auf zehn Mitglieder." (Herz: *Henriette Herz in Erinnerungen, Briefen und Zeugnissen,* S. 64.)

31 „Bei einem Mittagessen im Februar 1856, das Alexander Mendelssohn für Alexander von Humboldt und Meyer Kayserling gab, bekundete Humboldt, er habe ‚die Morgenstunden bei Mendelssohn selbst gehört'." (Meyer Kayserling: Alexander von Humboldt, Schüler Moses Mendelssohns. In: *Allgemeine Zeitung des Judentums,* 06.02.1881, S. 85–86, zit. und kritisch kommentiert in: Julius H. Schoeps: Im Kreise der Aufgeklärten. Der Einfluss Moses Mendelssohns und David Friedländers auf die Reformkonzepte Wilhelm von Humboldts. In: *Zeitschrift für Religions- und Geistesgeschichte* 62,3 (2010), S. 209–226, hier S. 211.)

damaligen Texten selten deutlich gesagt. Vielmehr wird diese Reihe von Leistungen und Gegenleistungen als ‚deutsch-jüdischer Dialog' oder als ‚Symbiose' hypostasiert. Die Arbeit von Hannah Lotte Lund über den ‚jüdischen Salon' um 1800 in Berlin[32] zeigt im Kontrast dazu eine soziale Realität, die zwar durch geographische Nähe und Sympathie aber auch durch Vorurteile und Stereotype gekennzeichnet war.[33] Damals gehörte Ludwig Geiger zu den wenigen, die nicht zögerten, auch Misstöne aus den Archiven zu publizieren, zum Beispiel jene antisemitischen Auslassungen von Karoline von Dacheröden, die in Wilhelm von Humboldts Liebe zu den Juden seinen einzigen Fehler sah.[34] Auch lässt er manch ambivalente Antwort von Wilhelm selbst nicht aus.[35]

Juden als Biographen von Alexander von Humboldt und als Förderer und Popularisierer der Naturwissenschaften in Berlin

Alexander von Humboldts Wissenschaftsideal und sein Einsatz für jüdische Wissenschaftler führten zu seiner überhöhten Verehrung unter Juden. Diese tritt unter anderem in einer Reihe von mehr oder weniger heroisierenden Humboldt-Biographien zu Tage, die von Juden, die in Berlin lebten oder zeitweise verweilten, zwischen 1858 und 1872 veröffentlicht wurden und die zugleich zur Popularisierung seines wissenschaftlichen Weltbildes dienen sollten.

Die erste Biographie wurde von dem Gelehrten, Journalisten, Verleger, Erfinder, Mathematiker und Astronom Chaim Selig Słonimski (1810–1904) auf Hebräisch verfasst und im Jahre 1858 veröffentlich. 1810 in Bialystok geboren, genoss Słonimski eine traditionelle jüdische Erziehung und zeigte bereits in seiner Jugend ein besonderes

32 Hannah Lotte Lund: *Der Berliner „jüdische Salon" um 1800. Emanzipation in der Debatte.* Berlin / Boston: de Gruyter 2012.

33 Siehe auch Hannah Lotte Lund: „Sie schenkten mir drei Tassen Spruch…". Wilhelm von Humboldt und die Anfänge der deutsch-jüdischen Geselligkeit in den Briefen der Berliner Salongesellschaft. In: *Zeitschrift für Religions- und Geistesgeschichte* 62,3 (2010), S. 227–247.

34 Brief von Karoline von Humboldt an Wilhelm von Humboldt, 29.03.1816, zit. n. Ludwig Geiger: Wilhelm von Humboldt und die Juden. In: *Allgemeine Zeitung des Judentums*, 09.02.1912, S. 69–70, hier S. 69.

35 „Ich liebe aber eigentlich auch nur die Juden *en masse, en détail* gehe ich ihnen sehr aus dem Wege." (Brief von Wilhelm von Humboldt an Karoline von Humboldt, 30.04.1818, zit. n. ebd., S. 70.)

Interesse für die Stellen im Talmud, die von Mathematik und Astronomie handelten.[36] Durch seine Kontakte mit einem Vertreter der Haskala, der jüdischen Aufklärung, konnte er später Deutsch lernen und die aktuelle wissenschaftliche Literatur in diesen Bereichen anschaffen. Mehrere Jahre arbeitete er an einem auf Hebräisch verfassten Handbuch der Mathematik, dessen erster Teil 1834 erschien. Ein Jahr später wurde er über jüdische Kreise hinaus mit seinem Buch *Kochba dischwit* (*Komet*) berühmt, einem Abriss der Geschichte der Sternkunde von Johannes Kepler bis auf seine Zeit, das besonders auf Kometen eingeht und somit 1835 – also im Jahr des Halleyschen Kometen – auf großes Interesse stieß. Es folgten, weiterhin auf Hebräisch, *Toldot schomajim* (*Geschichte des Himmels*, 1838), die eine Polemik um die von Słonimski bestrittene Genauigkeit des jüdischen Kalenders entfachte. Słonimski, der seine wissenschaftliche Tätigkeit weiterverfolgen und ausdehnen wollte, ließ sich zu dieser Zeit scheiden und zog im Jahr 1838 nach Warschau, wo er von dem Uhrenmacher, autodidaktischen Mathematiker und Erfinder Abraham Stern unterstützt wurde. Womöglich erweckte dieser das Interesse von Słonimski für Rechenmachinen. Um ein von ihm entwickeltes Modell, das die Vorteile der mechanischen und der tabellarischen Rechner kombinierte, weiterzuentwickeln, trat Słonimski in Kontakt zu Königsberger und Berliner Wissenschaftlern. Im Jahr 1844 kam er mit zwei an Alexander von Humboldt gerichtete Empfehlungsschreiben – von dem Königsberger Mathematiker Carl Gustav Jakob Jakobi und von dem Astronomen derselben Stadt Friedrich Wilhelm Bessel – nach Berlin. Dank des Einsatzes von mehreren Berliner Wissenschaftlern gelang es Słonimski, seine Rechenmaschine vor der Akademie der Wissenschaften zu präsentieren. Nach verschiedenen Quellen verdankte er es Alexander von Humboldt, dass er schließlich auch von dem preußischen König empfangen wurde. Einem anekdotischen Bericht zufolge, der 1922 unter dem Titel „Humboldt und der Gelehrte im Kaftan“ in der jüdischen Zeitschrift *Menorah* erschien,[37] hätte sich Słonimski für diese Gelegenheit eine „modern-europäische“

36 Zur Biographie von Słonimski, siehe Krzysztof Zielnica: Chaim Selig Słonimski und Alexander von Humboldt. In: *Acta historica Leopoldina* 27 (1997), S. 123–141.

37 S. Meisels: Ch. S. Slonimski: Alexander v. Humboldt und der Gelehrte im Kaftan. In: *Menorah: Jüdisches Familienblatt für Wissenschaft, Kunst und Literatur* 5–6 (1932), S. 267–269.

Tracht gekauft. Humboldt habe ihn daraufhin gefragt, warum er sich dermaßen verkleidet habe, wo doch der König gerade auf den „Gelehrten im Kaftan" neugierig sei.[38] Ein Jahr nach dem Aufenthalt in Berlin erhielt Słonimski von der Akademie der Wissenschaften in Sankt Petersburg einen Preis für seine Rechenmaschine. Auch in seinem weiteren Leben betätigte sich Słonimski als Erfinder und als Autor und Herausgeber, u. a. von *Ha Zefirah* (*Das Morgengrauen*), einer hebräischsprachigen Zeitschrift, in der in populärer Darstellung u. a. wissenschaftliche Artikel über Astronomie, Optik, Geognosie, Elektrizität und Physiologie erschienen.[39]

Die zum 88. Geburtstag von Alexander von Humboldt erschienene Biographie, *Ot Zikkaron* (*Ein Zeichen des Andenkens*)[40] die auf Kosten der Berliner jüdischen Gemeinde gedruckt wurde,[41] fasste er als eine Hommage für Alexander von Humboldt und als Dank für dessen Eintreten für die Rechte und die Freiheit der Juden auf. Das Buch besteht aus zwei Teilen: einer biographischen Darstellung mit einer Übersicht von Humboldts Werken und einem zweiten dem *Kosmos* gewidmeten Teil. Es wird durch eine Anrede an den Leser eröffnet, in der Słonimski erklärt, dass die Geschichte dieses großen Mannes an die Entwicklungsgeschichte der Weisheit und der Wissenschaft gebunden sei:

> Deshalb fand es mein Herz vernünftig, auch unserem wissensdurstigen Volk in unserer alten Sprache die Geschichte dieses teuren Mannes weiterzuerzählen, um das Interesse für die prachtvollen Neuigkeiten zu wecken, die sich über Land und Meer in letzter Zeit sehr verbreitet haben. Hiermit soll Ihnen bewiesen werden wie anstrengend und mühsam es die Forscher ihr ganzes Leben lang haben, um die Weisheiten und Wahrheiten herauszufinden, und schließlich auch um einen weisen Mann zu ehren, der nicht nur sehr klug ist, sondern auch an der rechten Seite des israelitischen Volkes stand und immer gut und richtig von ihnen vor allen Völkern und Nationen geredet hat. Und jedermann

38 Meisels: Ch. S. Slonimski: Alexander v. Humboldt und der Gelehrte im Kaftan, S. 269.

39 Zielnica: Chaim Selig Słonimski, S. 141.

40 Der deutsche Titel lautet: S. Słonimski: *Alexander von Humboldt. Eine biographische Skizze. Dem Nestor des Wissens gewidmet zu seinem acht und achtzigsten Geburtstage*. Berlin: Veit 1858. Eine zweite und dritte Ausgabe erschienen 1874 und 1885 in Warschau und bezeugen den Erfolg des Buches. Siehe Zielnica: Chaim Selig Słonimski, S. 134–139.

41 Meisels: Ch. S. Slonimski: Alexander v. Humboldt und der Gelehrte im Kaftan, S. 268.

> aus dem Volke Israel, der sein Volk liebt, wird seinen Mund mit Dank und Ruhm erfüllen für den lieben, weisen Mann, dessen Name und Wahrheit verewigt bleiben.[42]

1869 veröffentlichte der Berliner Linksliberale und Mitglied der jüdischen Reformbewegung Aaron Bernstein (1812–1884)[43] in der Reihe der Gemeinverständlichen Vorträge sein Buch *Alexander von Humboldt und der Geist zweier Jahrhunderte.*[44] Aaron Bernstein, der mit Słonimski bekannt war, da sie 1856 gemeinsam den mehrfachen Telegraphen entwickelten, war in Danzig aufgewachsen, wo er eine streng religiöse Erziehung genossen hatte. Er kam 1832 im Alter von zwanzig Jahren nach Berlin, erlernte dort die deutsche Sprache, betrieb ein Antiquariat, um seinen Lebensunterhalt zu verdienen, und erlangte als Autodidakt eine literarische Bildung und naturwissenschaftliche Kenntnisse. Seine literarische Karriere begann 1834 mit einer kommentierten Übersetzung des Hoheliedes, die Bernstein aus Furcht vor den Reaktionen der Orthodoxie gegen seine kontextualisierende und historisch-kritische Perspektive unter dem Pseudonym Rebenstein veröffentlichte.[45] Es folgte 1838 der etwas gewagte *Plan zu einer neuen Grundlage für die Philosophie der Geschichte*, den Bernstein mit einigen literaturkritischen Texten herausgab.[46] Nachdem er sich in Berlin aktiv an der Revolution von 1848 beteiligt hatte, gründete Bernstein 1849 die demokratische *Urwähler-Zeitung*, in der er, immer noch unter dem Pseudonym Rebenstein, gemäßigte Reformen forderte. Die Zeitung gehörte zu den ersten, die intensiv Statistiken benutzten und jeden Tag einen politischen Leitartikel veröffentlichten. Nach ihrem Verbot im Jahr 1853 wurde sie in veränderter Form von Franz Duncker unter dem Titel *Berliner Volkszeitung* herausgegeben. Bernstein

42 Chaim S. Slonimski: An den Leser. In: Ders.: *Zur Freiheit bestimmt. Alexander von Humboldt – eine hebräische Lebensbeschreibung von Chaim Selig Slonimski (1810–1904)*, hrsg. v. Kurt-Jürgen Maaß, aus d. Hebr. v. Orna Carmel. Bonn: Bouvier 1997, S. 13.

43 Zu Bernstein, siehe Julius H. Schoeps: *Bürgerliche Aufklärung und liberales Freiheitsdenken. A. Bernstein in seiner Zeit.* Stuttgart / Bonn: Burg 1992; ders. (Hrsg.): *A. Bernstein in seiner Zeit: Briefe und Materialien.* Hildesheim / Zürich / New York: Olms 2010.

44 Aaron Bernstein: *Alexander von Humboldt und der Geist zweier Jahrhunderte* (= Sammlung gemeinverständlicher wissenschaftlicher Vorträge, IV. Serie, Heft 89). Hamburg: Richter 1869.

45 A. Rebenstein: *Das Lied der Lieder, oder das hohe Lied Salomo's.* Berlin: Friedländer 1834.

46 Aaron Bernstein: *Plan zu einer neuen Grundlage fur die Philosophie der Geschichte. Wissenschaftlicher Versuch neben einigen literarischen Studien.* Berlin: Natorff 1838.

schrieb weiter die Leitartikel. Als literarischer Autor genoss Bernstein vor allem mit seinen Beschreibungen des jüdischen Kleinbürgertums – zum Beispiel in den Novellen *Vögele der Maggid* und *Mendel Gibbor* (1860) – im jüdischen Bürgertum der Zeit und auch darüber hinaus recht großen Erfolg. Doch Bernstein war auch als Erfinder tätig und verfasste zahlreiche Schriften zur wissenschaftlichen Popularisierung, die hauptsächlich in der *Berliner Volkszeitung* erschienen und später in zwanzig Bänden unter dem Titel *Naturwissenschaftliche Volksbücher* herausgegeben wurden. Diese Arbeiten, die von Alexander von Humboldt gelobt wurden, waren auch eine der ersten Lektüren von Albert Einstein. Dieser berichtete später, dass Bernsteins *Naturwissenschaftliche Volksbücher*, unter anderem die *Phantasiereise im Weltall* (1856) neben Alexander von Humboldts *Kosmos* und Ludwig Büchners *Kraft und Stoff*, in seiner Kindheit zu seinen Lieblingslektüren gehörten. Ulrich Charpa sieht demnach in Bernstein und seinem aufgeklärten Reformjudentum eine Art fehlendes Kettenglied zwischen bestimmten Denkarten der traditionellen jüdischen Gelehrsamkeit und den metawissenschaftlichen Ansichten von Einstein als allgemeinen Rahmen seiner Relativitätstheorie.[47]

Bernsteins Humboldt-Biographie steht im Zeichen eines heroisierenden Fortschrittsglaubens, der in der französischen Revolution einen misslungenen Versuch sieht, die Ideale der Aufklärung zu verwirklichen, einen Versuch der nun durch einen „gewaltige[n] Sturm gegen die kümmerlichen veralteten Glaubens-Anschauungen", die „friedliche Revolution im Reiche der Wissenschaft" und die „Verbreitung von Wissen und Bildung im Volk" abgelöst werden müsse.[48] Sozialer und naturwissenschaftlicher Fortschritt laufen für ihn parallel, denn die Wissenschaft ist die „geistige Emancipation der Menschheit".[49] Eine besondere Rolle nimmt in diesem Prozess für Bernstein die Aufklärung ein, deren edelsten Grundsätze in Berlin unter anderem durch Moses Mendelssohn vertreten wurden.

47 Ulrich Charpa: Aaron Bernstein's 'nächster großer Reformator' – Einstein, Reform Judaism, and the Fries School. In: Ders. / Ute Deichmann (Hrsg.): *Jews and Sciences in German Contexts. Case Studies from the 19th and 20th Centuries.* Tübingen: Mohr Siebeck 2007, S. 155–180.

48 Bernstein: *Alexander von Humboldt*, S. 18.

49 Ebd., S. 37.

Deutlicher auf die Beziehung von Humboldt zu den Juden ging das 1871 erschienene Buch von Adolph Kohut, *Alexander von Humboldt und das Judentum. Ein Beitrag zur Culturgeschichte des neunzehnten Jahrhunderts*, ein. Es ist das Buch eines relativ jungen Mannes. Adolph Kohut war 1848 in Ungarn als Bruder des sicherlich besser bekannten Rabbiners und Gelehrten Alexander Kohut geboren, der in die Vereinigten Staaten auswanderte, wo er seinen Namen einer bekannten Stiftung für jüdische Studien gab. Adolph Kohut war von 1866 bis 1869 Schüler des Breslauer Seminars und studierte an den Universitäten Breslau, Berlin und Wien, bevor er 1878 in Jena promovierte. Als Journalist (u. a. für die *Breslauer Nachrichten*, die *Düsseldorfer Zeitung*, die *Kieler Nachrichten*, die *Berliner Zeitung*, die *Dresdner Zeitung* und die *Tribüne*), Übersetzer (aus dem Ungarischen) und Autor von Biographien und kulturgeschichtlichen Fresken hinterließ er ein gemischtes Werk, das ganz dem Zeitgeist verpflichtet war und ihm mehrere Ehrungen einbrachte. Er lebte einen großen Teil seines Lebens in Berlin, wurde allerdings im Jahr 1884 als ‚missliebiger Ausländer' verbannt, weil er in der *Berliner Zeitung* Bismarcks Politik kritisierte. Er konnte erst 1889 in die deutsche Hauptstadt zurückkehren. Neben dem erwähnten Buch über Alexander von Humboldt veröffentlichte er u. a. auch eine populäre *Geschichte der deutschen Juden von den ältesten Zeiten bis auf die Gegenwart* (1898/1899) mit vielen Illustrationen und die Sammlung von Lebensgeschichten *Berühmte israelitische Männer und Frauen in der Kulturgeschichte der Menschheit. Lebens- und Charakterbilder aus Vergangenheit und Gegenwart. Ein Handbuch für Haus und Familie* (1900–1901). In einer Reihe von Beiträgen in jüdischen Zeitschriften äußerte sich Kohut über die Beziehungen sowohl von Alexander als auch von Wilhelm von Humboldt zu den Juden. Auf einen ersten Artikel 1869, in dem er Alexander von Humboldt als Politiker präsentiert,[50] folgt ein zweiter 1874, in dem er auf seine Beziehungen zu Juden eingeht.[51] 1917, mitten im ersten Weltkrieg, befasst er sich dann mit Wilhelm

50 Alexander Kohut: Alexander von Humboldt als Politiker. In: *Allgemeine Zeitung des Judentums*, 05.10.1869, S. 797–801; 12.10.1869, S. 822–825.

51 Alexander Kohut: Humboldt und die Juden. In: *Allgemeine Zeitung des Judentum*, 15.09.1874, S. 594–596.

von Humboldt Beziehungen zum Judentum[52] und mit seinem Briefwechsel mit Juden und Jüdinnen.[53]
In dem Vorwort des Buches über Alexander von Humboldt wettert Kohut sowohl gegen Gelehrte, die sich nur für staubige Folianten interessieren, als auch gegen Atheisten und ungläubige Naturforscher. Er wirft den Juden vor, dass sie Alexander von Humboldt zu wenig geehrt haben. Eine Ausnahme sieht er nur in dem Wiener Prediger Adolph Jellinek. Deshalb schreibt er mahnend:

> Wir Juden müssen es der Menschheit bezeugen, dass wir für unsere Wohlthäter, die unser nationales und religiöses Leben respektirten, und unser Schriftthum mit Gerechtigkeit und Liebe behandelten, die wärmste Pietät, den innigsten Dank an den Tag zu legen wissen![54]

Der erste Teil des Buches behandelt ganz im Sinne der Vorrede Alexander von Humboldts Verdienste um das Judentum (S. 1–61). Der zweite Teil, „Alexander von Humboldts Beziehungen zu Juden" (S. 62–129), enthält zahlreiche Briefauszüge und geht auf die Beziehungen zu Friedländer und anderen Berliner Juden ein. Im dritten Teil, „Alexander von Humboldt's Beziehungen zu Jüdinnen" (S. 130–157), finden wir die bereits erwähnten Persönlichkeiten, Henriette Herz und Rahel Varnhagen, wieder. Auch hier werden ausgiebig Briefe zitiert, mit exaltierten Kommentaren begleitet und zum Teil verformt. Der vierte und letzte Teil, Alexander von Humboldt und die Bibel (S. 158–194), unterstreicht den vermeintlichen Unterschied zwischen Alexander von Humboldt und den Materialisten der Zeit. Kohut erinnert hier daran, dass Humboldt in seinem *Kosmos* die Übersetzung der Psalmen durch Moses Mendelssohn benutzte, um die „Naturpoesie der Hebräer" zu untersuchen.[55] Er verteidigt die Idee, dass „die Naturanschauung der Bibel [...] der der Humboldt'schen

52 Alexander Kohut: Wilhelm von Humboldt's Beziehungen zum Judentum. In: *Im deutschen Reich. Zeitschrift des Centralvereins Deutscher Staatsbürger Jüdischen Glaubens* 6 (1917), S. 253–260.

53 Alexander Kohut: Wilhelm von Humboldt in seinem Briefwechsel mit Juden und Jüdinnen. In: *Neue jüdische Monatshefte. Zeitschrift für Politik, Wirtschaft und Literatur in Ost und West* 19 (1917), S. 557–559.

54 Alexander Kohut: *Alexander von Humboldt und das Judentum. Ein Beitrag zur Culturgeschichte des neunzehnten Jahrhunderts.* Leipzig: F. W. Pardubitz'sche Buchhandlung 1871, S. X.

55 Ebd., S. 169, Anm. 119.

nahe verwandt […], congenial“ war.[56] Zudem zitiert er hier einen Brief Alexander von Humboldt an einen gewissen Dr. Emil Löw aus der Autographensammlung eines Dr. Bonde in Wien, in dem er diesem von einer Konversion abrät, da die jüdische Religion „noch die mit den Forschungen objektiver Wissenschaft am leichtesten zu vereinbarende“ sei.[57] Das ganze Buch stellt ein Plädoyer für die Juden, das Judentum und darüber hinaus für eine gewisse Religiosität dar. Angegriffen wird neben den Materialisten Ludwig Büchner, Jakob Moleschott u. a. auch Rudolf Virchow wegen seines anmaßenden wissenschaftlichen Ideals. Humboldts Weltbild selbst erscheint in der Polemik etwas verzerrt, weil Kohut aus ihm einen Verteidiger der Religion machen will.

Das letzte Beispiel liefert der Humboldt-Biograph Julius Loewenberg (1800–1893). Loewenberg wurde in Strelno (Posen) geboren. Er besuchte die Talmudschule in Kleczewo und das Gymnasium in Thorn (heute Toruń), bevor er an der Universität Berlin Kirchengeschichte, christliche Dogmatik und Geographie studierte, letzteres bei Carl Ritter. Noch während seines Studiums machte er die Bekanntschaft von Alexander von Humboldt, unter dessen Einfluss er sich mehr und mehr zur Geographie hinwendete. 1832 übersetzte er Humboldts Beiträge über die Geologie und Klimatologie Asiens aus dem Französischen und gab sie mit einer Karte und einer Tabelle vermehrt heraus.[58] 1835 folgte *Afrika, Geschichte der geographischen Entdeckungen in diesem Erdteile*, das Wilhelm Beer und Johann Heinrich Mädler „für mehrfache aus ihren astronomischen Arbeiten gewonnene Belehrung dankbar und hochachtungsvoll gewidmet“ ist. In seinem Vorwort unterstreicht Loewenberg seine Absicht, eine „lebensfrische, pragmatische Darstellung“ zu liefern.[59] Neben Reiseführern für die Schweiz (1840), für Berlin und Potsdam (1841), Posen (1849) veröffentlichte er auch einen *Historisch-geographischer Atlas zu den allgemei-*

56 Ebd., S. 165.

57 Ebd., S. 174–177, hier S. 177. Kohut hatte diesen Brief zuvor bereits veröffentlicht, siehe Adolph Kohut: Ein noch ungedruckter Brief A. von Humboldts an einen Juden. In: *Der Israelit. Ein Central-Organ für das orthodoxe Judenthum*, 24.11.1869, Zweite Beilage, S. 910–911.

58 *A. v. Humboldts Fragmente einer Geologie und Klimatologie Asiens*, aus d. Frz. mit Anm., einer Karte und einer Tabelle vermehrt v. Julius Loewenberg. Berlin: List 1832.

59 Julius Loewenberg: *Afrika, Geschichte der geographischen Entdeckungen in diesem Erdteile*. Berlin: Vereins-Buchhandlung 1835, S. V.

nen Geschichtswerken von C. v. Rotteck, Pölitz und Becker (1836–1842) und weitere Werke über die Geschichte der Geographie und der Entdeckungsreisen mit populärwissenschaftlicher Ausrichtung.[60]

Mit der Biographie von Alexander von Humboldt befasste sich Loewenberg bereits 1843 in seinem Buch *Alexander von Humboldt's Reisen in Amerika und Asien. Eine volksthümliche Darstellung seiner wichtigsten Forschungen*. Auch hier unterstreicht er die populärwissenschaftliche Ausrichtung der Arbeit:

> Der Zweck dieser Bearbeitung ist der, zunächst erwachsenen Jünglingen und Mädchen ein Buch zu bieten, das, reich an mannigfaltiger Belehrung über Natur und Geschichte, unterhaltend durch die Art und Weise der Belehrung, ihre Aufmerksamkeit fessele und ihr Herz und ihren Geist wahrhaft bilde; – demnächst aber auch den Bedürfnissen der längst Erwachsenen zu begegnen, welche früher die Gelegenheit zu gründlicher Belehrung fehlte, und die jetzt durch Berufsgeschäfte verhindert sind, die bändereichen Werke v. Humboldt's zu lesen.[61]

In einem Beitrag aus dem Jahr 1869 über Alexander von Humboldts Bibliothek erinnert er an das Schicksal der Bibliothek, die am dritten Tag der Auktion in London (Sotheby's) verbrannte. Aus diesem Schatz, der seiner Meinung nach jedoch nicht so reich war wie manchmal behauptet, zitiert er verschiedene Widmungen, aber unterstreicht vor allem, wie interessant die sarkastischen Bemerkungen Humboldts über die Kritik der Theologen an seiner Unreligion, an seiner Irreligiosität seien.[62]

Loewenbergs Beitrag zur großen ab 1872 erschienen wissenschaftlichen Humboldt-Biographie[63] erfüllt den ganzen ersten Band derselben

60 Siehe Julius Loewenberg: *Geschichte der Geographie*. Berlin: Haude & Spener 1840; ders.: *Geschichte der geographischen Entdeckungsreisen im Alterthum und Mittelalter bis zu Magellans erster Erdumsegelung*. Leipzig: Spamer 1881; ders.: *Geschichte der Geographischen Entdeckungsreisen Theil. 2: Neuere Zeit*. Leipzig: Spamer 1885; ders.: *Die Entdeckungs- und Forschungsreisen in den beiden Polarzonen*. Leipzig: Freytag 1886.

61 Julius Loewenberg: Vorwort. In: Ders.: *Alexander von Humboldt's Reisen in Amerika und Asien: eine volksthümliche Darstellung seiner wichtigsten Forschungen*, 2 Bde. Berlin: Hasselberg'sche Verlagsbuchhandlung 1843, Bd. 1, S. III–IV, hier S. III.

62 Julius Loewenberg: Die Bibliothek Alexander von Humboldt's. In: *Der Salon für Literatur, Kunst und Gesellschaft* 3 (1869), S. 553–561.

63 *Alexander von Humboldt. Eine wissenschaftliche Biographie*, im Verein mit Robert Avé-Lallemant et al., bearb. u. hrsg. v. Karl Bruhns, 3 Bde. Leipzig: Brockhaus 1872. Von Julius Löwenberg stammen sämtliche Teile des ersten Bandes, d. h. I.: Alexander von Humboldt. Seine Jugend und ersten Mannesjahre (S. 3–303); II.: Alexander von Humboldt. Sein Reiseleben in Amerika und Asien (S. 307–480). Im zweiten Band erschien von ihm die „Bibliographische Übersicht seiner Werke, Schriften u. zerstreuten Abhandlungen" (S. 488–552).

und stützt sich auf die vorherigen Forschungen zur Genealogie der Familie,[64] zur Jugend und zu den Entdeckungsreisen. Wenn die Beziehung Humboldts zu jüdischen Kreisen in diesem Rahmen kaum eine Rolle spielen konnte, so widmete Loewenberg allerdings diesem Aspekt gesonderte Beiträge in jüdischen Zeitschriften. In einem Artikel aus dem Jahr 1865, „Über Wilhelm und Alexander von Humboldt im Verkehr mit ihren ältesten jüdischen Freunden" zum Beispiel unterstreicht Loewenberg, „dass das jüdische Element in den letzten Decennien des vorigen Jahrhunderts einen wesentlichen Bestandtheil des Berliner Geisteslebens gebildet" hat.[65] Es folgen Briefe, die die engen Beziehungen zwischen jüdischen Persönlichkeiten (erneut Rahel, Henriette und Dorothea) und den Brüdern Humboldt bezeugen sollen. Zum Schluss unterstreicht Loewenberg wie Bernstein die Tatsache, dass das Leben der beiden Brüder zwischen zwei Jahrhunderten stand: „Sie (Humboldt) sind geistige Leuchtthürme am Wendepunkte des letztvergangenen und gegenwärtigen Jahrhunderts, deren Lichtstrahlen am weitesten in Beide hineinfallen."[66]
Wusste Alexander von Humboldt, dass seine Heroisierung und die seines Bruders in dieser Schaffung einer volkstümlichen wissenschaftlichen Kultur in Berlin eine wesentliche Rolle spielen würde und dass die Juden von Berlin und anderswo einen wesentlichen Beitrag zu dieser leisten würden? Schwer zu sagen. Besonders interessant erscheint mir dabei, dass gerade die Eigenschaften, durch die sich nach Andreas W. Daums Urteil Alexander von Humboldt „gegenüber einem integralistischen Nationsverständnis als widerspenstig" und für eine nationale Ikone in einer Zeit der (engen) Nationalisierung nach 1871 wenig geeignet erwies – also durch seinen weltbürgerlichen Geist und sein Ideal von Einheit durch Vielfalt (intellektuell, räumlich, persönlich)[67] – ihn für die Berliner und allgemeiner die deutschen Juden besonders attraktiv machten.

64 Julius Loewenberg: Zur Genealogie der Familie von Humboldt. In: *Die Gartenlaube* 26 (1883), S. 426–427.

65 Julius Loewenberg: Wilhelm und Alexander von Humboldt im Verkehr mit ihren ältesten jüdischen Freunden. In: *Jahrbuch für Israeliten* 12 (1865), S. 41.

66 Ebd.

67 Andreas W. Daum: Nation, Naturforschung und Monument. Humboldt-Denkmäler in Deutschland und den USA. In: Martin Baumeister et al. (Hrsg.): *Die Kunst der Geschichte. Historiographie, Ästhetik, Erzählung*. Göttingen: Vandenhoeck & Ruprecht 2009, S. 99–124, hier S. 103.

Die Berliner Juden und der Humboldtianismus: Humanitätsideal und Volksbildung vom wissenschaftlichen Verein zum Denkmal

Durch sein Engagement für die Entwicklung der Naturwissenschaften in Berlin versuchte Alexander von Humboldt, auch das Prestige der Wissenschaft in Berlin und darüber hinaus in der preußischen und deutschen Öffentlichkeit zu erhöhen, „die Naturwissenschaften im übertragenen und direkten Sinn salonfähig“[68] zu machen. Er setzte sich bereits zu einer Zeit für wissenschaftliche Popularisierung ein, in der dies noch nicht so üblich war wie in der kommenden Generation. So sollte das Bildungsideal im gleichen Schritt wie die politischen Institutionen in Preußen demokratisiert werden, während zugleich seinem Wissenschaftsideal eine soziale Grundlage gesichert wurde, unter anderem gegen die Macht der Kirchen und die Bevormundung durch die Theologie. Es ging ihm also auch darum, sich zu vergewissern, dass die Bevölkerung die Wissenschaft als nützlich betrachtete und dem Weltbild, auf dem sie beruhte, zustimmte. Der Gedanke der wissenschaftlichen Volksbildung, der seine Wurzeln in den öffentlichen Kosmos-Vorlesungen Alexander von Humboldts aus den Jahren 1827/28 hat,[69] wurde in den folgenden Jahrzehnten durch verschiedene Initiativen weitergeführt, und die Brüder Humboldt wurden zu Schirmherren zahlreicher wissenschaftlicher Vereine und Unternehmen.

Deutlich wird die Verbindung von demokratisch-liberaler Einstellung, naturwissenschaftlicher Forschung und Verehrung von Humboldt unter anderem in den Humboldt-Vereinen. Ihr Gründer, Emil Adolf Rossmässler,[70] hatte in Leipzig Theologie studiert, war ab 1827 Lehrer in Weida, ab 1830 Professor der Naturgeschichte in Tharandt. 1848 in das deutsche Parlament gewählt, hielt er sich hier zur Linken und nahm auch im Juni 1849 in Stuttgart am sogenannten Rumpfparlament der verbliebenen Abgeordneten teil. Wegen dieses Schrittes wurde er 1850 von seinem Amt entfernt und lebte seitdem in Leipzig.

68 Siehe Honigmann: Alexander von Humboldt und die Juden, S. 48.

69 Aaron Bernstein schreibt in seiner Humboldt-Biographie: „Er that den damals in Deutschland ganz unerhörten Schritt, *öffentliche Vorlesungen vor einem gemischten Publikum zu halten* […]“ (Bernstein: *Alexander von Humboldt*, S. 40).

70 Zu Rossmässler, siehe u. a. Andreas W. Daum: Science, Politics, and Religion: Humboldtian Thinking and the Transformations of Civil Society in Germany, 1830–1870. In: *Osiris* 17 (2002): Science and Civil Society, S. 107–140.

Die unmittelbar nach Alexander von Humboldts Tod[71] von Rossmässler initiierten Humboldt-Vereine verfolgten ab 1860 das Ziel, die Bekanntschaft mit den Ergebnissen der neueren Naturforschung durch Vorträge, Bibliotheken, Publikationen usw. zu fördern. In der Zeitschrift *Aus der Heimath. Naturwissenschaftliches Volksblatt* wurde die Gründung der verschiedenen lokalen Vereine sukzessive angekündigt, in der 10. Nummer wird auch die Gründung des Berliner Vereins erwähnt.[72] Till van Rahden hat darauf hingewiesen, dass in Breslau ein Drittel der Mitglieder des Gründungskomitees und bis 1914 ein Drittel der Mitglieder des Humboldtvereins für Volksbildung Juden waren.[73] Andreas Daum hat allerdings auf die besondere Stellung des Breslauer Humboldtvereins hingewiesen, der auch außerordentlich aktiv war; eine ähnliche Situation lässt sich allerdings für den Berliner Verein nicht nachweisen.

Die von Rudolf Virchow und Franz von Holtzendorff 1866 in Berlin gegründeten „Gemeinverständlichen Vorträge", die die beiden Gründer bis 1889 gemeinsam herausgaben, bevor Rudolf Virchow die Herausgeberschaft bis 1897 mit Wilhelm Wattenbach teilte und schließlich bis 1901 allein übernahm, verbanden ebenfalls das Ziel einer wissenschaftlichen Popularisierung mit einem linksliberalen politischen Engagement und einer antikirchlichen Haltung. In dieser Reihe erschien, wie bereits erwähnt, die Humboldt-Biographie von Aaron Bernstein, in der diese Kombination auch deutlich an den Tag tritt.

Einen ersten Höhepunkt erreichte die Erinnerungs-, Fest- und Denkmalkultur um die Brüder Humboldt kurz danach mit den Centenarfeiern, 1867 für Wilhelm von Humboldt, 1869 für Alexander von Humboldt.[74] Im Falle Wilhelm von Humboldts trat hier Heymann Steinthal besonders hervor, der seinen von Humboldt übernommenen

71 „Der Eine war gegangen, nun müssen wir vielen stehen wie Einer. Das nennt man einen Verein. Und wenn wir stehen wollen wie Humboldt gestanden, so giebt das einen Humboldt-Verein." (Eduard Michelsen: Die Humboldt-Vereine. In: *Aus der Heimath* 5,1 (1863), Sp. 13–16, hier Sp. 15.)

72 Emil Adolf Rossmässler: Der Berliner Humboldt-Verein. In: *Aus der Heimath* 2,23 (1860), Sp. 365–366.

73 Till van Rahden: *Juden und andere Breslauer: Die Beziehungen zwischen Juden, Protestanten und Katholiken in einer deutschen Großstadt von 1860 bis 1925.* Göttingen: Vandenhoeck & Ruprecht 2000, S. 112ff.

74 Siehe Denise Philips: Building Humboldt's Legacy. The Humboldt Memorials of 1869 in Germany. In: *Northeastern Naturalist* Special Issue 1 (2001), S. 21–32.

Neuhumanismus mit einer Verteidigung des jüdischen Kulturerbes und einem Multikulturalismus *avant la lettre* verband. Er feierte Humboldt in seiner Rede als Vertreter eines „Frühlings des deutschen Geistes“[75] und als Verkörperung eines deutschen Idealismus, der schon zur Vergangenheit gehörte. Er erinnerte auch an Humboldts gesamten Lebenslauf – vom Staatsmann zum Linguisten – an seine Reisen, vor allem die Reise nach Spanien über das Baskenland, die für seine Hinwendung zu Sprachwissenschaft und Kulturanthropologie entscheidend war. Humboldts Sprachwissenschaft findet ihren Ursprung in dem „regsamste[n] Gefühl der Humanität, d.h. (in der) Ehrfurcht vor der Würde des Menschen als solchen“.[76] Da die Erscheinungsform des Unendlichen im Endlichen für Humboldt die Individualität sei, zersplittere sich die Menschheit in „unendlich viele individuelle Erscheinungsformen, die sich voneinander abgrenzen und sich dadurch gerade einander anziehen und zum Gesamtbilde der Menschheit zusammenstellen.“[77] Steinthal schließt seine Rede, indem er Humboldts liberalen Geist heraufbeschwört und in dem Vereinswesen seiner Zeit die beste Grundlage für einen Staat sieht, in dem den Prinzipien von Humboldt gemäß die Regierung die Aufgabe habe, „sich selbst entbehrlich zu machen.“[78]

Im Jahr 1871 wurde unter aktiver Beteiligung Holtzendorffs die Gesellschaft zur Verbreitung von Volksbildung gegründet, durch die man den Einfluss des Marxismus unter den Arbeitern bekämpfen wollte und das revolutionäre Potential – in Paris fand gerade die Commune statt - verringern wollte.[79] 1878 wurde der Wissenschaftliche Centralverein gegründet als Grundlage für eine private Lehranstalt in Berlin, die Humboldt-Akademie, die manchmal mit einiger Übertreibung und Ungenauigkeit als die erste deutsche Volkshochschule bezeichnet wird.[80] Der Gründer der Humboldt-Akademie war Max Hirsch (1832–1905), ein Neffe des Rabbiners Ludwig Philippson, der

75 Heymann Steinthal: *Gedächtnisrede auf Wilhelm von Humboldt an seinem hundertjährigen Geburtstage. Sonnabend, den 22. Juni 1867.* Berlin: Dümmler 1867, S. 5.

76 Ebd., S. 17.

77 Ebd., S. 18.

78 Ebd., S. 28.

79 Christa Berg (Hrsg.): *Handbuch der deutschen Bildungsgeschichte*, Bd. 4: 1870–1918. Von der Reichsgründung bis zum Ende des Ersten Weltkrieges. München: Beck 1991, S. 447.

80 Ebd., S. 463.

die *Allgemeine Zeitung des Judentums* ins Leben gerufen hatte und von 1837 bis 1889 herausgab.[81] Hirsch hatte Philosophie, Jura und politische Wissenschaften studiert, war im Verband Deutscher Arbeitervereine tätig gewesen, bevor er mehrere Reisen ins Ausland unternahm. Nach seiner Rückkehr von einem längeren Aufenthalt in England veröffentlichte er 1868 in der oben erwähnten *Berliner Volkszeitung* eine Reihe von Artikeln mit Reiseeindrücken und einer enthusiastischen Beschreibung der „Trade-Unions" in englischen Industriestädten wie London, Manchester und Birmingham, in denen er einen besonders erfolgreichen sozialen Reformismus sah. Im September desselben Jahres gründete er dann mit dem Herausgeber der *Berliner Volkszeitung*, Franz Duncker (1822–1888), den Hirsch-Dunckerscher Gewerkverein, der eine Sozialreform durch Interessenausgleich und Kooperation zwischen Arbeitgebern und Arbeitern anstrebte und frei von allen politischen Bindungen sein wollte. Ziel der Humboldt-Akademie selbst war es

> solchen Personen, welche die Universität nicht besuchen können oder bereits verlassen haben, durch systematische Vortragszyklen und andre geeignete Mittel Gelegenheit zu einer harmonischen wissenschaftlichen Weiterbildung zu geben und sie in Zusammenhang mit den Fortschritten der sich entwickelnden Wissenschaften zu halten.[82]

Die Vorlesungen befassten sich hauptsächlich mit Naturwissenschaften, Philosophie, Literatur- und Kunstgeschichte, Jura und politischen Wissenschaften. Steinthal gehörte zu den Gründern der Humboldt-Akademie, bis 1893 gab er Vorlesungen an der Akademie und bis zu seinem Tode gehörte er auch zu ihrem Direktorium. In der Rede über Humboldts Ideal des sozialen Lebens,[83] die er zur Eröffnung der Humboldt-Akademie am 30. November 1878 hielt, skizzierte Steinthal die Entstehung des Ideals der Volksbildung aus Humboldts „Liberalismus". Schritt für Schritt folgte er den *Ideen zu einem Versuch, die Grenzen der Wirksamkeit des Staates zu bestimmen*, und erklärte, die Bestimmung des Menschen sei nicht das Glück sondern die Entwicklung seiner Kräfte. Da somit die Individualität konstitutiv für die

81 Siehe Helga Grebing: Max Hirsch. In: *NDB* 9, S. 205–206.

82 Humboldt-Akademie. In: *Meyers Konversations-Lexikon*, Bd. 8, 1888, S. 790–791.

83 Heymann Steinthal: Wilhelm von Humboldt's Ideal des socialen Lebens. In: *Deutsche Revue* 3 (1879), S. 325–331; ders.: *Zu Bibel und Religionsphilosophie. Vorträge und Abhandlungen*. Berlin: Reimer 1895, S. 206–237.

Menschheit sei, mussten staatliche Bevormundung und Uniformisierung im Namen des „freien Spiels der Kräfte“[84] vermieden werden. Jede Tätigkeit könne den Menschen veredeln, wichtig sei vor allem, dass sie nicht als bloßes Mittel betrachtet werde. Das wichtigste sei die gegenseitige Unterstützung der Kräfte, die durch die Individualität nicht verhindert werde, da ganz im Gegenteil das Bedürfnis, sich mit anderen zu verbinden, proportional zur Individualität steige. Humboldt verband damit die Hoffnung, dass man aus allen Menschen Künstler machen könne. Für Steinthal war das nicht der Ausdruck eines jugendlichen Enthusiasmus, sondern blieb in Humboldts ganzem Leben eine seiner grundlegendsten Überzeugungen.

Die Humboldt-Akademie wurde nicht selten kritisiert. Unterstrichen wurde besonders, dass ihr „Vortrags-Rummel“ sich im Grunde genommen an ein sehr enges Publikum wendete, aus dem die Arbeiter *de facto* ausgeschlossen blieben.[85]

Einen zweiten Höhepunkt der Humboldt-Ehrungen bildete die feierliche Enthüllung der Statuen der beiden Brüder vor der Berliner Universität am 28. Mai 1883. Die Errichtung dieser beiden Monumente war nach einem erbitterten Kampf von Virchow durchgesetzt worden. Bereits 1869 hatte eine Gruppe liberaler Honoratioren[86] das Comité für Errichtung eines National-Denkmals für Alexander von Humboldt gegründet. Doch erst 1876 wurde von der Universität ein Wettbewerb für zwei Denkmäler der beiden Brüder Alexander und Wilhelm von Humboldt ausgeschrieben, und weitere sieben Jahre musste gewartet werden bis zur Enthüllung. Einerseits stellte diese ein positives Ereignis dar, weil sie zur Typologisierung und Symbolisierung des klassischen humanistischen Erbes im Kontext einer liberalen Modernisierung der Stadt der preußischen Könige gehörte, die die Architektur und Topographie Berlins dauerhaft markierten.[87] Andererseits kann man durch den Vergleich mit den amerikanischen

84 Steinthal: Wilhelm von Humboldt's Ideal des socialen Lebens, S. 113.

85 Berg (Hrsg.): *Handbuch der Bildungsgeschichte*, S. 469.

86 Rudolf Virchow, der Verleger Gustav Reimer, der Mineraloge Gustav Rose, die Industriellen Albert Borsig und Werner Siemens, der Bankier Alexander Mendelssohn und der Mathematiker Karl Wilhelm Weierstrass. Siehe Daum: Nation, Naturforschung und Monument, S. 107.

87 Siehe die Analyse der Centenarfeier für Alexander von Humboldt in Constantin Goschler: ‚Die Verwandlung‘: Rudolf Virchow und die Berliner Denkmalskultur im Kaiserreich. In: *Jahrbuch für Universitätsgeschichte* 1 (1998), S. 69–111.

Humboldtfeiern und -monumenten sowie durch die Tatsache, dass die beiden Brüder in Berlin sitzend, d. h. gewissermaßen passiv, dargestellt wurden, unterstreichen, dass ihr Prestige sich in der preußischen Öffentlichkeit nur schwer und gegen eine ganze Reihe von Widerständen durchsetzte.[88] Auf jeden Fall gab die Enthüllung Anlass zu einer Reihe von öffentlichen Reden und Ehrungen. Die Humboldt-Akademie organisierte einen Tag vor der Enthüllung eine große Feier im Berliner Rathaus. Hier hielt der Astronom Wilhelm Foerster eine Rede zu Ehren von Alexander von Humboldts,[89] während als Spezialist und Verehrer von Wilhelm von Humboldt wiederum Steinthal auftrat.[90]

Auch die 1888 in Berlin gegründete Urania stand im Geiste Alexander von Humboldts und verfolgte das Ziel, „die Verbreitung der Freude an der Naturkenntnis in die breitesten Schichten des Volkes zu tragen".[91] Humboldt hatte bestimmt, dass die 1835 eröffnete Königlich Preußische Sternwarte zweimal pro Monat auch Veranstaltungen für ein größeres Publikum zu bieten hatte. Als der Andrang stieg, beschloss Foerster als Leiter der Sternwarte, dass eine besondere Institution gegründet werden müsse, in der populärwissenschaftliche Vorträge sich mit experimentellen Vorführungen verbinden würden. Aus den Vorstellungen Foersters und des Astronomen Max Wilhelm Meyer, der in Wien ein wissenschaftliches Theater betrieben hatte, entstand dann die Konzeption der Urania, in der es zugleich eine Sternwarte, Experimentier- und Ausstellungssäle, ein wissenschaftliches Theater und Räume für die Zeitschrift der Urania, *Himmel und Erde*, gab. Getragen wurde das Projekt durch die Gesellschaft Urania, eine Aktiengesellschaft. Die Liste ihrer 122 Begründer enthält eine lange Reihe jüdischer Namen; zum Aufsichtsrat gehörten im Jahr 1891/92 neben Wilhelm Foerster selbst und fünf weiteren

88 Siehe Daum: *Wissenschaftspopularisierung im 19. Jahrhundert.*

89 Wilhelm Foerster: *Alexander von Humboldt: eine Gedächtnisrede zur Feier der Denkmal-Enthüllung am 28. Mai 1883 im Festsaale des Rathhauses zu Berlin gehalten.* Berlin: Dümmler 1883.

90 Heymann Steinthal: *Über Wilhelm von Humboldt bei Gelegenheit der Enthüllung der Humboldt-Denkmäler. Montag, den 28. Mai 1883 im Festsaale des Rathauses.* Berlin: Dümmler 1883.

91 *Über die Entwicklung und die Ziele der Gesellschaft Urania zu Berlin.* Berlin: Gronau 1888, S. 5. Siehe auch *Mythos und Wissenschaft. 125 Jahre Urania. Das Begleitheft zur Ausstellung.* Berlin: Urania 2013.

Mitgliedern vier jüdische Honoratioren. Neben dem Chemiker Carl Liebermann und dem Geheimen Sanitätsrat Moritz Marcuse treten hier zwei Verkörperungen der neuen Figur des großen jüdischen Magnaten und Philanthropen hinzu: der Rechtsanwalt und Bankier Adolph Salomonsohn, der dann 1905 die Adolph-Salomonsohn-Stiftung zur Förderung des Studiums der Naturwissenschaften gründete, und der Bankier Jakob Heinrich Schiff, der in seinen späten Lebensjahren zu einem der größten Philanthropen der USA wurde und unter anderem an das American Museum of Natural History und an die American Geographical Society spendete.
Auch hier wird an einem Ort die Verbindung von Humboldtianischem Erbe und jüdischen Engagement für die Naturwissenschaften und für Volksbildung sichtbar. Wenn auch dieses letzte Beispiel eine gewisse Wirksamkeit im Erwecken des Gefallen an den Naturwissenschaften und in dem Schaffen einer Symbolik der Wissenschaft und des Wissenschaftlers verdeutlicht, wenn Wilhelm Foerster weiterhin naturwissenschaftliches und ethisches Engagement verband[92] und 1918 seine Hoffnung auf eine internationale Versöhnung und Solidarität gerade in die Juden legte,[93] so scheint sich die Verbindung zwischen den Naturwissenschaften und dem Ideal einer politischen Emanzipation, wie sie noch in den Humboldt-Vereinen auf kollektiver Ebene wirksam war, allerdings in der damaligen Gesellschaft allmählich zu verdünnen.

Zum Schluss möchte ich den Blick bis Tegel erweitern und dem Berliner Theodor Fontane auf einer seiner *Wanderungen durch die Mark Brandenburg* folgen. Der Bericht seiner Besichtigung von Tegel[94] wird mit einem Auszug aus Schillers Gedicht *Hoffnung* (1797) eröffnet: „Die Hoffnung – Sie wird mit dem Greis nicht begraben“. Fontane, der sich gerne über die weltgeschichtlichen Ambitionen der auf Sand gebauten preußischen und später deutschen Hauptstadt und ihrer Bewohner lustig machte, und der sich manchmal auch über die

92 Wilhelm Foerster war 1892 Mitbegründer der Deutschen Gesellschaft für Ethische Kultur.

93 Siehe Wilhelm Foerster: *Die internationale Wirksamkeit des Judentums in der Vergangenheit und in der Zukunft.* Halle: Hendel 1918.

94 Theodor Fontane: Tegel. In: *Wanderungen durch die Mark Brandenburg.* Dritter Teil: Havelland, hrsg. v. Edgar Gross, unter Mitw. v. Kurt Schreinert. München: Nymphenburger 1994, S. 152–165.

übertriebene Heroisierung, die zum Beispiel Alexander von Humboldt seiner Meinung nach genoss, ausließ, erwähnt hier die vielen Familienporträts, die das Schloss zieren, eher ein „Schlösschen" übrigens, wie er schelmisch hinzufügt.[95] Während er Wilhelm von Humboldts ehemaliges Studierzimmer besichtigt, stellt er sich letzteren vor, wie er sich um Mitternacht an seinem Schreibtisch sitzend in seinen Sonetten „stillen Klagen und Bekenntnissen" hingibt. Fontane verlässt dann das Haus und geht in Richtung der „vielleicht eigentümlichsten und fesselndsten Stätte" der Besitzung, die Begräbnisstätte. In der Tatsache, dass die Mitglieder der Familie Humboldt auf Särge, Mausoleen und Kirchenkrypten verzichteten, erkennt er ihren Geschmack oder „vielleicht auch ein höheres als das".[96] Wenn er den Eindruck beschreiben müsste, den dieser Friedhof auf ihn machte, schreibt Fontane, so würde er sagen, dass er das Gefühl hatte, dort eine „entschiedene Vornehmheit" getroffen zu haben, aus der ein Lächeln und das resignierte Bekenntnis sprechen: „wir wissen nicht, was kommen wird, und müssen's – erwarten".[97] In der Form einer Statue blickt die Gestalt der Hoffnung auf die Gräber nieder, Zeichen einer „unbestimmte[n] Hoffnung aber kein[es] bestimmte[n] siegesgewisse[n] Glauben[s]".[98] „Nirgends ein Kreuz", bemerkt Fontane, so dass das Schloss Tegel innerhalb der märkischen Schlösser, die „abwechselnd den Glauben und den Unglauben in ihren Mauern gesehen haben", ein „Unikum" darstellt, das in seinen Mauern ein „drittes Element" beherbergt:

> jenen Geist, der, gleich weit entfernt von Orthodoxie wie von Frivolität, sich inmitten der klassischen Antike langsam, aber sicher auszubilden pflegt, und lächelnd über die Kämpfe und Befehdungen beider Extreme, das Diesseits genießt und auf das rätselvolle Jenseits hofft.

In dem Gedicht *An meinem Fünfundsiebzigsten*,[99] das seinen Interpreten viel zu schaffen gemacht hat, und in dem er die Feier, die 1894 zu seinem 75. Geburtstag organisiert wurde, beschreibt, reflektiert

95 Ebd., S. 156.

96 Ebd., S. 164.

97 Ebd., S. 165.

98 Ebd.

99 Theodor Fontane: An meinem Fünfundsiebzigsten. In: Ders.: *Werke, Schriften und Briefe*, Abt. I, Bd. 6.2, hrsg. v. Walter Keitel / Helmuth Nürnberger. München / Wien: Hanser 1978, S. 340–341.

Fontane selbst auch über die Spuren, die er in der Nachwelt hinterlassen würde. Er ironisiert hier darüber, dass er, der sich als Verkörperung der Mark Brandenburg sah, seine Leser hauptsächlich unter Juden findet. Während er die Liste seiner Verehrer aufstellt, spielt er mit dem Kontrast zwischen den auf „ow“ endenden von ihm erwarteten brandenburgischen Namen und den auf „berg“ und „heim“ endenden jüdischen Namen derer, die sich tatsächlich melden. Wir sind nicht weit von der Liste der Gründer der Gesellschaft Urania. Das Gedicht schließt mit dem berühmt gewordenen Satz „Kommen Sie Cohn“, als ob Fontane sich resignieren würde, seine Begeisterung für brandenburgische Geschichte, für Literatur und Bildung allgemein eben nur mit Juden zu teilen. Wenn wir nun zu unserem Thema zurückkehren und zugleich an Tegel und an dieses seltsame Gedicht denken, könnten wir uns abschließend fragen, ob das, was die Brüder Humboldt und die Berliner Juden verband, nicht – im Sinne Fontanes – als eine gemeinsame Hoffnung definiert werden könnte, zweitens ob das Gedicht Fontanes nicht zugleich die Grenzen dieser Gemeinsamkeit im Berlin des ausgehenden 19. Jahrhunderts noch einmal offenbart.

Abbildungsverzeichnis